Carlheinz Gräter

Ulrich von Hutten

Ein Lebensbild

Konrad Theiss Verlag Stuttgart

CIP-Titelaufnahme der Deutschen Bibliothek

Gräter, Carlheinz: Ulrich von Hutten : e. Lebensbild / Carlheinz Gräter.
Stuttgart : Theiss, 1988
ISBN 3-8062-0486-1

Schutzumschlag: Jürgen Reichert

© Konrad Theiss Verlag GmbH, Stuttgart 1988
Alle Rechte vorbehalten
Gesamtherstellung: Ebner Ulm
Printed in Germany
ISBN 3-8062-0486-1

Inhalt

Begegnung mit der Ufnau

Ich reise, Freund, ein Boot! Ich reise weit!
Mein letztes Wort ... ein Wort der Dankbar-
keit ...
Auch dir, du Insel, dunkle grüne Haft!
Den Hutten treibt es auf die Wanderschaft.

Conrad Ferdinand Meyer, »Huttens letzte
Tage«

Um die Berge im Süden wob noch Dunst, der Zürichsee blinkte
zinngrau, als das Schiff an der Hafenmole ablegte. Schloß
Rapperswil mit seinem Polenmuseum und der adlerbekrönten
Freiheitssäule, der Platanenkranz des Seekais, schon september-
lich gegilbt, glitten zurück. Über den Seedamm zur Linken, der
das sanktgallische Ufer mit der Halbinsel Hurden und dem
schwyzerischen Gestade verbindet, rumpelte ein Güterzug.
Das Schiff hielt auf zwei Inselchen zu; Schilfhorste und düstere
Binsenfelder zwischen Lützelau und Ufnau verrieten einen seich-
ten Wasserstand. Gelbe Bojen schwankten im Kielwasser,
Grenzpflöcke für die Linienschiffe und Privatboote im Naturschutzgebiet des Frauenwinkels. Der Seewinkel zwischen den
beiden Inseln, zwischen dem Damm und dem Ufer von Pfäffikon, alles in allem knapp vier Quadratkilometer, war einst im
Besitz Unserer Lieben Frauen des Klosters Einsiedeln, der helve-
tischen Wallfahrtsstätte hinter den sieben Bergen. Während die
Lützelau, das vordere, kleinere Eiland, heute als Badestrand und
Zeltplatz den Rapperswilern gehört, ist die stillere Ufnau seit
tausend Jahren im Besitz des Klosters geblieben.
Nur ein paar Ausflügler stiegen mit uns am Landesteg der Ufnau
aus. Der Weg führt von den Uferweiden durch Laubgehölz auf
den Höhenrücken zur Wallfahrtskirche St. Peter und Paul,

aufgemauert aus rötlichgrauen Quadern, überragt von einem wuchtigen Chorturm mit Pultdach.

Ein Steinmäuerchen säumt den Weg längs des Hügelrückens zur turmlos schlichten Martinskapelle, dem zweiten, älteren Gotteshaus der Ufnau. Das nur 470 Meter lange, knapp halb so breite Eiland fällt von hier aus sanft nach Süden ab; Wiesenland, Weideland sanftbrauner Kühe; mittendrin ein behäbiger alter Gasthof. Am Südufer lichtet sich der Baumgürtel rund um die Insel zu einem kleinen Bootshafen auf. Daneben buckelt der Rasenplatz des Arnstein mit einem Miniaturpavillon, einst Bellevue der Einsiedler Äbte und ihrer Inselgäste.

Ufnau lautet der angestammte Name des Eilands im Zürichsee, nicht Ufenau, eine Bezeichnung, die eigentlich erst durch Conrad Ferdinand Meyers Versdichtung »Huttens letzte Tage« populär geworden ist, auch wenn Meyer den dreisilbigen Namen nur da gebraucht, wo's der herbe Rhythmus der paarweise gereimten fünfhebigen Jamben verlangte. Die früheste Schreibweise des Inselnamens aus karolingischer Zeit lautet lateinisch Hupinauia, später Uvenowa, Aufnow, Ufnau, Ufnagia, Ufnovia, Insula Hutteni.

Sandstein, Mergel und Nagelfluh bauen den kleinen Archipel des Seewinkels auf. Als während einer Zwischeneiszeit ein Arm des Rheingletschers hier in reißenden Flüssen abschmolz, fraßen sich diese ins tertiäre Sedimentgestein ein und ließen nur die härteren Nagelfluhpartien der späteren Inseln und der dazwischen gelegenen Untiefen übrig. Endgültig zu Inseln wurden Ufnau und Lützelau durch das Abschmelzen des Linthgletschers, der das Becken des Zürichsees am Ende der Eiszeit in seiner heutigen Form auswusch.

Die flachgründigen Gewässer zwischen der Halbinsel Hurden und der Ufnau sind noch immer ergiebige Fischgründe. Hurden, seit dem späten Mittelalter durch eine Holzbrücke, seit 1878 durch den Seedamm mit Rapperswil verbunden, leitet seinen Namen von rutengeflochtenen Fischreusen ab. Im Mittelalter führte auch ein hölzerner »Kilchsteg« als Kirchenweg von Hurden übers Wasser zur Pfarrkirche der Ufnau.

Die erste urkundliche Erwähnung der Insel datiert aus dem Jahr 741. Dann bleibt es für zwei Jahrhunderte still um die Ufnau. Sie muß aber damals schon Großpfarrei für die weitere Umgebung an beiden Ufern des Sees gewesen sein. Aus dem Besitz des Frauenstifts Säckingen am Hochrhein kam die Insel 965 als Schenkung Kaiser Ottos des Großen an Einsiedeln. Für die Verwaltung des Frauenwinkels sorgte der Klosterhof Pfäffikon am Südufer.

Aus merowingischer Zeit stammte das älteste, dem fränkischen Reichspatron St. Martin geweihte Kirchlein, an dessen Stelle sich heute die romanische Martinskapelle erhebt. Als Kaiser Otto die Ufnau dem Kloster im Finsteren Wald überließ, lebte die schwäbische Herzogswitwe Reginlinde auf der Insel; sie hatte eben mit dem Bau einer neuen, größeren Pfarrkirche, der Vorgängerin von St. Peter und Paul, begonnen und richtete sich dafür die Martinskapelle als private Andachtsstätte ein.

Eine spätmittelalterliche legendarische Überlieferung berichtet, Reginlinde habe sich als Aussätzige zusammen mit ihrem Sohn Adalrich auf die Ufnau zurückgezogen. Adalrich sei dann Mönch in Einsiedeln geworden und später als Eremit auf die Ufnau zurückgekehrt. Bald schon habe man ihn wegen vieler Wunder an seinem Grab in St. Peter und Paul als Heiligen verehrt.

Die jetzige, von Einsiedeln gegen Ende des 12. Jahrhunderts erbaute Kirche verlor mit der Zeit ihren Pfarrsprengel. Für die Seeanrainer war der Kirchweg über den schwankenden Steg und zu Schiff auf die Dauer zu beschwerlich und gefährlich. Im Gefolge der Reformation lösten sich die letzten Bindungen. Nur gelegentlich kamen noch Pilger zum Grab des hl. Adalrich, von dem die Inschrift des Sarkophags berichtet, er sei wie Christus über das Wasser des Sees gewandelt. Eine andere bedenkenswerte Inschrift findet sich am Grabstein des 1704 verstorbenen

Paters Gregor Hüsser. Pater Gregor, so heißt es da in barockem Latein, sei durch »amore, more, ore, re« – also durch Liebe, Anstand, Wort und Werk – ein treuer Gottesknecht gewesen.

Im Sommer 1712, im sogenannten Toggenburger Krieg, überfielen die Züricher die Ufnau und verwüsteten beide Kirchen. 1798 plünderten die Franzosen die Klosterinsel mit gewohnter Gründlichkeit aus. Das Stift Einsiedeln wurde aufgehoben und zum Staatseigentum erklärt, die Ufnau an einen Privatmann verkauft. Kaum war das Stift wiederhergestellt, kaufte es 1805 auch die Ufnau wieder zurück. Von den früheren vier Höfen, die das Eiland bewirtschafteten, ist nur der Gasthof übriggeblieben. Ein Weinberg unterhalb von St. Martin wurde im vorigen Jahrhundert aufgelassen.

Kein Bildersturm, keine Revolution, kein Kriegsgeschrei hat seit Beginn des vorigen Jahrhunderts mehr die stille grüne Insel bedroht, dafür um so begehrlicher der aufkommende Dampfschiffsverkehr, der wachsende Wohlstand, die bürgerliche Flucht ins Grüne. Schon Uli Bräker, der arme Mann vom Toggenburg, hat davon geträumt: »Wäre nur dies kleine Eiland ledig und los dein Eigentum, du würdest dich glücklicher schätzen, froher und vergnügter leben als Kaiser und Könige...« Mit den Villen rund um den See wurden die Ufer versteint, verbetoniert. 1857 legte das erste Dampfschiff an der Ufnau an. Kiesbagger rückten dem stillen Winkel auf den Leib, Motorboote pflügten durch die Schilfzonen. 1927 endlich wurde der Frauenwinkel als Naturschutzgebiet ausgewiesen. Das Grab Ulrichs von Hutten im Schatten von St. Peter und Paul hat Anteil an diesem Inselfrieden für Flora und Fauna.

Mächtig mit Feder und Schwert

»Drei stille Inseln im hellen Kranz der blauen Seen des schweizerischen Hochlandes sind durch die kurze Anwesenheit dreier

1   *Die Grabplatte des hl. Adalrich, auf dieser Zeichnung von 1843 noch neben dem Kirchenportal von St. Peter und Paul, befindet sich heute im Innern des Inselkirchleins.*

2   *Ulrich von Hutten im ritterlichen Harnisch mit dem Lorbeer des Poeta laureatus; links oben das Familienwappen derer von Hutten, rechts das Wappen der mütterlichen Familie von Eberstein.*

Urgeister des germanischen und romanischen Kulturgebietes für alle Zeiten geweiht worden: die Ufenau durch Hutten, die St. Petersinsel durch Rousseau und die Aareinsel bei Thun durch

Kleist. Der Bürger Genfs und der preußische Junker haben ihrem verschwiegenen Inselglück durch eigene Zeugnisse Unsterblichkeit verliehen. Auf die letzten Tage des fränkischen Ritters ist durch Conrad Ferdinand Meyers markige Dichtung ein verklärender Schimmer gefallen.« So der Schweizer Hans Gustav Keller.

Gehetzt, verarmt, todkrank schon hat Ulrich von Hutten im Hochsommer des Jahres 1523 dank des Zürcher Reformators Zwingli auf der Ufnau sein letztes Obdach und sein Grab gefunden. An der Südostecke von St. Peter und Paul fanden wir auf einem Quaderstein eingeritzt den Namenszug HUTTENus, ein paar Schritte daneben, zwischen Kirchlein und Efeumauer, unter zwei schönen Maronenbäumen die aus hellem Sandstein

3 Die 1959 geschaffene Grabplatte mit dem lateinischen Distichon des verschollenen Denkmals aus dem 16. Jahrhundert.

gehauene Grabplatte mit Kreuz und Familienwappen und dem lateinischen Distichon eines älteren, längst verschwundenen Grabsteins:

Hic eques auratus iacet, oratorque disertus
Huttenus vates, carmine et ense potens.

Das heißt:

Hier ruht der goldene Ritter, ein wortgewaltiger Redner,
Hutten, der Seher, gleich mächtig mit Feder und Schwert.

Und da stieg eine Erinnerung in mir auf, ziemlich entlegen, scheinbar verquer, die doch mitten in die Tragikomödie um dieses Grab auf der Ufnau versetzt.
Primavera Siciliana 1966. In der Jugendherberge von Agrigent haben sich ein paar deutsche Inselbummler abends beim Rotwein zusammengefunden: vier, fünf Männer und zwei junge Frauen, eine kleine Dunkle mit kurzem Schopf und melancholischen Kulleraugen, Puck genannt, und eine große, blasse, sehr selbstsichere Blonde. Keiner weiß mehr so genau, wie man darauf kam. Die große Blonde mußte irgendeine Bemerkung gemacht haben, sie trage einen berühmten Namen, und dann: »Ich sage nur – Feder und Schwert!«
Einer in der Runde pfiff durch die Zähne: »Oh, dann hab ich Sie schon mal gesehen, in der Zeitung, 1958 oder 59 muß das gewesen sein. Als man Ihren Urururururgroßonkel Ulrich auf der Ufnau wieder beigesetzt hat. Auf den Zeitungsfotos war auch die Familie Hutten zu sehen, lauter Blondschöpfe. Da waren Sie doch auch dabei, oder?«
Sie war dabeigewesen, nannte sich Katrine von Hutten, wagte als jungdeutsche Lyrikerin schon mal einen Schluck aus der Rotweinflasche und stellte ihre Begleiterin, den Puck, als Elisabeth von Plessen vor, die zehn Jahre später mit ihrer »Mitteilung an den Adel« Aufsehen erregen sollte. Katrine von Hutten hat

dann ja auch mit der Erzählung »Im Luftschloß meines Vaters« ihre kritische Bilanz der Vaterwelt, der Welt von gestern, gezogen, wenn auch weniger schrill als Pucks Absage, verhaltener, verständiger wohl auch.

Was war damals auf der Ufnau geschehen? Im Herbst 1958 hatte man bei Restaurierungsarbeiten an der Südseite von St. Peter und Paul unter einem unbeschrifteten Grabstein ein Skelett geborgen. Es waren die Gebeine eines dreißig bis vierzig Jahre alten Mannes aus dem 16. Jahrhundert, 1,65 m groß. Sofort tippte man auf die verschollene Grabstätte Huttens. Das Pathologische Institut der Universität Zürich konnte an den Gebeinen zwar nicht die für Hutten bezeugte Knochenlues nachweisen, und auch die Körpergröße stimmte bedenklich; aber der damalige Präsident der Eidgenössischen Kommission für Denkmalpflege, Professor Linus Birchler, beharrte darauf, man habe Huttens letzte Ruhestätte endlich gefunden. Von Birchler stammt folgender Bericht über die ökumenische Feier der Wiederbeisetzung am 22. Juni 1959:

»Am Tag der Zehntausend Ritter 1959 fährt von Rapperswil her ein Motorboot mit gegen dreißig geladenen Gästen nach der Ufnau hinüber, zur Wiederbeisetzung der Gebeine Ulrichs von Hutten. Man zieht zur kleinen ehemaligen Pfarrkirche hinauf, deren Portal weit offen steht. Darin liegt ein ganz kleiner Sarg, noch geöffnet; daraus heraus leuchten fahl ein Schädel und Gebeine. Das Eichenholz stammt aus dem Spessart, wo die Hutten einst Waldungen besaßen; auf dem Sargdeckel ist das Familienwappen eingeschnitzt.

Die Anwesenden bilden eine ungewöhnliche Gesellschaft: zwei evangelische Theologen aus Zürich, zwei Benediktiner aus dem Finstern Wald, der bischöfliche Generalvikar des Kantons Zürich, ein sozialistischer Zürcher Regierungsrat, ein Vertreter der Regierung des Kantons Schwyz, der deutsche Generalkonsul von Zürich und, als am stärksten beteiligt, sechs Mitglieder der noch immer blühenden Familie von Hutten, Freiherr Carl

Ulrich, seine Gattin, zwei Söhne und zwei Töchter. Man redet nur leise, wie bei einer ›richtigen‹ Bestattung. Nun stellt sich der Einsiedler Stiftsbibliothekar Dr. P. Leo Helbling zu Häupten des fast einer Wiege gleichenden Särgleins und spricht zu den Versammelten gute Worte. Zwei Huttensöhne schrauben dann den Sargdeckel fest und heben die leichte Last. Die beiden Einsiedler Benediktiner beten feierlich das deutsche Miserere, während die blonde Jugend die Sargtruhe an die Südseite der Kirche trägt und in die Grube senkt, genau an der Stelle, wo das Skelett im Herbst 1958 gefunden wurde. Ein leichter Regen nötigt alle wieder in das Kirchlein zurück. Dort ergreift nun der Fraumünster-Pfarrer, Dr. Peter Vogelsanger, das Wort zu einer bemerkenswerten Ansprache. Der leichte Regen ist versprüht. Unterdessen haben Arbeiter die schwere Sandsteinplatte über das kleine arme Grab gerollt. Bildhauer Kuster in Bäch hat sie aus dem haltbarsten Sandstein unseres Landes gehauen, dem aus dem Steinbruch Guntliwaid bei Nuolen. Auf der Platte steht unterhalb eines schlicht eingehauenen Kreuzes das Distichon, das ein gewandter Humanist noch im zweiten Viertel des 16. Jahrhunderts formuliert hat...

Peter Vogelsanger stellt sich zu Häupten und spricht nach evangelischer Grabliturgie das ›Staub bist du‹. Namens der Familie dankt Freiherr von Hutten dem Stift Einsiedeln für die Großzügigkeit, dem notorischen Klosterfeind ein ehrenvolles Grab zu gewähren, ein Beschluß, der vom Kapitel einstimmig gefaßt worden war. Über die Schranken der Konfessionen hinweg reicht sich also die Menschlichkeit die Hand, so wie schon 1523 das Kloster dem verfemten Reichsritter Herberge und ein stilles Grab gewährt hatte – mitten im damaligen hitzigen Kampf der Glaubensbekenntnisse eine recht christliche Tat.«

Carl Ulrich von Hutten aus Steinbach am Main pflanzte am Grab seines Vorfahren wilde Veilchen und den Schößling eines Kirschbaums vom Steckelberg, dem Geburtsort des Ritters, ein. Ein schöne, eine erhebende Feierstunde.

War's diesmal der wahre Ulrich?

Dem Zürcher Anthropologen Dr. Erik Hug ließ jedoch der negative Skelettbefund keine Ruhe. Nach Jahren erhielt er die Erlaubnis, erneut zu graben, und im Spätherbst 1968 stieß er, ein wenig unterhalb der neuen Hutten-Grabplatte, auf ein zweites gut erhaltenes Skelett.

Ein Stab von Medizinern machte sich nun über diese Gebeine her und stellte mit an Sicherheit grenzender Wahrscheinlichkeit fest, diesmal habe man den wahren Ulrich gefunden. Die Analysen ergaben, zusammengefaßt, folgendes: Die Körpergröße von 1,55 m paßte ebenso wie das auf 25 bis 35 Jahre geschätzte Alter des Toten. Als man den Schädel in die überlieferten fünf zeitgenössischen Porträtholzschnitte Huttens projizierte, ergab sich eine verblüffende Übereinstimmung. Aus Huttens Aufzeichnungen über seine Krankheit, eitrige Knochenlues, ging hervor, daß er den linken Fuß wegen der offenen Geschwüre am Unterschenkel kaum mehr gebrauchen konnte, daß das rechte Bein über dem Knöchel angeschwollen war, daß ihn die linke Schulter schmerzte und er am Hinterkopf einen ziehenden Schmerz verspürte, sobald er den Kopf zu drehen versuchte. Dazu paßten die chronisch entzündlichen Verdickungen der Knochensubstanz und ein deformierter Dornfortsatz des Halswirbels, die man an dem Skelett feststellte.

Am Allerseelentag 1970 wurden diese Gebeine in einem kleinen Kupfersarg neben denen des Unbekannten von 1959 in aller Stille wieder beigesetzt. Der Berichterstatter der Blätter für Pfälzische Kirchengeschichte merkte damals sarkastisch an: »Beunruhigend bleibt nur die Vorstellung, es könnten im 16. Jahrhundert auf dem Friedhof der Ufenau noch mehr kleinwüchsige Syphilitiker im besten Mannesalter bestattet worden sein...«

Es war Mittag geworden. Wir gingen hinunter zum Gasthof. Über der Tür hing die Scheibe mit dem verblaßten Emblem der zwei heraldisch gefiederten Meinrad-Raben, den Wappenvögeln der Abtei Einsiedeln. Zwei Raben waren es gewesen, die nach der Legende die Mörder des frommen Einsiedlers Meinrad verfolgten und verrieten, des Meinrad, über dessen Klause im Finstern Wald sich heute das stolze Stift Einsiedeln erhebt.

An der Theke des Raben-Gasthofs holten wir uns Brot und eine Flasche roten Klosterweins »ab der Leutschen« und setzten uns auf eine Bank ins Freie. Der heiße Mittag hatte den Dunst um die Berge im Süden weggeschmolzen. Der See vor uns gleißte silberblau, zückte tausend Lichter. Klopstock hat ihn besungen, Goethe auch. Salomon Geßner hat hier seine Idyllen geschrieben und Thomas Mann, auch ein Emigrant aus Deutschland, drüben am Kilchberg sein Domizil gefunden.

Und dann fiel mir ein, daß der Humanist Ulrich von Hutten auf seinem Kirchenhügel nicht nur in christlich, sondern auch in heidnisch antik geweihter Erde ruht. Als man 1958 sein vermeintliches Grab entdeckte, kamen gleichzeitig unter St. Peter und Paul die Fundamente eines gallorömischen Tempels ans Tageslicht. Welche Gottheit damals auf der Ufnau verehrt worden ist, wissen wir nicht. Vielleicht die Fortuna, als deren Kind sich Hutten bis an sein Lebensende bekannt hat? Und vielleicht hat er, der Geächtete und Verfolgte, wie wir an diesem Inselmittag, einmal, spät, das Glück erfahren, das ein anderer Humanist und Dichter, ein Jünger des Dionysos, Friedrich Nietzsche, in die Verse gefaßt hat:

Rings nur Welle und Spiel.
   Was je schwer war,
sank in blaue Vergessenheit, –
müßig steht nun mein Kahn.
Sturm und Fahrt – wie verlernt' er das!
   Wunsch und Hoffen ertrank,
   glatt liegt Seele und Meer.

Herkunft und Jugend

Ihm hat sein Vaterland kein Mal errichtet,
Selbst seine Asche ruht in fremder Erde,
Im Schweizerland auf stiller grüner Insel.
Drum sei uns wenigstens die Stätte heilig,
Auf der der Held, der Redner und der Dichter
Die ersten Blicke zu dem Lichte sandte
Und sich des Friedens seiner Jugend freute.

Anonymus, 1836

Als kurz nach dem Tod des Humanisten Sebastian von Rotenhan 1533 dessen erste zuverlässige Karte Ostfrankens veröffentlicht wurde, fanden die Betrachter in dem dicht mit Laubwald
schraffierten Gelände zwischen Main, Kinzig und Sinn den Ort
Steckelberg mit einer sonst nirgends gebrauchten Notiz: »Poeta
illic Huttenus«, von dort stammt der Dichter Hutten. Rotenhan,
einer der weltläufigsten und gebildetsten Adeligen seiner Zeit,
kurmainzischer und kaiserlicher Rat, hat im Bauernkrieg die
bischöfliche Feste Marienberg über Würzburg erfolgreich gegen
Mainfranken und Taubertäler verteidigt und ist der alten Kirche
treu geblieben. Um so bemerkenswerter, daß er dem zeitweiligen
Freund und Wegbegleiter, dem längst Verfemten und schon halb
Vergessenen diese noble Anmerkung gewidmet hat.
»Phagigena«, buchengeboren, nennt sich Hutten in einem frühen Gedicht. Buchonia, In der Puchen, Buchenland hieß, gleich
der Bukowina am Osthang der Waldkarpaten, die Gegend an
den westlichen Ausläufern der Rhön. Und mit geheimem Stolz
hat der Poet gewiß auch bedacht, daß sich aus den in Buchenholz
geschnittenen Runen die Begriffe Buchstabe und Buch entwik-
kelt haben, daß seine Heimat auch ein Land der Bücher genannt
werden konnte.

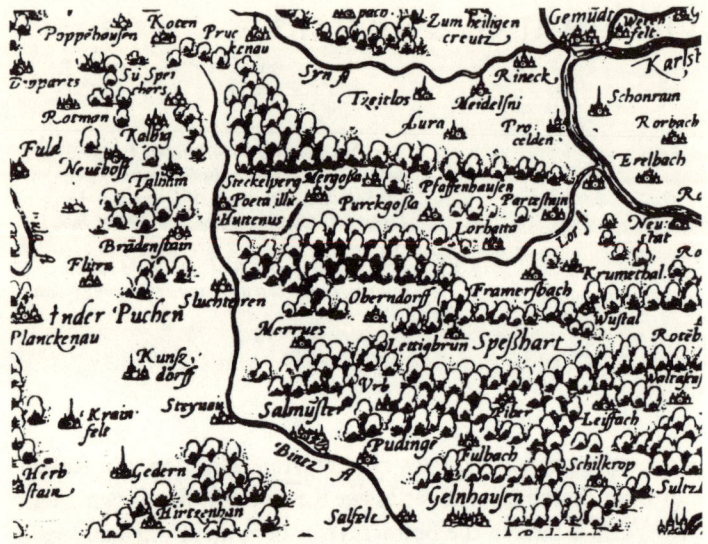

4 Ausschnitt aus der ältesten Karte Ostfrankens von 1533. Der Humanist
Sebastian von Rotenhan hat den Geburtsort Huttens über der Kinzig bezeichnet:
»Poeta illic Huttenus«.

Im Bergwinkel zwischen Rhön, Spessart und Vogelsberg saß das
weitverzweigte Geschlecht derer von Hutten. Der berühmteste
Sproß der Familie hat seinen Namen von huot, huete abgeleitet;
Grenzhüter seien die Hutten gewesen. 1137 wird der mutmaßli-
che Stammsitz Hutten an der Elm, 1274 das gleichnamige
Rittergeschlecht erwähnt.
Der Bergwinkel ist eine Landschaft lebhaften Reliefs, im Wechsel von Wäldern, Wiesen, Ackerstreifen so recht ein Auszug
mitteldeutscher Gebirgswelt; ehemals ein Land an den Grenzen
geistlicher und weltlicher Territorien: Fulda und Würzburg,
Hanau und Hessen stießen hier aufeinander. Rauhe Scholle,
rauhe Luft, ein bißchen verhockt, abseits, im Winkel eben, auch
wenn die alte Reichsstraße zwischen den Messestädten Frank-

furt am Main und Leipzig das Gebiet schneidet, so erscheint der Bergwinkel heute noch. Kein Wunder, daß er auch ein Märchenwinkel ist.

In Steinau an der Straße wuchsen die Brüder Grimm auf, und das Schloßmuseum dokumentiert dort die weltweite Ausstrahlung der beiden Sprachforscher, Rechtshistoriker, Volkskundler und Märchensammler. Auf der Landkarte begegnen einem Namen wie Bettlersruhe, Federwisch, Hauswurz, Hinkelhof, Kautz, Linsengesäß, Rabenstein, Sparbrod und Sterbfritz. Wie Ulrich von Hutten waren auch die Brüder Grimm, voran der kritisch-scharfe Jacob, keine Stubengelehrten, sondern Protestanten, Professoren, Bekenner im alten Wortsinne. Sie gehörten zu den »Göttinger Sieben«, Hochschullehrern, die sich gegen den Verfassungsbruch des Königs von Hannover gewandt und dafür mit Landesverweis gebüßt hatten. Wie Hutten seine Schriftstellerei, so sahen sie ihr Gelehrtenwerk als Dienst am heillos zerstrittenen Vaterland an. Im Vorwort zum ersten Band des »Deutschen Wörterbuches« fragte Jacob, Verfechter althochdeutscher Kleinschreibung: »Was haben wir denn gemeinsames als unsere sprache und literatur?«, konnte damals aber noch hoffnungsvoll fortfahren: eine »in allen schichten der nation anhaltende und unvergehende sehnsucht... nach den gütern, die Deutschland einigen und nicht trennen«.

Das klingt uns heute auch schon wie ein Märchen der Brüder Grimm.

Ausblick vom Steckelberg

»Und der Buchwald, ob klein, nährt mein gehärtet Geschlecht«, dichtete Ulrich von Hutten. Ihre Einkünfte aus mäßigem Eigenbesitz besserten die Hutten auf, indem sie als Amtleute und Burgmänner, Marschalke, Hofmeister und Räte dem Fürstabt von Fulda, dem Hanauer Grafen, dem Würzburger Bischof und

dem Kurfürsten von Mainz dienten. Domherren, Geistliche
begegnen selten; sie waren, wie David Friedrich Strauß, Huttens
erster großer Biograph, sagt, »im Turnier und im Felde mehr als
am Altar in ihrem Element. Einige haben größere Feldzüge
rühmlich mitgemacht; weit öfter jedoch sehen wir sie in jenen
nachbarlichen Raufereien, Fehden genannt, sich tum-
meln ...«

Ein Frowin von Hutten von der Burg Stolzenberg über Bad
Soden heiratete 1355 die Steckelberger Erbtochter und wurde so
Stammvater der gleichnamigen Linie. Zu dem Burgennest der
Hutten im Bergwinkel gehörten neben den drei festen Häusern
in Altengronau die Ruine Stolzenberg und die staffelgieblige
Talburg am Fuß des Berges. Westlich der Reichsstraße, der
heutigen Bundesstraße 40, steht der Huttenhof, in Salmünster
und Romsthal je ein Huttenschlößchen. Die Wasserburg der
Hutten in Vollmerz wurde nach dem letzten Krieg abgebro-
chen.

In Schlüchtern an der Kinzig, im Bereich des ehemaligen Klosters, finden wir die Huttengruft mit dem Grabstein Frowins
und einer neueren Bronzebüste des Dichters samt dem Spruch:

Lobpreist mich nicht, beklagt mich nicht.
Bewahrt das Licht, daß nie gebricht
Glanz der freien Wahrheit, Kraft der wahren Freiheit.

In der gotischen Huttenkapelle von Schlüchtern liegen die Eltern
Ulrichs begraben. Das Lautersche Schlößchen, ein schlichter
Steinbau des späten Mittelalters, beherbergt das Bergwinkel-
Museum mit Erinnerungen an den Humanisten und die Brüder
Grimm.

Auf der Steckelburg, heute Ruine auf steilem Basaltkegel über
Ramholz, unweit des Kinzigborns, der Kinzigquelle, kam Ulrich
zur Welt. Die Burg war damals würzburgisches Lehen und im
späten 14. Jahrhundert anstelle einer etwas nordöstlich gelege-

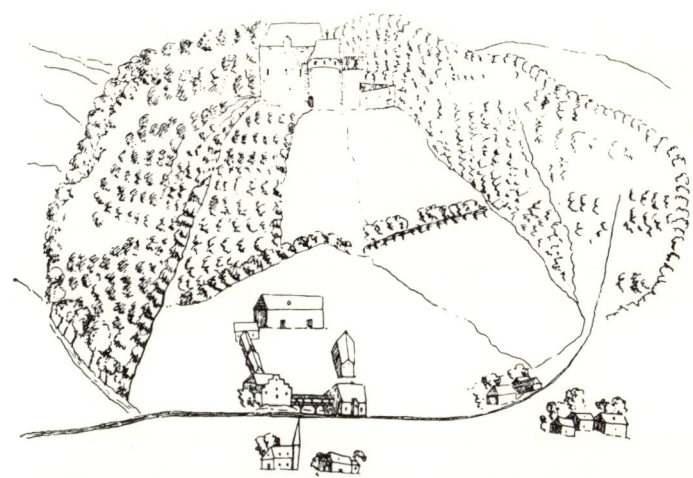

5 *Die Hutten-Burg Steckelberg und das Dorf Ramholz nach einer Zeichnung aus dem späten 17. Jahrhundert.*

nen, von Hanauer Grafen gebrochenen Altenburg errichtet worden. Die Fundamentmauer des Steinhauses war viereinhalb, die Rundmauer zwei bis zweieinhalb Meter stark, ein Zyklopenbau, von dem nur noch zwei Wände der Kemenate, des beheizbaren Frauenhauses, und ein späterer halbrunder Geschützturm aufrecht stehen. Dieses sogenannte Rondell trägt über der Spitzbogentür die Inschrift: »1509 ... rich von Hutten«. Bauherr war der Vater des Humanisten, Ulrich der Ältere.
Von der Plattform des Rondells öffnet sich ein weiter Blick über den Bergwinkel am Oberlauf der Kinzig. Waldige Bergrücken und Kuppen, das Maßwerk der Felder, umheckte Viehkoppeln, die von dunklem Ufergehölz eingefaßten Wasserläufe, das sparsame Ziegelgefleck der Dörfer und Höfe, all das liegt wie ein Musterblatt ausgebreitet vor uns.
Das im Zeichen drohender Belagerungsgeschütze bombenfest

ausgeführte Rondell ersetzte den fehlenden Bergfried. Landau berichtet in seinem dreibändigen Werk über die Ritterburgen Hessens: »...hier befand sich das Verließ, und Schatzgräber, die ihr Glück darin zu finden hofften, fanden statt dessen Gerippe von Menschen und Schweinen. Auch hat man hier und auch am Burgberge nicht selten Pfeilspitzen gefunden.«

Ulrich der Ältere erbte von seinem Vater Lorenz von Hutten neben allerlei Streubesitz die reichsunmittelbare Herrschaft Vollmerz, zu der auch das Dorf Ramholz am Steckelberg, der Buchhof und weite Waldungen gehörten. Lorenz hatte in jungen Jahren die Raubzüge der Steckelberger Ganerben mitgemacht, bis der Würzburger Bischof im Frühjahr 1458 gegen die Feste zog und sie nach elftägiger Belagerung zur Kapitulation zwang. Dann freilich hatte auch er sich in den Fürstendienst bequemt und als hanauischer Amtmann und fuldischer Rat friedlich sein Leben beschlossen.

Sein Sohn Ulrich folgte ihm auf diesem Weg, nahm als Stiftsadliger Fuldaer Hofdienst, zeichnete sich unter Kaiser Maximilian I. im Türkenkrieg bei der Erstürmung Stuhlweißenburgs aus und regierte mit harter Hand seine kleine Herrschaft. Auf der Breiten First hinter der Burg stand der Galgen, wurde mit dem Schwert gerichtet.

Wahrscheinlich sank die Steckelburg, die »arx huttenica«, wie sie der Dichter nannte, erst im Dreißigjährigen Krieg zur Ruine herab. 1642 verkaufte Daniel von Hutten Vollmerz und Ramholz an seinen Schwager Karl Kasimir von Landas und verpfändete ihm wenig später auch die Burg, von der die Bauern bald schon Steine für den Kellerbau brachen. Als er seine Güter wieder zurückkaufen und die Burg einlösen wollte, kam es zu einem langwierigen Rechtsstreit mit den Landasschen Erben, den Freiherren und späteren Grafen von Degenfeld. 1704 starb die Steckelberger, 1783 die am Steigerwald beheimatete Linie der Hutten aus, die den Prozeß noch einmal aufgegriffen hatte. Aus der Degenfelder Ära stammt die barocke Dorfkirche drun-

tcn in Ramholz. Das Zwergterritorium behauptete seine Reichsfreiheit bis zur Mediatisierung in napoleonischer Zeit, seine
Justizhoheit sogar bis zur 48er Revolution, nur noch ein Zerr-
bild feudaler Vergangenheit. Als einmal ein Handelsjude vor
Gericht gegen die ihm zudiktierte Strafe aufmuckte, fuhr ihn der
Graf an: »Moses, wenn Sie nicht gleich den Mund halten, werde
ich Sie für immer aus dem Land verweisen!« Da wiegte Moses
sein Lockenhaupt und erwiderte: »Wie heißt, Herr Graf? Ein
paar Purzelbäume schlag ich, da bin ich aus der Grafschaft
raus.«

1883 erwarb der rheinische Großindustrielle Hugo von Stumm
mit dem Hofgut Ramholz auch die Ruine Steckelberg. Er baute
das bescheidene Huttensche Talschlößchen im Stil der Neore-
naissance breitspurig aus. Auch nach dem Zusammenbruch des
Stummschen Industrie-Imperiums sind hier den Erben, dem
FDP-Politiker von Kühlmann-Stumm und jetzt dessen Sohn
Magnus Freiherr von Kühlmann, mehr als zweitausend Hektar
Land geblieben, dazu der stattliche Park mit seinen mainfränki-
schen Rokokofiguren, Badesee, Karpfenweiher und das Mon-
strum von Schloß, menschenleer und mühsam zu erhalten.

Schneidend scheint auf den ersten Blick der Kontrast zwischen
der düsteren Burgruine auf dem Steckelberg und dem Prunkbau
des wilhelminischen Industriefeudalismus im Tal. Aber heute
bedeutet so ein Schloß für den Besitzer mehr Last als Lust, und
keiner weiß, wie lange der heimlich unheimliche Verfall auch
hier aufgehalten werden kann.

Übrigens hat Hugo von Stumm die Burgreste auf dem Steckelberg auf eigene Kosten konserviert und 1888, anläßlich des
vierhundertsten Geburtstags Ulrichs von Hutten, dort oben den
Grundstein zu einem Denkmal gelegt. Bei dieser Geste ist es
geblieben. Beredter als jedes Monument spricht die Ruine vom
Schicksal des ritterlichen Publizisten und Poeten.

Am 21. April 1488, früh um halb zehn Uhr, kam Ulrich von
Hutten in der Kemenate der Steckelburg zur Welt. Er war der
Erstgeborene, dem drei Brüder und zwei Schwestern folgten.
Über seinen Vater, Ulrich den Älteren, sind sich Zeitgenossen
und Historiker ziemlich einig: hochfahrend, hartherzig, roh,
reizbar und mißtrauisch. Dazu paßt sein Auftreten als kurmainzischer Kommissar anno 1514 in Erfurt, eine Rolle, die Strauß
der Namensgleichheit wegen irrtümlich noch dem Sohn, dem
Poeten, zugeschrieben hat.
Auch ohne Reichsfreiheit hatte sich das wohlhabende, waffen-
starke Erfurt ein weites städtisches Herrschaftsgebiet erworben
und den thüringischen Adel in Wahrung des Landfriedens
gezähmt; nach der Zerstörung von Raubburgen, so ein Chro-
nist, streuten die Bürger Waidsamen, ein typisches Erfurter
Handelsgewächs, auf die Trümmer und hinterließen so eine
blühende Visitenkarte. Im übrigen lavierte die Stadt zwischen
den Protektoren Kurmainz und Sachsen, wobei der Rat mehr auf
die sächsische, die Gemeinde mehr auf die mainzische Karte
setzte. Das führte zu blutigen Zusammenstößen zwischen den
Zünften und dem Patriziat, bis der alte Ulrich von Hutten kam
und ein drakonisches Strafgericht verhängte. Er versagte den
hingerichteten Ratsanhängern ein Begräbnis in geweihter Erde,
ließ einen Dr. Bobenzan vierteilen und dessen Kopf auf einen
Schandpfahl nageln. Kurz zuvor hatte der Humanist Crotus
Rubianus beim alten Ulrich für den in Not geratenen Sohn
geworben und in einem Brief an Hutten geurteilt: »Dein Vater,
der den Geist eines Ulysses besitzt, ist zu schlau, als daß man ihn
durchschauen könnte.«
Sicher gehen die härteren, die leidenschaftlichen Wesenszüge des
Dichters auf den Vater zurück, sein Eigensinn, seine Schroffheit,
sein hochgespanntes, leicht reizbares Ehrgefühl, seine Streitlust,
sein Hang zu grobkörniger Schwarzweißmalerei. Die Mutter,

6 *In Erfurt hat der junge Hutten vermutlich von 1503 bis 1505 als Fuldaer Stiftszögling studiert. Unsere Ansicht zeigt einen Ausschnitt aus der 1493 erschienenen Schedelschen Weltchronik.*

eine geborene Ottilie von Eberstein, stammte von der ein wenig kinzigabwärts gelegenen Burg Brandenstein. Der Sohn gedenkt ihrer in der Einleitung zum »Gesprächsbüchlein«: »Wiewohl mein fromme Mutter weint, da ich die Sach hätt gfangen an, Gott wöll sie trösten, es muß gan...« Wahrscheinlich war sie eine religiöse, sanftere Natur, der vor dem geplanten Pfaffenkrieg des Sohnes graute, auch wenn »fromm« damals noch mit brav, tüchtig zu umschreiben ist.

Schließlich hat der Großvater Lorenz maßgeblich auf die Entwicklung des Buben eingewirkt. Er, der erst 1498, hoch in den Achtzigern, verstarb, hat dem wißbegierigen Enkel die Familientradition überliefert und sich selbst als Musterstück altfränkisch biederer Lebensart dargestellt. Dem späteren Vorkämpfer nationaler Würde, dem Lobredner germanisch treuer Sitten imponierte, daß der Großvater »seines großen Reichtums ungeachtet durchaus kein ausländisches Gewürz an seiner Tafel und keine ausländischen Stoffe an seinem Leib duldete«. Und als Ulrich bei seinem Aufenthalt in Rom die Tiberbrücke überschritt, erinnerte er sich der Erzählung des Ahnen, daß hier ein Konrad von Hutten von Kaiser Friedrich III. unter der Fahne des hl. Georg zum Ritter geschlagen worden war.

Über das erste Jahrzehnt Ulrichs auf dem Steckelberg wissen wir so gut wie nichts. Der Bub war, zum Leidwesen des Vaters, bei aller Zähigkeit schmächtig gebaut, wohl auch von schwankender Gesundheit. Trotzdem muß er das rauhe Leben auf der Burg, unter Bauern und Knechten, die Streifzüge in Wald und Flur mit allen Sinnen eingesogen haben. Heinrich Grimm hat darauf hingewiesen, daß Huttens Schriften, vor allem die deutschen der letzten Jahre, voller Bilder und Begriffe aus der Sprache der Bauern, Jäger, Fischer stecken. Und das Heimweh nach dem Steckelberg, seinen Wäldern und Bächen klingt bei dem jungen Hutten immer wieder auf.

Leben auf einer Burg

Berühmt ist die Beschreibung ritterlichen Landlebens im Brief an den Nürnberger Patrizier Willibald Pirckheimer vom Herbst 1518, der bei aller Schärfe der Beobachtung doch auf einen bewußt grellen Kontrast zwischen großbürgerlicher und landadeliger Existenz zielt. Eine ritterliche Burg dürfen wir nicht an den Maßstäben mittelalterlicher Fürstenresidenzen, staufischer Pfalzen oder gar einem Neuschwanstein messen. Sie war zunächst einmal festes Haus, Bollwerk der adeligen Großfamilie, Schirm und Zwingburg bäuerlicher Hintersassen, Gutshof, al-

7 *Die Burgruine auf dem Steckelberg mit dem 1509 als Kanonenturm errichteten Rondell, das über der Spitzbogentür noch die Bauinschrift des Vaters Ulrich von Hutten trägt.*

lenfalls noch Verwaltungssitz einer kleinen Herrschaft. Sicherheit, nicht Wohnlichkeit war oberstes Gebot. Das gilt es bei der Schilderung Huttens zu bedenken:

»Man lebt auf dem Feld, im Wald und auf jenen Burgen. Die uns ernähren, sind bettelarme Bauern, denen wir unsere Äcker, Wiesen und Wälder verpachten. Der Erwerb, der daraus eingeht, ist im Verhältnis zur Arbeit, die er kostet, schmal: doch wird alle Mühe angewandt, um ihn reich und ergiebig zu machen, denn wir müssen sorgsame Hausväter sein. Sodann müssen wir uns in den Dienst eines Fürsten stellen, von dem wir Schutz erhoffen dürfen: denn andernfalls glauben alle, sie könnten sich alles gegen mich herausnehmen. Stehe ich aber im Dienste, so ist auch jene Hoffnung wiederum gepaart mit Gefahr und täglicher Furcht. Gehe ich nämlich von Haus fort, so muß ich fürchten, daß ich auf Leute stoße, mit denen der Fürst, einerlei wer er sei, Fehde oder Krieg hat, und sie mich unter diesem Vorwand anfallen und wegschleppen. Wenn es dann mein Unstern will, so geht die Hälfte meines Erbgutes darauf, mich wieder loszukaufen, und so droht gerade da ein Angriff, wo ich Schutz erhofft hatte. Daher müssen wir uns Pferde und Wehr bereithalten und uns mit zahlreicher Begleitschaft umgeben – alles unter schweren Kosten. Währenddem gehen wir nicht einmal in einem Umkreis von zwei Joch ohne Waffen aus. Kein Vorwerk können wir unbewaffnet besuchen; zu Jagd und Fischfang können wir nur in Eisen erscheinen.

Außerdem entstehen häufig Streitigkeiten zwischen unseren und fremden Vögten, und es vergeht kein Tag, an dem uns nicht irgendeine Reiberei hinterbracht wird, die wir möglichst vorsichtig beilegen müssen; denn sobald ich etwas eigensinniger mein Recht vertrete oder Unrecht ahnde, entsteht Krieg; wenn ich aber allzu sanftmütig nachgebe und auch noch etwas von dem Meinigen darangebe, dann bin ich gleich dem ungerechten Sinn von aller Welt preisgegeben, denn alle wollen für sich als Lohn ihres eigenen Unrechts, was einmal einem einzigen zugestanden worden ist. Aber unter welchen Leuten geschieht dies? Nicht unter Fremden, mein Freund, nein, zwischen Nachbarn, Verwandten und Familienangehörigen, ja, sogar unter Brüdern.

Das sind unsere ländlichen Freuden, das ist unsere Muße und Stille! Die Burg selbst, mag sie auf dem Berge oder im Tal liegen, ist nicht gebaut um schön, sondern um fest zu sein: von Wall und Graben umgeben, innen eng, da sie durch die Stallungen für Vieh und Herden versperrt wird. Daneben liegen die dunklen Kammern, angefüllt mit Geschützen, Pech, Schwefel und dem übrigen Zubehör der Waffen und Kriegswerkzeuge. Überall stinkt es nach Pulver, dazu kommen die Hunde mit ihrem Dreck, eine liebliche Angelegenheit, wie sich denken läßt, und ein feiner Duft! Reiter kommen und gehen, unter ihnen sind Räuber, Diebe und Banditen. Denn fast für alle stehen unsere Häuser

offen, entweder, weil wir nicht wissen können, wer ein jeder ist, oder weil wir nicht weiter sehr danach fragen. Man hört das Blöken der Schafe, das Brüllen der Rinder, das Hundegebell, das Rufen der Arbeiter auf dem Felde, das Knarren und Rattern von Fuhrwerken und Karren; ja wahrhaftig, auch das Heulen der Wölfe wird im Haus vernehmbar, da der Wald so nahe ist.
Der ganze Tag, vom frühen Morgen an, birgt Sorge und Plage, beständige Unruhe und dauernden Betrieb. Die Äcker müssen gepflügt und gegraben werden, die Weinberge kosten Mühe, Bäume müssen gepflanzt, Wiesen bewässert werden; man muß eggen, säen, düngen, mähen und dreschen. Es kommt die Ernte und Weinlese. Wenn es dann einmal ein schlechtes Jahr gewesen ist, wie es bei jener Magerkeit häufig geschieht, so tritt furchtbare Not und Bedrängnis ein, bange Unruhe und tiefe Niedergeschlagenheit ergreift alle.«

Auf der Fuldaer Klosterschule

1499 übergab der Vater den Elfjährigen der Fuldaer Stiftsschule, ein außergewöhnliches Vorgehen, schließlich war Ulrich der Erstgeborene. Fromme Gründe, etwa ein Gelöbnis, werden dabei kaum im Spiel gewesen sein. Ausschlaggebend war wohl eher die schwächliche Konstitution des Stammhalters; sein Bildungsdrang und reger Geist sprachen zusätzlich für eine geistliche Karriere, auch wenn der Bub gewiß kein Stubenhocker war.
Ein »monachus Fuldensis« also sollte Ulrich werden. Dabei dürfen wir nicht an einen Benediktinerpater von heute denken. Längst hatte im immer noch reichen Fulda der Adel Buchoniens ein Monopol bei der Besetzung des Stiftskapitels. Nichtadelige Mönche wurden nur in geringer Zahl aufgenommen und für die niederen Dienste, vor allem in den Nebenklöstern, verwendet. »Monachus Fuldensis«, sagt Otto Flake, nannte man sich wie

einige Jahrhunderte später »Bonner Borusse«; Stift wie Studentenkorps wiesen einen als Mann von Beziehungen und einflußreicher Protektion aus.

Die buchonischen Adelsfamilien behielten sich in Fulda die einträglichsten Pfründen und Ämter in Form eines numerus clausus vor. Das Stiftskapitel war neben dem Fürstabt Mitregent des geistlichen Territoriums. Ungeniert hieß es da, das Stift sei »auf den Adel fundiert« und »desselbigen Spital«, also Versorgungsinstitut. Dabei war Fulda, im Gegensatz zu anderen Klöstern, gar keine Stiftung des benachbarten Adels, sondern eine Gründung des hl. Bonifatius auf fränkischem Königsland. Aber längst waren vier adelige Vorfahren das mindeste, was bei der Aufnahme ins Kapitel gefordert wurde. Erasmus von Rotterdam meinte, Christus hätte in solche Kapitel ohne Dispens nicht aufgenommen werden können.

Vater Ulrich, der damals selbst schon seine Fäden nach Mainz spann, erhoffte sich nicht nur angemessene Versorgung für den geistlichen Sohn, sondern von diesem wiederum Förderung der Sippe bei der Vergabe von Ämtern, Gütern, Rechten aus dem Stiftsfundus. Der junge Ulrich war als Figur auf dem Schachbrett der Familienpolitik ausersehen. Daß er sich dieser Verpflichtung dann brüsk entzog, hat ihm der Vater nie verziehen.

Fuldas Glanz war damals längst blasser geworden, aber noch nicht erloschen. 744 hatte Sturmius das benediktinische Musterkloster im Auftrag des Germanenapostels gegründet. Die 819 von Abt Ratgar errichtete Klosterbasilika barg das Grab des Märtyrers Bonifatius und galt als das größte Gotteshaus nördlich der Alpen. Aus der Klosterschule, der zeitweise Hrabanus Maurus, der »Praeceptor Germaniae«, vorstand, gingen Einhard, der Biograph Karls des Großen, Otfried von Weißenburg, der Verfasser des althochdeutschen Evangelienbuchs und Begründer des deutschen Reimverses, sowie Walahfrid Strabo, der Dichter und Gelehrte der Klosterinsel Reichenau, hervor. Dem Fuldaer Skriptorium verdanken wir die einzige Handschrift der

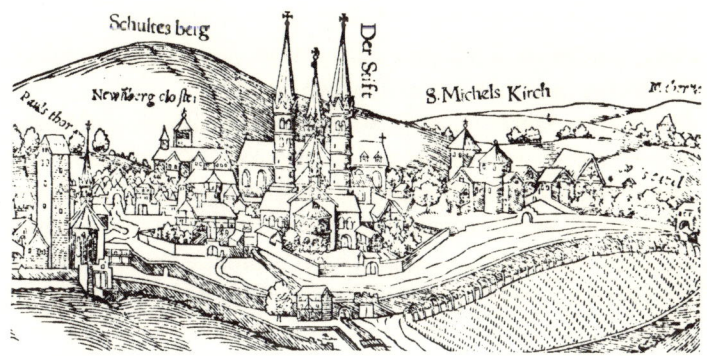

8 *Die mittelalterliche Reichsabtei Fulda, 744 gegründet, birgt das Grab des hl. Bonifatius. Bildausschnitt aus Sebastian Münsters »Cosmographia«.*

taciteischen »Germania« und das Bruchstück des Hildebrands-
liedes. Seit 969 galt der Fuldaer Abt als Primas der Benediktiner
in Germanien und Gallien. Er war Reichsfürst eines Territoriums, das im 18. Jahrhundert trotz schwerer Aderlässe durch
den Stiftsadel und die benachbarten Dynasten, trotz Verpfän-
dungen und Verkäufen noch immer die späteren Landkreise
Fulda, Brückenau, Hammelburg, Hünfeld, größere Exklaven im
Bergwinkel und im Eichsfeld sowie Johannisberg im Rheingau
umfaßte.

»...und hab ich mich daraus getan«

Als Ulrich von Hutten auf die Klosterschule kam, regierte noch
der Abt Johann von Henneberg. Er war mit seinem Versuch, die
mönchische Disziplin zu reformieren, am Widerstand der »alten
und vornehmen Brüder, dem Geschlecht, nicht den Sitten nach«
kläglich gescheitert. Erfolgreicher blieb er mit seiner Friedenspo-
litik nach außen. In Fulda traf Ulrich einen Verwandten, Johann

von Hutten, der das einträgliche Amt eines Stiftskellners inne-
hatte. Ob Ulrich in seinem Haus oder mit den anderen Schülern
im Kloster gewohnt hat, wissen wir nicht.

Der Fuldaer Stiftsschule verdankte er jedenfalls eine gründliche
Kenntnis des Lateinischen sowie Unterricht in Arithmetik und
Musik. Mit den Jahren wuchs in ihm aber auch die Erkenntnis,
daß er zum geistlichen Beruf und sei es auch nur dem eines
weltfröhlichen Stiftsgewaltigen nicht geschaffen sei. Später hat
er seinen Ausbruch aus der Klosterwelt so gerechtfertigt: »In
meiner Jugend nämlich, da ich elf Jahr gewesen, haben mich
mein Vater und Mutter aus andächtiger guter Meinung in den
(sic) Stift Fulda, mit dem Fürsatz, ich sollt darin verharren und
ein Mönch sein, getan. Dawider ich dann zur selbigen Zeit nit
gemocht. Hab auch das Verständnis noch nit gehabt, daß ich
hätte wissen mögen, was mir nütz und gut und wozu ich
geschickt wär. Dann ich aber ein wenig das Leben erkannt und
mich bedacht, ich wüßte mich meiner Natur nach in einem
andern Stand viel mehr Gott gefällig und der Welt nützlich...
hab ich mich, noch mit keiner Profeß oder Gehorsam verbunden
oder verstrickt, wie dann täglich von vielen höhern, gleichen und
niedern Stands, bei Männern und Frauen geschieht, und nie für
ungewöhnlich erachtet, daraus getan.«

Ob man diesen Ausbruch als Sprung aus der Kutte dramatisieren
darf, ist fraglich. Einiges spricht dafür, daß der Siebzehnjährige
zunächst nur um Urlaub für das Universitätsstudium gebeten
und, zurückgewiesen, sich diesen Urlaub dann selbst verschafft
hat. Zwei Jahre später nämlich verlangten die Fuldaer Stiftsher-
ren vor der Wahl eines neuen Abtes, daß dieser jungen Mitbrü-
dern auf Wunsch Universitätsurlaub gewähre. Exemplum docet,
und solche Forderung läßt auf frühere Präzedenzfälle schließen,
in denen Kapitel und Abt uneins waren.

Im Spätsommer 1505 jedenfalls vollzog der junge Ulrich den
Bruch mit dem Kloster, gegen den Machtspruch des Vaters.
Vorwürfe späterer Gegner, er habe damals bereits die Profeß,

also die Mönchsgelübde, abgelegt, hat Hutten kategorisch bestritten. Für diese Behauptung könnten seine Verleumder keinen einzigen Zeugen zitieren, weil es gar keinen gebe. Tatsächlich findet sich eine einzige, eher beiläufige Notiz darüber. Apollo von Vilbel, seit 1504 als Nachfolger des Onkels Johann von Hutten Stiftskellner, später sogar Stiftsdechant, hat 1536 in seinen Klosterannalen unterm Todesjahr Ulrichs von Hutten vermerkt, dieser sei als Ritter, gekrönter Dichter und Mann von großer Bildung gestorben, »obwohl er vorher Mönch in Fulda gewesen ist«.

Die Historiker haben dieses Zeugnis bisher als kaum beweiskräftig beiseite gewischt. Dagegen folgerte neuerdings Josef Leinweber aus der Fuldaer Profeßpraxis, daß der 17 Jahre alte Hutten doch schon die Gelübde geleistet hatte. Danach mußte der Stiftskandidat »in der Regel im Knabenalter« zunächst aufschwören, also die Ahnenprobe leisten. Hatte er die Stiftsschule absolviert, so war unmittelbar danach die Profeß fällig. Das letzte Schuljahr galt als Noviziat, als Prüfungsjahr für den geistlichen Stand. Daß einer mit 14 oder 15 Jahren die Gelübde bereits abgelegt habe, sei, so Leinweber, in Fulda üblich und nach geltendem kanonischem Recht möglich gewesen. Den letzten Beweis, Hutten sei ein entsprungener Mönch, bleibt freilich auch er schuldig.

Hutten hat später stets freundlich von Fulda gesprochen, die Verbindung dorthin nie abreißen lassen und 1520 noch Bücher aus der Stiftsbibliothek geholt. Und in seiner ersten größeren Dichtung, den »Querelae«, beschwört er eine helle Erinnerung an die Stätte seiner Jugend:

> Deiner Heiligen so treues Haus, o Fulda, sei mir gegrüßt,
> Die Göttlichen, die du da hegst, zeugen von dir.
> Du goldener Lichtglanz der Heimat, voll Gottes, sei mir
> gegrüßt,
> Der du pflegend bewahrst hoher Reliquien Schatz!

35

Das klingt nicht, noch nicht, nach Rebellion, Kuttensprung, schandvoller Flucht bei Nacht und Nebel. Trotzdem hat der junge Hutten mit dem eigenmächtigen Verlassen des Klosters eine Lebensentscheidung getroffen. Er hat sich der väterlich geplanten Sippenhaftung entzogen, eine geistliche Karriere aufgegeben, sein Sach auf nichts gestellt. Er wollte sein eigenes Leben leben, voll Tatendrang, nicht ohne Ehrgeiz, aber instinktiv sicher, seiner selbst gewiß.

Ein merkwürdiges Streiflicht fällt zehn Jahre nach diesem Ausbruch auf die Affäre. In einem Brief an den Bamberger Domherrn Jakob Fuchs beklagte Hutten den frühen Tod des mainzischen Hofmeisters Eitelwolf vom Stein und fügt hinzu: Als Verwandtschaft und Abt ihn, Hutten, zum Wiedereintritt ins Kloster gedrängt und ihm glänzende Aussichten in Fulda eröffnet hätten, da habe Stein dem Abt erwidert: »Tune hoc ingenium perderes«, würdest du solch einen Geist zugrunde richten wollen?

Steins Bemerkung fällt jedoch nicht in den Spätsommer 1505, sondern datiert fünf Jahre später, als Freunde und Verwandte nach den Ostsee-Abenteuern Huttens den Vater und den Abt um ein Stipendium für den Poeten angingen.

Deutschland und der Humanismus

O Jahrhundert, o Wissenschaft! Es ist eine
Lust, zu leben ... Die Studien blühen, die
Geister regen sich. Barbarei, nimm dir den
Strick und mach dich auf Verbannung gefaßt!

Hutten an Willibald Pirckheimer,
25. Oktober 1518

Wenige Wochen bevor Hutten gegen den Willen des Vaters mit
dem Klosterleben brach, trat ein anderer, Martin Luther, gegen
den Willen des Vaters ins Erfurter Augustinereremiten-Kloster
ein. Der eine flüchtete in die Welt, der andere aus ihr. Wie sah die
Welt aus, der sich der junge Hutten so hoffnungsvoll zu-
wandte?

Deutschland war um 1500 das am dichtesten bevölkerte Land
Europas, auch wenn gut drei Viertel seiner Einwohner noch von
der Landwirtschaft lebten. Selbst ein Großteil der Städte war
von Ackerbürgern bewohnt. Den Gang der Wirtschaft bestimm-
ten jedoch zusehends die großen reichsfreien Städte, nicht nur
die der Hanse im Norden, sondern vor allem süddeutsche
Gemeinwesen wie Augsburg, Frankfurt, Nürnberg, Regens-
burg, Straßburg und Ulm. Sie hatten Anteil an dem neuen
Weltgefühl, das die vertrauten Grenzen in Abenteuerlust, For-
scherdrang und merkantilem Erwerbsstreben sprengte.

1492 hatte Columbus den amerikanischen Kontinent, sechs
Jahre später Vasco da Gama Hinterindien erreicht. Handelsge-
sellschaften erschlossen neue Weltmärkte. Riesige Kapitalver-
mögen häuften sich an, die in Deutschland vor allem dem
Bergbau und der Hüttenindustrie im Thüringischen, in Tirol, in
der Slowakei zuflossen. Nürnberger und Augsburger Kaufleute
knüpften neben dem traditionellen Orienthandel über Venedig

die Fäden zum Lissabonner Gewürzstapel. Noch florierte der oberdeutsche Export von Leinwand. Neben der Serienproduktion in den Manufakturen erreichte das Kunsthandwerk seine Vollendung. Frühkapitalistische Geschäftsmethoden bis hin zum Monopolstreben regierten in den Kontoren der Handelshäuser.

Nikolaus Kopernikus ließ in diesen Jahren unter Freunden schon eine Schrift über seine Erkenntnisse von den Bewegungen der Planeten, also auch der Erde, um die Sonne zirkulieren und stürzte damit das hierarchische geozentrische Weltbild des Mittelalters um. Paracelsus suchte in der Medizin wie in den Naturwissenschaften neue Wege. Johannes Gutenbergs Erfindung beweglicher metallener Lettern revolutionierte das Bildungswesen, das Schießpulver samt den Feuerwaffen die Kriegsführung.

Von dieser schöpferischen Unruhe, von dieser geistigen Aufbruchsbewegung merkwürdig unberührt erscheint das politische Leben. Der faule Kaiser Friedrich III. war allein auf die Mehrung der habsburgischen Hausmacht bedacht und saß alle Bemühungen um eine Reform des Reiches und der Kirche aus. In Deutschland verhärtete sich der fürstliche Partikularstaat, während in Frankreich das Königtum, nicht zuletzt mit Hilfe der Städte, den widerspenstigen Feudalismus der Herren überwand, England und Spanien die Macht ihrer Krone festigten.

In Deutschland blockierten einander alle Kräfte, Herzog und Reichsstadt, Bischof und Domkapitel, Ritter und Graf. Der auf dem Wormser Reichstag 1495 verkündete ewige Landfriede blieb – ohne allgegenwärtige Exekutive – Papier, das gleichzeitig installierte Reichskammergericht arbeitete schwerfällig knarrend. Die schon ziemlich perfektionierte Geldwirtschaft, der gegenüber früheren Zeiten immense Finanzbedarf der Obrigkeiten beim Aufbau einer straffen Verwaltung und fürs Anwerben kostspieliger Söldnerheere verschärften den Steuerdruck. Die Rezeption des römischen Rechts in den fürstlichen Kanzleien beschnitt überkommene Freiheiten und zielte auf einen geschlossenen Untertanenverband.

All das schürte die Spannungen zwischen Landesherr und Gemeinde, patrizischem Rat und Handwerkerschaft, Grundherr und Zinsbauer. Zur Spannung zwischen Unten und Oben kam der Gegensatz zwischen Weltlich und Geistlich. Der Kirche gehörte in Deutschland gut ein Drittel des Bodens. Kirchliche Einrichtungen, auch Wirtschaftsunternehmen, waren weitgehend von allen Steuern befreit, der Klerus unterstand eigener Gesetzgebung. Auch das machte böses Blut.

Nichts änderte sich 1493 mit dem Regierungsantritt Maximilians I. So sympathisch gewinnend der »letzte Ritter« dem Volk als Jäger, Tänzer, Städtefreund und Mäzen der schönen Künste erschien, so heillos phantastisch agierte der Politiker. Dem Hause Habsburg gewann er durch Heirat und Erbschaft die Kronen Böhmens, Ungarns und Spaniens sowie einen Großteil Burgunds. Aber damit hatte er auch Frankreich herausgefordert. Zu alledem versuchte er auch noch, den alten staufischen Traum von der Autorität des Reiches in Italien zu realisieren. Der »bel giardin' dell'Impero«, des Reiches schöner Garten, wie Dante sagte, geriet ihm zum politischen Irrgarten. Was blieb, war Verzettelung statt Konzentration der Kräfte. Und im Südosten drohte der Halbmond.

Eine Sonderstellung nahm im vorreformatorischen Deutschland die Kirche ein. Während England und Frankreich der Kurie längst nationalkirchliche Privilegien rechtlicher und finanzieller Art abgetrotzt hatten, blieb das Reich ohne so wirksame Bewegungen wie Gallikanismus oder Anglikanismus. Das päpstliche Rom lebte zum größten Teil von den Steuern, Spenden, Gebühren des Klerus und der Gläubigen in Deutschland. Zudem bot die einzigartige reichsfürstliche Schlüsselstellung des deutschen Episkopats der Kurie Hebelgriffe genug, um auf die Reichspolitik je nach Bedarf diskret oder massiv einzuwirken. Weder Friedrich III. noch Maximilian I. spielten dagegen die Karte des

Konzils, des kirchlichen Parlamentarismus, aus, obwohl das Basler Konzil 1439 als Glaubenswahrheit festgehalten hatte: »Das allgemeine Konzil steht über dem Papst.« Kein Wunder, daß die Gravamina, die Beschwerden deutscher Nation gegen Rom, zum Pensum fast aller Reichstage zählten.

Erwachen in Italien

Einigemal schon ist das Stichwort »Humanist« gefallen. Humanismus als geschichtlicher Epochenbegriff meint den gelehrten, literarischen, philosophisch-pädagogischen Aspekt der Renaissancekultur. Giorgio Vasari, ein Kunstbetrachter des 16. Jahrhunderts, hatte die bildende Kunst seiner Zeit als »rinascita«, als Wiedergeburt der klassischen Antike, gedeutet; spät erst haben dann die französischen Enzyklopädisten und Jacob Burckhardt den Begriff Renaissance für das ganze Zeitalter im Sprachgebrauch eingebürgert.

Die italienischen Frühhumanisten setzten der allbeherrschenden Theologie von der Gottesknechtschaft des Menschen die Humaniora, die weltlichen Wissenschaften, und ein selbstbewußt neues Menschenbild entgegen. Ihnen ging es um die Enträtselung der Natur, um die Befreiung des Menschen im Licht antiker Überlieferung. Das mittelalterliche Europa hatte sich durchaus noch in der Nachfolge des römischen Imperiums verstanden, geblieben war ja das christlich erneuerte Kaisertum, geblieben war das Latein als Sprache der Kirche, der Gebildeten und des internationalen Handels.

Die Humanisten brachen mit diesem Traditionsverständnis. Ihnen erschien das Mittelalter als ein Abfall vom natürlichen vollendeten Menschentum der Antike, als ein Rückfall in die Barbarei. So verwarfen sie das in Jahrhunderten großartig unbefangen weiterentwickelte Mittellatein mit all seiner Anschaulichkeit und Handlichkeit als verderbtes Mönchs- und

IMPERATOR DIVVS MAXI PIVS FELIX CAESAR MILIANVS AVGVSTVS

9   Eine schillernde Figur der Zeitenwende war Kaiser Maximilian I. Albrecht
Dürer hat den Mäzen der Künste und Wissenschaften, wie hier, mehrmals
porträtiert.

10 Der 1304 geborene Florentiner Francesco Petrarca gilt als der große Wegbereiter des Humanismus südlich der Alpen. Kupferstichporträt von Rosmäsler nach einem älteren Holzschnitt.

Küchenlatein. Norm und Ideal setzten jetzt die klassischen Autoren, voran Cicero. Aber der Humanismus beließ es nicht bei klassizistischen Musterbögen, er gewann Eigenleben. Die fast schon ins Transzendentale entrückte Antike leuchtete den Humanisten als Sonne über dem Weg der Erkenntnis, aber sie war nicht eigentlich das Ziel. So wenig die Anhänger Rousseaus im 18. Jahrhundert zurück zur Natur, so wenig konnten und wollten die Humanisten des Quattrocento zurück ins Altertum. Renaissance heißt Wiedergeburt, nicht Rückkehr.

Die Bewegung kam nicht von ungefähr in Italien auf. Ungleich stärker als Deutschland war die apenninische Halbinsel von der Stadtkultur, dem Humus, dem Nährboden des Humanismus grundiert, der in diesem Sinne auch eigenständig bürgerliche und nationale Züge gewann. Hier hatte sich das Bankwesen samt dem Zinsgeschäft ausgebildet, an dem sich der Klerus trotz des formell noch gültigen kanonischen Verbots skrupellos beteiligte. Wer Zeit und Geld ausnütze, so Leon Battista Alberti, mache sich »zum Herrn aller Dinge«. Zu dieser Devise paßt, daß nun erstmals öffentliche Uhren in den Städten anzeigten, was es geschlagen hatte.

Als Prototyp des Humanisten gilt der Florentiner Francesco Petrarca, geboren 1304. Freiheitsdrang und Geltungsbedürfnis, innere Unruhe und ein schmerzhaft empfundenes Verlangen nach Einsamkeit in der Natur, christliche Askese und stoisches Bescheiden haben sich in ihm zeitlebens widerstritten. In Briefen, Dichtungen, philosophischen Essays hat Petrarca die rechte Lebenskunst bedacht, vieldeutig, tastend, noch ungenügsam mit sich selbst.

Ganz anders der um ein Jahrhundert jüngere Alberti. Er zog sich bereits bewußt auf das Feld diesseitiger Erkenntnis und Bewährung zurück. Oberste Instanz war ihm allein ein lebensnaher Rationalismus, keine Kirche, keine Offenbarung. Die Studien sollten und könnten den Menschen zum »uomo universale« vervollkommnen, lehrte er. Diese hochgemute, hochfahrende

Anthropologie hat dann Pico della Mirandola auf die Spitze getrieben, wenn er Gott zum Menschen sprechen läßt: »Ich habe dich in die Mitte der Welt gesetzt... damit du als dein eigener, vollkommen frei und in Ehren schaffender Dichter und Bildhauer deiner selbst die Form bestimmst, in der du zu leben wünschst.«

Der italienische Humanismus hat das absolute Ich und den absoluten Staat erfunden, er hat den Nationalstolz und das Bewußtsein einer europäischen Gelehrtenrepublik erweckt, er hat die Landschaft als Kunstwerk und die Natur als Ausbeutungsobjekt entdeckt. Sein wichtigster Mittler in Deutschland war Enea Silvio Piccolomini. Dieser begann seine Laufbahn als Anhänger der Konzilspartei, war fast zweieinhalb Jahrzehnte nördlich der Alpen tätig, zuletzt, schon von der Kurie gewonnen, in der Kanzlei Friedrichs III. Er hat mit den deutschen Fürsten Konkordate abgeschlossen, Reisebücher, Geschichtswerke, auch eine erotische Novelle geschrieben und, zum Kardinal berufen, öffentlich sein früheres Leben und Treiben widerrufen. Er starb als Papst Pius II.

Schulstaub in Deutschland

In Italien reifte der Humanismus in gut zwei Jahrhunderten heran, in Deutschland blieb er auf zwei Generationen gerafft. Hier fehlte ihm der breite Resonanzboden. Weder die deutschen Residenzen noch die Reichsstädte konnten sich mit den italienischen Republiken und Fürstenhöfen vergleichen. Während die Italiener die alten Römer stolz als »die Unsrigen« ansahen und verklärten, blieb jenseits der Alpen der antik befrachtete Humanismus weithin Fremdgut, Import. Eindringlicher als im Süden verbreiteten hier die Universitäten humanistisches Gedankengut. So blieb, alles in allem, der deutsche Humanismus eine akademische Angelegenheit, christlich temperiert, mehr litera-

11 *Wichtigster Vermittler humanistischer Weltschau in Deutschland war Enea Silvio Piccolomini, der spätere Papst Pius II., hier auf einem Gemälde von Justus von Gent.*

risch-antiquarisch als moralphilosophisch geprägt, hausbacken. Er roch ein bißchen nach Schulstaub. Natürlich gab es auch hier Gestalten, die weit über dieses Normalmaß hinauswuchsen, so, bei aller Gegensätzlichkeit, der deutsche Erzhumanist Konrad Celtis und Desiderius Erasmus von Rotterdam.

Celtis, 1459 in Wipfeld am Main geboren, hat sich selbst als einen »beharrlichen Liebhaber der Sonne, der Wälder, der Berge, der Wanderfahrten, der Bäder, der Gastmähler« charakterisiert. Eine ursprünglich dichterische Begabung, gründete er literarische Sodalitäten, Arbeitskreise; er besang seine Liebschaften in allen vier Himmelsrichtungen und pries die Liebe als das göttliche Grundgesetz des Kosmos. Als Kostprobe seiner leider unvollendeten »Germania illustrata« ist nur das Lob- und Lehrgedicht auf das freie Nürnberg erschienen. Celtis hat der Geschichtsschreibung, der Volkskunde, der Geographie folgenreiche Anstöße gegeben und, Pantheist, die Natur als »des allmächtigen Jupiters Bildnis« gefeiert. Der wahre Philosoph, so meinte er, müsse die drei heiligen Sprachen, Hebräisch, Griechisch und Latein, kennen, die Naturerscheinungen deuten können, die Taten der großen Männer und die Sitten der Völker erforscht haben, er müsse die Wechselfälle der Fortuna verachten und die Welt mit dem Zauberstab der Beredsamkeit zum Erklingen bringen.

Als ungekrönter König der humanistischen Gelehrtenrepublik diesseits wie jenseits der Alpen aber galt Desiderius Erasmus von Rotterdam. Er war ein Wunder an Gelehrsamkeit. Auf seine kritische Edition des griechischen Neuen Testaments gründete Luther seine Bibelübersetzung. Er hat die Kirchenväter, reich kommentiert, herausgegeben und vielgelesene moralphilosophische Schriften, wahre Lebensbreviere, verfaßt; sein »Lob der Torheit« bietet heute noch vergnügliche Lektüre. Mehr als zweitausend Briefe sind von Erasmus erhalten. Die Zeitgenossen bewunderten nicht nur sein Wissen, seinen Geschmack, seinen graziösen Stil, seinen Sinn für Nuancen, sie verehrten ihn, wie

12 Der Erzhumanist Konrad Celtis gab der Geschichtsschreibung, der Geographie, der Volkskunde bedeutende Anstöße. Hans Burgkmair hat ihn samt seinen Werken konterfeit.

der Mediceer-Papst Leo X. einmal sagte, als die »Zierde der Welt«. Eine anerkennende Erwähnung des Erasmus galt jedem Humanisten als Ritterschlag.

Erasmus kam von der »Devotio moderna« her, einer mystisch inspirierten religiösen Erneuerungsbewegung, die verinnerlichte Frömmigkeit und tatkräftige Nächstenliebe predigte. Er stand jenseits aller Dogmatik, starb auch bewußt ohne Empfang der Sakramente, hat Luthers Kirchenspaltung aber nicht mitvollzogen. Eine irenische, ja ängstliche Natur, erschien er Anhängern wie Gegnern der Reformation schließlich als eine Sphinx. »Ein Bürger der Welt begehre ich zu sein«, schrieb er einmal, »allen gemeinsam, oder lieber für alle ein Fremdling.« Erasmus war stolz darauf, sich nie einer Partei verschrieben zu haben. Aber seine Zeit erpreßte Entscheidungen. Das hat zum Bruch mit Hutten und Luther geführt.

In dieser flüchtig skizzierten Porträtgalerie nimmt sich Ulrich von Hutten etwas fremd aus. Michael Seidlmayer, in dessen Würzburger Seminar ich mit dem Humanismus vertraut wurde, hat bemerkt, daß die Weite und Vielfalt der lebensphilosophischen, religiösen, ethischen und ästhetischen Fragen, daß die ganze hochgezüchtete Sensibilität der besten Humanisten einem Hutten durchaus fremd geblieben seien: »Die Skala seiner Gedanken- und Gefühlswelt ist einfach und eng begrenzt, sie wiederholt sich in der großen Masse seines Schrifttums bis zur Eintönigkeit. Bei der ganzen Breite seiner formalen Bildung bleibt Hutten in seinem Wesen doch eine reine Tatnatur – mit ihrer Stärke und ihren Mängeln in gleicher Weise.«

Hutten war eben nicht nur Humanist, Poeta laureatus, der Italien mehr verdankte, als er sich und anderen eingestehen wollte; er war trotz allen Grolls gegen seine kentaurisch groben Standesgenossen mit allen Fasern seines Wesens auch Ritter, Reichsritter, zur Unabhängigkeit geboren, zu politischem Wirken berufen, nicht frei von rückwärts gewandter Romantik. In diesem Zwiespalt müssen wir ihn sehen. Aus dem Untergang des

Rittertums rettete er für sich die Idee der deutschen Nation. Vita contemplativa oder vita activa? Diese Kernfrage des Humanismus hat schließlich der Ritter, nicht der Humanist Hutten, für sich entschieden.

Wer den deutschen Humanismus und sein Nachleben verstehen will, muß sich zu guter Letzt die besondere Rolle des Griechischen klarmachen. Das Mittelalter hatte die Antike fast ausschließlich im Medium des Lateinischen gekannt. Griechisch war im Westen so gut wie unbekannt. Das änderte sich, als 1453 Konstantinopel von den Türken erobert wurde. Ein Strom griechischer Emigranten, darunter viele Adelige und Gelehrte, ergoß sich nach Europa. Was zunächst kaum beachtet wurde: Bald erhob das ferne, unbekannte Moskau, nun Vorort der orthodoxen Kirche, den Anspruch eines »dritten Rom« mit allen ideologischen Konsequenzen bis hin zur Oktoberrevolution 1917.

Während in den romanischen Ländern das Griechische eine aparte Fremdsprache, eine akademische Disziplin blieb, stieg es im Norden zu einer Bildungsmacht auf. Hans Oppermann hat diese Eigenentwicklung so gedeutet: »In den Ländern, die von der Reformation erfaßt werden, erhält das Griechische als Sprache des Neuen Testamentes eine besondere Bedeutung... Nicht zufällig verläuft die schließliche Grenze zwischen den katholischen und den evangelischen Gebieten in Europa ungefähr an den Grenzen des Imperium Romanum... Deutschland aber war unter den großen europäischen Ländern dasjenige, in dem der unmittelbare Zusammenhang mit der Antike... am schwächsten war... Am Beginn seiner Geschichte steht die Befreiung der Germanen von römischer Herrschaft. Die Reformation trug weiter dazu bei, große Teile Deutschlands in eine neue Oppositionsstellung zu allem zu bringen, was Rom hieß und römisch war.« Hinzu kam seit dem Sturm und Drang und der Romantik beim Deutschen die Schätzung alles Originalen, ursprünglich Gewachsenen. So, meint Oppermann, sei »das

Griechenerlebnis selbst« mit dem Neuhumanismus eines Winckelmann und Wilhelm von Humboldt Element deutscher Kultur geworden und habe hier »den Charakter einer Menschheitsreligion« angenommen.

Hutten hat sich natürlich auch dem Griechischen gewidmet, aber zum Erlebnis wurde ihm das Hellenentum nicht. Seiner Fechternatur, seinem literarischen Temperament, seinem Advokatenpathos, seinem epigrammatischen Talent schmiegte sich das Latein williger. In Hutten mischten sich germanisches Ungestüm und latinische Klarheit. Als Franke saß er ja, der Herkunft nach, rittlings auf dem Limes.

Wanderjahre im Norden

Laß den väterlichen Herd und schaue fremde
Gestirne,
Wenn du himmlische Pfade wandeln
willst! ... Willst die geheimen
Gründe der Natur du erkennen,
Such selbst zu deinem Gewinn verschiedene
Länder auf! ...
Wohlan also, erwach und wage, wovon die
Jahrhunderte sprechen!
So wird dein Name unter dem Himmel auf
Flügeln des Ruhms dahineilen.

Konrad Celtis, »Lob der Wanderschaft«

Wenn wir Heinrich Grimm, dem besten Kenner der Jugendjahre Huttens, folgen, so hat dieser spätestens vom Frühjahr 1503 bis zum Frühjahr 1505 schon in Erfurt und das Sommersemester 1505, ebenfalls noch mit Einverständnis und auf Kosten des Stifts, in Mainz studiert. In den ziemlich unvollständigen Matrikeln Erfurts findet sich zwar kein Eintrag Huttens, aber Hinweise auf ein Erfurter Studium in seinen Schriften und die nur damals mögliche Bekanntschaft mit zahlreichen Erfurter Kommilitonen lassen darauf schließen. Für den Mainzer Sommer haben wir schließlich den Lehrer Rhagius Aesticampianus als Bürgen. Später erscheint Hutten jedenfalls nur noch tageweis in Erfurt.

Auch wenn Hutten nicht zum Mutianschen Orden zählte, der sich erst nach seinem Abgang konstituierte, war er mit den meisten Erfurter Humanisten doch eng befreundet. Begründer und Oberhaupt des locker geselligen Ordens war Konrad Muth, der sich wegen seiner rötlichen Haare den Namen Mutianus Rufus zugelegt hatte. Mutian hatte in Italien studiert und genoß dann in Gotha eine schmale geistliche Pfründe. Sein Haus stand hinter der Domkirche; an den Wänden drinnen sah man die Wappenbilder erprobter Freunde: »den Storch Spalatins, des Crotus riemenumwundene Hörner, Eobans vom Lorbeerstrauch in die Wolken steigenden Schwan.«

Außer Briefen hat Mutian so gut wie nichts geschrieben. Er hielt sich da an das Beispiel Christi und Sokrates' und wirkte lieber im stillen, im vertrauten Kreis. Seine Mysterien, meinte er, seien nichts für die Menge, etwa, daß Gottes Hauch nur in den Naturgesetzen walte, Venus und Maria eine Göttin, Jupiter, Moses, Christus ein Gott seien.

Die bedeutendsten Mitglieder des Mutianschen Ordens und intimsten Freunde Huttens waren Johann Jäger aus dem thüringischen Dornheim, genannt Crotus Rubianus, und Eoban Hesse. »Der Allesverlachende« hieß Crotus im Freundeskreis; er vereinte einen witzigen Geist mit einem guten Herzen, war ein parodistisches Genie, hielt sich aber zeitlebens als erster Verfasser der »Dunkelmännerbriefe« bedeckt und ist, wie sein Lehrer Mutian, trotz aller Sympathien für Luthers Sache, trotz aller Verachtung von Dogma und Kult, in der alten Kirche verblieben. Der alte Luther schimpfte ihn deswegen Dr. Kröte.

Eoban Hesse hatte sich als frühreifes poetisches Wunderkind einen Namen gemacht. Er war ein großer, starker, martialisch gebauter Mann mit vollem Bart, dabei eine Seele von einem Menschen, gutherzig wie ein Kind. Strauß fügte seiner Charakteristik hinzu: »ein ausgezeichneter Fechter, Tänzer, Schwimmer und leider auch Trinker... Bei spärlichem Einkommen, wachsender Familie... ging es ihm stets knapp, bisweilen wirklich elend; aber nie verlor er den heiteren Lebensmut.« Hesse hat später in Erfurt einer eigenen Humanistenrunde präsidiert, in der er als Rex, als König, galt, »und mit diesem Königsmantel weiß er sich fortan in seinen Briefen aufs drolligste zu drapieren. Er gebietet den Freunden als König, warnt, sie mögen ihn nicht nötigen, den Tyrannen herauszukehren, grüßt

13 Zu den engsten Vertrauten Huttens zählte Eoban Hesse, Dichter, Humanist, Lebenskünstler, ein Genie der Freundschaft. Porträt aus Boissardus'
»Bibliotheca chalcographica«, 1669.

von seiner Königin, berichtet von seinen Prinzen, datiert seine
Briefe aus der armen Königsburg, verlangt eine Salbe für seine
königliche Nase, die der Wein etwas rot zu färben angefangen
hatte.«

Wie Mutian die Wappen seiner Jünger zu Hause vor Augen
hatte, so versammelte Crotus noch als Professor der Theologie
auf einem Titelblatt der Erfurter Universitätsakten um sein
Wappen die heraldischen Visitenkarten der Freunde: Hesses
Schwan, Eberbachs Keiler, Reuchlins Weihealtar, Luthers Rose
und daneben Huttens Wappen, zwei rote Schrägbalken auf
goldenem Grund.

Wenn Hutten die ersten Semester in Erfurt verbracht hat, dann
in der philosophischen Fakultät der Artisten. Das Studium
begann dort mit dem Trivium der Sieben Freien Künste: lateinische Grammatik, Rhetorik und Logik. Diesem folgte das Qua-
drivium mit Arithmetik, Geometrie, Naturgeschichte, Musik-
theorie und Astronomie. Die Sieben Freien Künste galten nur als
Vorbereitung auf das Studium der Theologie, sie haben sich erst
später als akademische Fächer verselbständigt. Als Kronzeuge
philosophischer Erkenntnis galt, noch ganz spätmittelalterlich,
Aristoteles. Der acht Jahre ältere Crotus wird Hutten darüber
hinaus mit den geliebten Autoren der Antike vertraut gemacht,
ihn in die Feinheiten des klassisch-literarischen Stils eingeweiht
haben.

Zwischen Rhein und Oder

Mainz, wo Hutten den Sommer 1505 verbrachte, war, wie wir
aus Kreisen spätscholastischer Reformgegner des Universitäts-
betriebs wissen, als Hohe Schule für »jura und poetica« bekannt, besaß aber auch den ersten Lehrstuhl für Geschichte in
Deutschland, begründet von Ivo Wittich aus Hammelburg an
der fränkischen Saale, einem Landsmann Huttens. Die Historie

dozierte damals der schwäbische Humanist Bernhard Schöfferlin, ein Freund Reuchlins. Eben 1505 gab er eine Übersetzung
des römischen Geschichtsschreibers Livius heraus. In seiner
Vorrede konnte der junge Hutten lesen: »So ich oft und viel bei
mir selbst betrachtet hab, was einem weltlichen Mann allermeist
zu Vernunft dienen, zu Mannheit und einem tugendreichen
Leben bringen möcht, find ich nach meinem Bedünken nichts
nützlicheres noch fruchtbareres, dann fleißig Historien und alte
Geschichten zu lesen...« Wer dies tue, werde daraus auch von
»deutscher Mannheit und Tugend« erfahren.

Hutten wird damals im Hof »Zum Algesheimer«, der Burse,
dem Studentenheim der Philosophen, gewohnt haben; Reste des
Baues haben den Bombenhagel des Zweiten Weltkriegs überstanden. Nicht nur Schöfferlin, auch das Erbe römischer Ruinen
sprach in der »Aurea Moguntia«, dem goldenen Mainz, beredt
von der Vergangenheit. Und aufgeschlossen für Geschichte,
Geographie und Stammeskunde war auch Huttens bevorzugter
Lehrer Johann Rack aus Sommerfeld in der Lausitz, der sich
Rhagius Aesticampianus nannte, einst Lieblingsschüler des
Konrad Celtis. In seinen »Querelae« erzählt Hutten von sommerlichen Wanderungen mit dem Studienfreund Ulrich Fabricius in den Pfaffengassen von Rhein, Main und Nahe. Die beiden
gingen in den Klöstern auf Handschriftenjagd; Fabricius spielte
unterwegs die Laute.

Bis dahin hatte anscheinend das Stift Fulda Huttens Lebensunterhalt an den Hohen Schulen bestritten. Das Wintersemester
1505/06 in Köln belegte er als freier Scholar. Wahrscheinlich
bezog er Unterstützung vom Vetter Frowin von Hutten, dem
kurmainzischen Hofmarschalk, und vom Onkel Ludwig von
Hutten, einer Art Senior der Familie. Jedenfalls preist er sie
wiederholt als seine Förderer und Gönner. Nach Köln kam
damals auch Crotus. Für beide war diese Hochburg scholasti-
scher Theologie nur eine Verlegenheitswahl. Den Crotus hatte
vermutlich eine Seuche aus Erfurt vertrieben; Rhagius, und mit

14 Zu den markantesten römischen Denkmälern der Moguntia aurea gehört
der Eichelstein, benannt nach dem Adler, aquila, der Weltmacht Rom.

ihm Hutten, hatte sich schon im Sommer für die neugegründete Alma Mater Viadrina in Frankfurt an der Oder anwerben lassen, die aber erst im Frühjahr 1506 öffnete.

Huttens Haßgegner Paul Kalkoff hat in seinen Büchern die Legende wiederaufgewärmt, der Poet sei »wegen Verführung der Jugend durch öffentlichen und einhelligen Beschluß« von den Universitäten Köln, Leipzig und Erfurt vertrieben worden. Die Mär geht auf eine antilutherische Schmähschrift Georg Sauermanns aus dem Jahr 1524 zurück; Sauermann war Hutten in Bologna begegnet. Für eine Relegation Huttens, gar eine dreimalige, gibt es sonst keinerlei Beleg. Keiner seiner zahlreichen akademischen Gegner spricht davon. Sauermann blieb mit seiner verleumderischen Erfindung allein.

Die Viadrina wurde von Kurfürst Joachim I. von Brandenburg auf den Rat des Bischofs von Lebus, Dietrich von Bülow, des Ritters Eitelwolf vom Stein und des Abts Johannes Trithemius gegründet, dessen Kloster Sponheim Hutten auf seinen sommerlichen Wanderungen naheaufwärts kennengelernt hatte. Rhagius war als Dozent für Rhetorik, Poetik und Moral berufen worden. Hutten kehrte auf seiner Wanderung an die Oder um Ostern 1506 kurz in Erfurt ein und erwarb noch im September das Bakkalaureat, was ihn, wenn auch beschränkt, zu eigenen Vorlesungen berechtigte.

Rhagius hielt damals Vorlesungen über die »Germania« des Tacitus. Keine Schrift hat das erwachende Nationalgefühl der deutschen Humanisten so beflügelt wie dieser im Mittelalter verschollen geglaubte, aus der Fuldaer Bibliothek nach Rom entführte und 1470 im Druck publizierte Volks- und Sittenspiegel. Tacitus wollte mit seiner Schilderung germanischen Lebens den Römern der Kaiserzeit das Bild einer von Zivilisation und Tyrannis unberührten Gesellschaft edler Wilder vorhalten. Damals begann Hutten aus der Lektüre römischer Historiker Hinweise auf seine spätere Idealgestalt Arminius zu schöpfen. Er hat den Schlachtensieger im Teutoburger Wald als Kultfigur und

Vorstreiter deutscher Einheit eigentlich erschaffen, und es berührt merkwürdig, daß der zweite prominente Schüler der Viadrina, Heinrich von Kleist, diesen Kult am Vorabend der Befreiungskriege mit seiner »Hermannsschlacht« wieder aufgegriffen hat.

In Frankfurt erlebte Hutten auch die poetische Gnadenweihe, seine ersten Verse gedruckt zu sehen, neben einer »Ermahnung zur Tugend« vor allem sein »Lobgedicht auf die Mark«. Trotz der üblichen bemühten Anspielungen auf Landschaften und Götter des Altertums zeigt dieses Jugendgedicht sinnenhafte Anschaulichkeit und einen Blick für die Stromlandschaft der Oder. Im Gegensatz zu den meisten anderen humanistischen Poeten war Hutten eben mehr als ein Rhetoriker. Mit dem eingangs erwähnten »arktischen Knecht« ist das Sternbild Bootes gemeint; Gargara spielt auf eine von Vergil erwähnte fruchtbare Gegend in Kleinasien an; die winterlichen Fackeln sind schlichte Kienspäne, Eridanus der Poetenname des oberitalienischen Flusses Po; der kleinasiatische Kaikus erscheint bei den Alten als Kupferfluß. Wir bringen Huttens »Lobgedicht auf die Mark« in der Übersetzung von Heinrich Grimm:

Mark, wenn auch unter des arktischen Knechtes Sternbild
gelegen,
So spendet dein Boden doch manchen reicheren Segen
Als Gargaras üppige Flur. Äpfel und saftige Trauben
Schenkt der Herbst deinem Volk, der Sommer Ernte in
Fülle,
Winters stürmende Kälte spürst kaum du beim Brande der
Fackeln,
Zeitig schon sendet der Lenz Schwärme von Bienen ins
Land.
Du bist die Heimat der Zucht von Herden gar stattlicher
Rinder,

Soviel sind ihrer wie Sand am Strand des jonischen Meers.
Hier gibt es Pferde von Blut und lastengehärtete Esel,
　　Zur Weide treibt riesige Herden von Schafen der Hirt.
Genug jetzt davon! Schaut, wie die Oder durch's fröhliche
　　　　　　Land strömt,
　　Mehrend den Reichtum durch Heere von herrlichen Fi-
　　　　　　schen;
Fische, deren der Don sich nicht und nicht der goldne
　　　　　　Orontes,
　　Phrygiens Xantus und Roms Tiber so reichlich erfreun.
So reich sind Eridanus nicht und nicht der schnelle Kaikus,
　　Dessen Gewässer mit sich führen rotgoldenes Metall.
In Mengen fahren die Oderfischer zum Markte die Karpfen,
　　Gewichtige Krebse und bläulich schimmernde Hechte.
Fremde aus Ländern der Ferne kommen zum Tausch ihrer
　　　　　　Waren,
　　Die Arabiens Pracht und Indiens Reichtum erzeugt.
Herrliche Städte, Mark, hast du und schön gelegene Burgen,
　　Und mancher würdige Dom kündet der Heiligen Ruhm.
Seiner Ahnen Streben getreu befiehlt der Kurfürst Joachim —
　　Damit seine Mark auch solch hoher Ehr' nicht ermangle —
Pfeiler und Bögen zu richten zum Baue der Akademie
　　Dort, wo Stadt Frankfurt gelegen, zwischen Bergen und
　　　　　　Strom.
Heimstatt edler Künste entfalt' dich, auf daß dorten findet
　　Phöbus der göttlichen Lieder Weisheit deutende Schar!
Heil Euch! Den Schätzen gesellen sich bei die Künste der
　　　　　　Pallas
　　Als Güter weit edlerer Art denn die seines Landes.
Doch fruchtbares Land, an Schätzen reich, gibt erst Dasein
　　　　　　den Künsten,
　　Und so vereinet die Mark Reichtum und Weisheit in sich.
Willst Du das übrige besser noch kennen, — blättre im
　　　　　　Büchlein,

Leser, auf daß Dir all das noch näher werde bekannt!
Für die märkischen Dinge sei's Dir stets ein redlicher Führer,
    Daß Du gewinnest einst lieb, was heute Dir noch ver-
        borgen.
Freuest Dich, darin zu finden, was Dir zu wissen von Nutzen,
    Da ohne Kenntnis davon, Dir konnte Schaden entsteh'n.
Findest, Leser, Du schließlich noch Fehler in diesem kleinen
        Buch,
    Gewähre Verzeihung! In Eil' der Verfasser es schuf.

Frankfurt war als Hohe Schule der humanistischen Bewegung
geplant, aber deren Anhänger konnten sich gegen die Repräsentanten des alten Lehrbetriebs nicht durchsetzen. So verließen
Rhagius und Hutten die Oderstadt im Februar 1508. Beide
wandten sich nach Leipzig.
Eine freundliche Vignette der Erinnerung mag dieses Frankfurter Kapitel beschließen. Vor dem Gubener Tor, unweit der
früheren Kartause, war noch Ende des vorigen Jahrhunderts ein
in Stein gefaßter Quell inmitten einer Baumgruppe zu sehen. In
einer lange nach Huttens Tod erschienenen Elegie hat Melanchthons Schwiegersohn, der brandenburgische Hofdichter Georg
Sabinus, diesen Steinbrunnen als den Lieblingsaufenthalt des
ritterlichen Musensohnes genannt.

Syphilis

Schon im März 1508 finden wir Ulrich von Hutten aus dem
Buchenland in Leipzig immatrikuliert. Die Universität der Mes-
sestadt war ein Jahrhundert zuvor nach einem Massenexodus
deutscher Professoren und Studenten aus Prag gegründet worden. Dort hatten die Tschechen, angeführt von Jan Hus, das
Übergewicht der deutschen Landsmannschaften an der Universität bekämpft, und König Wenzel hatte ihnen recht gegeben.

Nationalistische Tendenzen und kirchliche Reformationsbestrebungen waren damals aufgeblitzt, eine explosive Mischung, die sich nach dem Feuertod des als Ketzer verdammten Hus in den verheerenden Hussitenstürmen entlud.

In Leipzig blieb Hutten zwei Semester. Er hat damals nach dem Bericht des Magisters Veit Werler auch öffentlich und privat Vorlesungen gehalten. Sonst fehlt jeder biographische Hinweis. Die nächste Nachricht datiert erst wieder aus dem Spätsommer 1509, ein Eintrag in der Universitätsmatrikel von Greifswald: »Ulricus Huttenus poeta, clericus Herbipolensis, gratis intitulatus quia spoliatus omnibus bonis«, was besagt: Ulrich Hutten, ein Poet, Kleriker aus der Diözese Würzburg, ohne Gebühr eingeschrieben, weil aller Habe beraubt.

Bis heute wird spekuliert, was Hutten an die pommersche Ostseeküste verschlagen, wie und wo er dort, bildlich wie materiell, Schiffbruch erlitten hat. War es ein Zerwürfnis mit dem empfindlichen Rhagius? Waren es die Erzählungen pommerscher Kommilitonen in Frankfurt? Oder hat ihn die von Celtis verbreitete Sage von der Insel Thule in den Norden gelockt? Der Wiener Humanist Joachim von Watt, genannt Vadianus, hat später in einem Brief berichtet, was Hutten als vielgeprüfter Odysseus auf dem Germanischen Meer und auf seinen Wanderungen bis Wien erlebte. Von Skylla und Charybdis, von räuberischen Kyklopen am anderen Ufer, von einer hilfreichen Kalypso ist da die Rede. Ob der Dichter auf der Ostsee Schiffbruch erlitten, ob er vor seiner Ankunft in Greifswald unter Piraten oder erst später, in den böhmischen Wäldern, noch einmal unter die Räuber gefallen ist, all das bleibt hinter den Nebelfetzen mythologischer Anspielungen verborgen.

Wohl schon auf der Wanderung nach Norden hat Hutten dem Dozenten Heinrich Trebelius in Frankfurt an der Oder ein Gedicht gewidmet, das dieser noch zum Jahresende 1509 zusammen mit eigenen Versen abgedruckt hat. Hier schildert Hutten, daß er sich mit Bettelversen durchschlage, und dem häuslichen Glück des Freundes kann er nur die eigenen Wirren »unsicherer Liebe« entgegenhalten.

Der Dichter hatte sich in Leipzig Mitte des Jahres 1508 mit der Syphilis infiziert. Jetzt war er auf der Flucht vor sich selbst, wählte freiwillige Isolierung und Verbannung von allen Vertrauten. Flake hat diesen Lebensschock des Zwanzigjährigen einfühlsam nachgezeichnet: »Er ist sich selbst zum Ekel. Seine Wunden riechen; wenn nicht Eiter aus ihnen fließt, dann zersetztes Blut. Zwar wendet man sich von dem Verseuchten noch nicht aus moralischem Widerwillen ab, wohl aber aus Furcht, Abscheu, Unlust. Er folgt dem Instinkt des auf sich selbst Gestellten, kein Mitleid zu fordern, wenn es ihm schlecht geht. Es ist der stoische Instinkt des Tieres, sich aus diesem Spiel zu ziehen, sobald der Tod oder eine andere Unabwendbarkeit kommt. Von Fremden kann er ein Stück Brot, ein Bündel Stroh annehmen, vor Freunden sich nicht so elend zeigen...«

Noch an der Oder, spätestens an der Pleiße, hatte der Poet, angeregt von der Tarnkappe des Odysseus, der sich bei der Begegnung mit dem Kyklopen Polyphem als »Outis«, als Niemand, vorstellte, eine Stegreifdichtung, eine Wortspielerei mit dem Titel »Nemo«, verfaßt. Der Freund Fabius Gürtler, genannt Zonarius, hat die paar Dutzend Verse das Jahr drauf drucken lassen. Jetzt war Hutten selbst ein Nemo, ein Niemand, ein Hiob hinter den Hecken, ein armer Ritter von der Landstraße.

Die Mehrzahl der Medizinhistoriker nimmt an, daß die Syphilis oder Lues von den aus Amerika zurückgekehrten Seeleuten des Columbus in die Alte Welt eingeschleppt worden ist – auch eine Art von Montezumas Rache. 1493 soll die Krankheit erstmals in Barcelona aufgetaucht sein. Spanische Söldner und Lagerdirnen brachten die Lustseuche dann im Krieg gegen Karl VIII. von Frankreich nach Neapel. Als sich Karls Heer, geschlagen, in alle Winde zerstreute, wanderte das venerische Gift mit. Morbus gallicus, Franzosenkrankheit, nannten Italiener und Deutsche die neue Krankheit. Knochenfunde im vorkolumbianischen

Amerika haben angeblich erwiesen, daß dort die Syphilis schon endemisch war.

Andere Medizinhistoriker halten dagegen, die Syphilis sei schon lange vor Columbus in Afrika, Asien und Europa verbreitet gewesen. Erst ein Vierteljahrhundert nach der Entdeckung Amerikas hätten zwei geschäftstüchtige Spanier die Mär vom westindischen Ursprung der Seuche verbreitet, um das Gujakholz, darauf kommen wir noch, als Heilmittel en gros importieren zu können. Die Syphilis habe ihren Ursprung mit der Frambösie gemein, einer chronischen Infektionskrankheit tropischer Länder, vor allem Afrikas, die fast die gleichen Symptome wie die Lues aufweise.

In Europa nahm die amerikanische Eingeborenenkrankheit zunächst wohl bösartigere Formen an, bis sich Organismus und Seuche in dem üblichen Rhythmus eingespielt hatten.

Das primäre Stadium der Lues dauert nur ein paar Wochen und verläuft noch recht unauffällig. Im sekundären Stadium werden Haut und Schleimhäute von roten Flecken, Knoten, schmerzhaften, übelriechenden Geschwüren befallen. Das dauert mit Erholungsphasen und Rückschlägen etwa fünf Jahre. Danach hat der Infizierte meist jahrelang, oft jahrzehntelang, trügerische Ruhe, ehe die Erreger im tertitären, tödlichen Stadium nicht nur die Haut, sondern auch Knochen, Gelenke, innere Organe, oft auch Rückenmark und Gehirn befallen. Ein wirksames Medikament war erst seit 1907 mit Salvarsan, später mit Penicillin zur Hand.

Übertragen wird die Syphilis meist durch Geschlechtsverkehr, doch können die Erreger auch durch feinste Hautrisse und so auch durch Bettwäsche, ein infiziertes Eßgeschirr oder einen Trinkbecher ins Blut oder in die Lymphbahnen gelangen. Ihren Namen Syphilis bekam die Seuche übrigens erst um 1530 durch das Lehrgedicht eines Italieners, der den Ursprung der Krankheit einem von Apoll verfolgten und geschlagenen Hirten Syphilis zuschrieb.

*15 Die kupplerische Magd. Holzschnitt von Hans Weiditz. Vor dem Wüten
der Syphilis galt der Besuch der Freudenhäuser als wenig anrüchig.*

Die hygienischen Lebensbedingungen im damaligen Europa
stanken zum Himmel, dazu kam die erotische Unbefangenheit
der Zeitgenossen und die allgegenwärtige Prostitution in den
Rosengäßchen der Städte wie auf den Landstraßen. Die Syphilis
grassierte bald als eine Volksseuche, von der die Prominenz, ob
weltlich oder geistlich, so wenig verschont blieb wie der Vagant
oder der Handwerker. Papst Alexander VI. und der Erzhumanist Celtis, Kaiser Karl V. und sein Gegner, König Franz I. von
Frankreich, waren Opfer der Syphilis. Auch Huttens Vater
erwischte die Krankheit noch im gestandenen Alter.

Auf eine moralische Rechtfertigung des jungen, unverheirateten
Hutten können wir verzichten. Daß er gewohnheitsmäßig Wein,
Spiel und Freudenhäuser gesucht habe, wie ihm Kalkoff in
protestantisch-galligem Eifer unterschiebt, läßt sich nicht ein-

mal durch eine Anspielung im sonst so offenherzigen Briefwechsel der klatschfreudigen Humanistenzunft belegen. Ein solches Lotterleben paßte auch schlecht zu der immensen Arbeitsleistung, die sich der Schwerkranke allen Widrigkeiten zum Trotz bis zu seinem frühen Tod abgerungen hat.

Der Überfall der Lötze

Greifswald liegt an dem Flüßchen Ryck, vier Kilometer vom eigentlichen Ufer der Ostsee entfernt, unverwechselbar mit der Silhouette seiner drei gotischen Kirchen: St. Marien, einem mächtigen Schiff gleich mit stumpfem Turm, St. Nikolai mit elegantem Mast, St. Jakobi mit bescheiden spitzem Türmchen. Backsteingotik, Barock und Klassizismus prägen die Patrizierhäuser der Altstadt im Ring eines grünen Lindenwalls. Die kampflose Übergabe Greifswalds im Frühjahr 1945 hat das historische Stadtbild vor dem Ruin bewahrt.

Die Universität, 1456 gegründet, öffnete sich eben zögernd dem Studium der Humaniora; der westfälische Humanist Hermann von dem Busche, wohl der umtriebigste Wanderlehrer der schönen Künste, hatte kurz zuvor hier wie im rivalisierenden Rostock die antiken Klassiker gedeutet. So konnte der abgerissene, schwerkranke, bettelarme Hutten auf Hilfe und Verständnis rechnen. Er fand auch Aufnahme im Haus des Rechtsprofessors und Kanonikus von St. Nikolai Henning Lötze. Lötzes Vater Wedego war Bürgermeister von Greifswald. Die Lötze saßen als Kaufleute und Bankiers entlang der Ostseeküste; man hat sie schon einmal als die Fugger des Nordens bezeichnet. Hutten erzählt, die anfangs freundliche Stimmung im Haus der Lötze sei bald in reizbare Feindseligkeit umgeschlagen. Sie hätten's ihn spüren lassen, daß sie seine Wohltäter seien. Er deutet auch an, der Professor sei auf die Kenntnisse des Gastes eifersüchtig gewesen und habe dann auf Erstattung der Vorschüsse gepocht.

Beide, Vater und Sohn, hätten ihm erst die Abreise erlaubt, um das Geld aufzutreiben, dies dann jedoch widerrufen.

Jedenfalls verließ Hutten im Dezember 1509 Greifswald durchs Fettentor in Richtung Rostock. Es war bitterkalt, die Ostsee gefroren. Zwei Kilometer westlich der Stadt bei Heiligengeisthof, er ging gerade über einen gefrorenen Sumpf an einer Zeile Weidenbäume vorbei, holten ihn vier berittene Stadtknechte ein, die der alte Wedego hinterdrein gejagt hatte. Sie setzten ihm eine Hellebarde auf die Brust, beraubten ihn seiner Kleider und entrissen ihm sogar noch ein Bündel mit Büchern und Manuskripten. Auf seine Klagen erwiderten die Knechte, er solle den Leuten unterwegs eins vorsingen, dann komme er schon wieder zu Kleidern. Bauern halfen dem Halbnackten mit dem Nötigsten aus und weiter, sonst wäre er der barbarischen Kälte erlegen.

Dieser rohe Überfall, rechtlich kaum als Zwangspfändung zu bemänteln, mußte natürlich den eingefleischten Haß des Junkers gegen Pfeffersäcke und klerikale Juristen schüren. Hutten hat es nicht mehr erlebt, daß der Bürgermeister Wedego Lötze 1524 wegen Amtsmißbrauchs und Korruption abgesetzt, sein Sohn Henning kurz darauf von den Anhängern der Reformation vertrieben wurde.

16   Im Winter 1509/10 fand Hutten nach seiner Verfolgung durch Vater und Sohn Lötze in der Universitätsstadt Rostock Obdach, Hilfe und Anerkennung.

In Rostock fand Hutten zunächst Unterschlupf in einer Herberge. Sein Zustand muß erbärmlich gewesen sein. Dann aber raffte er sich auf, schickte Verse an die Professoren und Honoratioren der Stadt. Ekbert Harlem, ein gebürtiger Niederländer, Professor und Regent eines Studentenheims, der Burse zur Himmelspforte in der Pädagogienstraße, nahm ihn auf und pflegte ihn. Bald konnte Hutten Vorlesungen halten, wurde als »unser neuer Dichter« herumgereicht. Er hat sich dafür artig in seiner Währung bedankt:

Nach Rostock kam ich arm und arg zerschunden,
Gelehrte jeden Fachs hab ich gefunden
Beschwingtem Geiste und der Freiheit hold,
Dem Schönen mehr ergeben, als man meinen sollt.
Mit hoher Gunst ward ich hier aufgenommen.
Mir war, als sei zur Heimat ich gekommen.

Die Rache des Poeten

Die im Original natürlich lateinischen Verse stammen aus seiner ersten größeren selbständigen Dichtung, den »Querelae«, den »Zwei Büchern der Klagen des Ritters und Poeten Ulrich gegen den Bürgermeister von Greifswald in Pommern Wedego Lötze und seinen Sohn Henning, Doktor beider Rechte; zum Zeichen dessen, welches Unrecht ihm von jenen angetan«. Das Ganze ist 16 Rostocker Professoren gewidmet, eine förmliche Anklageschrift, zu der, so Flake, die Muse »am liebsten den Generalmarsch getrommelt hätte«. Im August 1510 brachte Hutten das Manuskript zum Drucker nach Frankfurt an der Oder; noch im Herbst sind dort die »Klagen« erschienen.
In den zwanzig Elegien beschwört Hutten die Götter, voran den leidenskundigen Christus, den Pommernherzog und das ganze humanistische Deutschland, den ihm angetanen Schimpf zu

rächen. Den Ludwig von Hutten ermuntert er ungeniert, den alten Lötze beim Besuch der Frankfurter Messe, diesmal ist Frankfurt am Main gemeint, zu überfallen:

Ihm mit erlesener Schar, Ritter, verlege den Weg:
Greif und halt ihn in Haft, weil ihn zu erstechen bedenklich;
Ihn zu bestrafen sodann bleibe des Dichters Geschäft.

Und dann folgt ein Katalog der befreundeten und bekannten Humanisten zwischen Ostsee und Schwaben, Böhmen und dem Elsaß, die das Landgeschrei wider die Lötze vermehren sollen.

Die meisten Freunde hatten Hutten seit seinem Verschwinden aus Leipzig verschollen geglaubt. Jetzt erst erfuhr man von seinem Schicksal. Die Lötze hat das vereinte Aufgebot des Olymp und der deutschen Poeten wenig angefochten, obwohl Hutten ihnen außer der Gewalttat vor den Toren Greifswalds auch noch Rechtsverdrehung und Ehebruch vorwarf. Die spätere Behauptung, sie hätten einen Großteil der »Klagen« aufgekauft und verschwinden lassen, wird durch nichts erhärtet. Doch bleibt ihnen das Verdienst, den temperamentgeladenen Polemiker Hutten entbunden, ihn seines literarischen Waffenhandwerks sicher gemacht zu haben.

Von Frankfurt an der Oder wandte sich Hutten noch im Spätjahr 1510 nach Wittenberg. Dort kam er bei seinem Landsmann Balthasar Fabricius aus Vacha an der Werra, genannt Fachus, unter, der an der frischgegründeten Hochschule der Lutherstadt die schönen Künste lehrte. In seinem Haus verfaßte Hutten ein längeres Lehrgedicht in Hexametern über die Kunst, klassische Verse zu drechseln. Seine Verskunde schlug ein, ist Schulbuch und in halb Europa nachgedruckt worden. Johann Christoph Gottsched, trotz aller Beckmesserei um die neuere deutsche Literatur verdient, hat das Büchlein 1756, zu Beginn des Siebenjährigen Krieges, noch einmal herausgegeben.

Hutten schrieb gerade am Schluß seiner Ars versificatoria, als er

17 *Wittenberg um das Jahr 1550. Hier schrieb Hutten sein bis ins 18.
Jahrhundert nachgedrucktes Büchlein »De arte versificandi«, über die Kunst des
lateinischen Versedrechselns.*

unterm Datum des 3. Februar 1511 einen dicken Brief seines
alten Weggefährten Crotus erhielt. Dieser hatte inzwischen eine
Lehrerstelle an der Stiftsschule Fulda gefunden und bei den
adeligen Mönchen wie beim Vater Ulrich mit Engelszungen für
den verlorenen Sohn gebeten. Aus dem Vater, so schrieb er, sei
schwer klug zu werden. Er rede vom Sohn nur in den verächt-
lichsten Ausdrücken und verspotte sein literarisches Treiben.
Lobten ihn aber andere, so höre er befriedigt zu und bringe
immer wieder die Rede auf ihn. Er, Crotus, glaube, daß es dem
Vater mit einer Rückkehr ins Kloster nicht mehr ernst sei, daß er
nur vor den Fuldaern das Gesicht wahren wolle. Bei einem
Schlaftrunk zu vorgerückter Stunde habe sich der Alte so
vernehmen lassen: Nie werde aus dem Jungen ein guter Mönch,
in Gottes Namen solle er halt die humanistischen Possen bleiben
lassen und Jurist werden; besser ein rabula forensis, ein Rechts-
verdreher, als ein mißratener Diener Gottes. So ständen die

69

Dinge, und der Freund müsse sich entscheiden, dem Wunsch des Vaters zu entsprechen oder sich mit dem klassischen Zitat zu verabschieden: Was ihr verlangt, kann nicht geschehen. Lebet wohl.

Allem Anschein nach hat Hutten vorerst abgewunken und ist weder der väterlichen Aufforderung zum Rechtsstudium noch anderen verlockenden Angeboten aus Fulda gefolgt. Im Frühjahr hatte ihn die Landstraße wieder. Er wollte nach Wien, der letzten Wirkstätte des verehrten Celtis.

Auf dem Schachbrett der Politik

Drei umwerben mich jetzt, Italia klagt's dem
Apollo,
Widrige Freier zumal: Venedig, der Deutsche,
der Franke.
Einer voll Trug, ein andrer voll Wein, der
dritte voll Hochmut.
Muß es denn sein, so bedenke mich doch mit
erträglichem Joche. –
Treulos immer, erwidert der Gott, ist Vene-
dig; der Franke
Hochmütig immer; der Deutsche nicht immer
betrunken: so wähle!

Hutten, »Die Freier um Italia«

Hutten wanderte, wieder einmal ziemlich abgerissen, durch die böhmischen Wälder. Im Mai 1511 erreichte er Olmütz und fand Quartier bei dem Propst Augustin Moravus, einem alten Genossen der Wiener Celtis-Runde. Der Propst, der Huttens Schriften kannte, stellte den jungen Gast seinem Bischof Stanislaus Thurzo vor, der ihn mit Reisegeld und einem Pferd ausstattete; Moravus schenkte ihm zum Abschied einen goldenen Ring mit einer Gemme.

Kaum in Wien angekommen, meldete sich Hutten, wohlempfohlen, bei dem schon erwähnten Vadian, in dessen Haus am Alten Fleischmarkt er die folgenden Monate unterkam. In der ersten Nacht noch saß man lange beisammen. Hutten erzählte von seinen Abenteuern im Norden. Und dann zog er einen unterwegs gedichteten »Mahnruf an Kaiser Maximilian« hervor, der den Habsburger zu weiterem Kampf gegen Venedig anspornen sollte. Vadian hat diesen Mahnruf zusammen mit dem Heroikon »Warum die Deutschen gegenüber ihrer Frühzeit noch nicht entartet sind« und einem Grußgedicht an Wien herausgegeben, als Hutten schon auf dem Weg nach Italien war. Mit seinem Mahnruf wandte sich dieser erstmals einem politischen Thema zu. Jetzt ging es nicht mehr um Privatrache, sondern ums Vaterland.

Die Franzosen hatten sich in Mailand festgesetzt, das noch als Reichslehen galt, und die Venezianer schmählich den Romzug Maximilians blockiert, der sich vom Papst zum Kaiser krönen lassen wollte. Er nahm darauf ohne päpstliche Zeremonie den Titel eines erwählten römischen Kaisers an und hat damit für alle späteren Zeiten ein Exempel statuiert. Die Reichsstände versagten einer Rückeroberung Oberitaliens ihren Beistand. Der Kaiser erließ einen auf Flugblättern verbreiteten Hilferuf an die Öffentlichkeit, der Hutten unterwegs erreicht und inspiriert haben wird.

Obwohl Max sich mit dem Papst, Spanien, ja sogar Frankreich in der Liga von Cambrai gegen die allzu erfolgreichen Venezianer zusammentat, blieb das Kriegsglück der Serenissima hold. Wieder wechselten die Figuren auf dem politischen Schachbrett, als Papst Julius II. sich plötzlich mit Spanien, Venedig und den Schweizer Eidgenossen in der Heiligen Liga gegen Frankreich wandte. Der Kaiser schwankte noch mit dem Anschluß, obwohl Frankreich als der gefährlichste Gegner nicht nur in der Lombardei, sondern auch an der Westgrenze des Reiches drohte. Venedig bot ihm Geld. Das war die Lage, als Hutten seinen Mahnruf an die zögerliche Majestät richtete.

Für ihn strahlte das Kaisertum damals noch in mittelalterlicher Macht und Herrlichkeit. Um so verwerflicher erschien da der Hohn und Trotz der Krämer in der Lagunenstadt, Fischhändler, die nur durch Piraterie, Landraub und Schacher hochgekommen seien. Übermütig im Glück, wollten sie nun den Frieden erkaufen. Aber schon entfalte der Reichsadler seine Schwingen und strecke die Klauen: »Seht, Maximilian zieht gegen Venedig zu Feld!«

Den politischen Verseschmied kümmerten weder die realen

Cæfaris alta uiget (fuperi feruate) poteftas
Victrices Aquilas Maxmilianus habet.

*18   Titelblatt der »Ermahnung Huttens an Kaiser Maximilian zum Venediger
Kriege«, Wien 1512.*

Machtkonstellationen noch die fahrigen Pläne des Kaisers; dem
Aufstieg und der Größe Venedigs wurde der Junker aus der
Ferne schon gar nicht gerecht. Zu guter Letzt kassierte Max
doch noch 50000 Dukaten von der Republik und sah sich 1513

wieder in Krieg mit den frischgebackenen Alliierten Frankreich und Venedig verstrickt.

Glücklicher traf der Poet den Ton in seinem Heroikon. Wenn bei den Völkern kriegerischen Perioden solche friedlicher Kultur folgten, heißt es da, so erlebten die Deutschen gerade eine Zeit innerer Entfaltung. Nicht nur Handel und Gewerbe, auch die Künste und Wissenschaften blühten wie nie zuvor. Unsere Vorfahren hätten zu handeln gewußt, nun sollten die Enkel deren Taten würdig beschreiben; die römischen Historiker hätten gewiß viel davon unterschlagen. Wenn auch die von Tacitus gerühmte Schlichtheit und Reinheit germanischen Lebens einer üppigeren Kultur gewichen seien, so zeige allein schon die Erfindung des Buchdrucks und des Schießpulvers, daß die Deutschen der Gegenwart ihrer Ahnen würdig seien. Und daß die Studien sie nicht erschlafft hätten, das könnten die Franzosen erleben, wenn sie nach dem »trotz aller Angriffe unbezwungenen Rhein« drängten.

Mit seiner Forderung nach einer nationalen Geschichtsschreibung schloß sich Hutten den Bestrebungen der Wiener und Elsässer Humanisten an. Diese huldigten dem Kaiser, der wiederum zog sie an seinen Hof. Maximilian wußte, was die humanistische Großmacht Presse für seine Dynastie und seine imperial ausgreifenden Pläne bedeuten konnte. Außerdem ritt er das genealogische Steckenpferd; gelehrte Steigbügelhalter waren willkommen.

Auch Hutten wird an einen dauernden Aufenthalt in der Kaiserstadt gedacht haben. Als freier Literat konnte einer in Deutschland nicht leben. Jetzt sah er wohl auch ein, daß ein juristisches Studium an den Quellen des römischen Rechts, in Italien, für ein Fortkommen gar nicht so übel war. Die Verhandlungen mit dem Vater wurden wiederaufgenommen. Im Frühjahr 1512 tauchte Hutten als Student der Rechte in Pavia auf.

Ein Zusammenstoß mit dem Rektor der Wiener Universität, Johann Heckmann, mag den lange hinausgeschobenen Entschluß erleichtert haben. Freund Crotus hat den Vorfall in den »Dunkelmännerbriefen« aus der Sicht des erbosten Klerikers Krabacius geschildert: »Heckmann aus Franken, zu meiner Zeit Rektor in Wien, war ein tiefgelahrter Forscher auf der Bahn des Scotus, ein Feind aller weltlichen Poeten, ein glaubenseifriger Mann, der gerne Messen las. Einmal kam ein Bursche aus Mähren, der ein Poet sein soll und auch Verse verbrach; er wollte Vorlesungen über Poetik halten, war aber dazu noch gar nicht graduiert.

So verbot es ihm unser Magister Heckmann; jener aber war so verwegen, daß er sich um das Verbot nicht kümmerte. Nun wies der Rektor seine Studenten an, die Vorlesungen des Poeten nicht zu besuchen. Da erschien dieser Lotterbube beim Rektor, gab viel hochmütige Reden von sich und duzte ihn sogar. Der Rektor schickte nach den Bütteln und wollte ihn in den Karzer sperren lassen, zumal es ein großer Skandal war, daß ein einfacher Bursche einen Rektor der Universität duzen wollte! Bei der Gelegenheit hörte ich, daß jener Bursche ... wie ein Kriegsmann daher geht. Er trug einen Federhut auf dem Kopf und ein langes Messer an der Seite. Aber wahrlich, er wäre in den Karzer geflogen, wenn sich nicht Bekannte in der Stadt für ihn verwandt hätten ...«

Daß wir Hutten im Frühjahr 1512 gerade in dem von den Franzosen besetzten Pavia wiederfinden, mag erstaunen. Aber Krieg war in Oberitalien überall und die pavesische Juristenfakultät wegen des gut besetzten Faches Lehensrecht beim fränkischen Adel so beliebt wie später Altdorf bei Nürnberg wegen seines Reichsrechts. Hutten begann auch fleißig Pandekten zu wälzen, hörte bei dem berühmten Legisten Jason Mainus und lernte nebenher Griechisch.

Die Idylle dauerte nur ein paar Wochen. Mitte Juni rückte ein vom Papst angeworbenes Heer Eidgenossen gegen Pavia. Die französische Besatzung, die den deutschen Studenten bisher hatte treiben lassen, setzte ihn jetzt fest oder zwang ihn, sich zu verstecken. Fieberanfälle, wohl ein Rückschlag des alten Leidens, verdüsterten Huttens Stimmung. Während draußen die Geschütze krachten, marodierende Franzosen jederzeit eindringen konnten, dichtete er sich, würdig eines antiken Stoikers, die Grabschrift:

Der, zum Jammer gezeugt, ein unglückseliges Leben
    Lebte, von Übeln zu Land, Übeln zu Wasser verfolgt:
Hier liegt Huttens Gebein. Ihm, der nichts Arges verschuldet,
    Wurde vom gallischen Schwert grausam das Leben geraubt.
War vom Geschick ihm bestimmt, nur Unglücksjahre zu schauen,
    Ach, dann war es erwünscht, daß er so zeitig erlag.
Er, von Gefahren umringt, wich nicht vom Dienste der Musen,
    Und, so gut er's vermocht, sprach er im Liede sich aus.

Die Franzosen mußten Pavia räumen. Hutten kam vom Regen in die Traufe; die Schweizer schleppten ihn als Verdächtigen mit, bis er sich loskaufen konnte. Anfang Juli bezog er die Universität Bologna; die Quittung über einen rheinischen Gulden Matrikelgebühr ist erhalten.

Über die eben skizzierten Drangsale hat Hutten in einem Brief an den Wittenberger Gastgeber Fachus berichtet. Hier findet sich auch ein Hinweis auf den kranken linken Fuß: Er ahme noch immer den hinkenden Schmiedegott Vulkan nach, schlimmer, als ihn der Freund seinerzeit erlebt habe. Hutten fragt, ob Fachus inzwischen ein Weib oder die Tonsur genommen habe, und freut sich, ungeachtet seines Jurastudiums in den schönen Wissenschaften voranzukommen.

Die Universität Bologna, 1119 gegründet, galt als Mater studiorum, vor allem des römischen Rechts. Im Museo Civico hat sich eine Galerie von Grabmälern erhalten, auf denen die Professoren, zumeist Legisten, inmitten ihrer Schüler dargestellt sind. Papst Julius II. hatte die Stadt erst kürzlich dem Kirchenstaat einverleibt. Die Erbitterung darüber brannte noch frisch und hallt in Huttens Epigrammen auf den italienischen Krieg wider.

Das kaiserliche Diplom der Augsburger Dichterkrönung bescheinigte ihm, er habe in Italien die Gesetzeskunde mit solchem Eifer studiert, daß er alle Vorrechte eines Doktors der Rechtswissenschaften genießen solle. Wieweit das stimmt, bleibt fraglich. Zu einem ordentlichen Abschluß kam es nicht. Der Krieg hatte die Alpenpässe gesperrt, die väterlichen Wechselbriefe kamen nicht mehr durch. Hutten war abgebrannt. Die Hoffnung, sich mit Versen etwas zu verdienen, zerrann. Im Herbst war Matthäus Lang, Bischof von Gurk, verschlagener Ratgeber Maximilians I. und Anwärter auf den Kardinalspurpur, auf dem Weg nach Rom in Bologna eingekehrt. Die deutschen Studenten forderten Hutten auf, den hohen Gast mit einem Huldigungsgedicht zu begrüßen. Lang nahm die beziehungsvoll in Purpur gebundene Lobhudelei kühl entgegen und schnitt den Poeten, sooft dieser absichtsvoll seinen Weg kreuzte.

Wie andere Kommilitonen auch mußte Hutten jetzt kaiserliche Kriegsdienste nehmen, gewiß nicht als hinkender Landsknecht, aber vielleicht als Beauftragter für Feldbefestigungen; entsprechende Lektüre ist für seine Frankfurter Zeit belegt. Freund Gürtler, der die Drucklegung des »Ur-Nemo« besorgt hatte, diente als Feldscher in der gleichen Abteilung.

Das Jahr 1513 über verliert sich die Spur Huttens im Kriegsgetümmel. Bezeugt ist nur seine Anwesenheit vor dem belagerten Padua, das die Venezianer im Sommer erfolgreich gegen die Kaiserlichen hielten. Er geriet dort ins Feuer der Verteidiger und machte sich mit der Entschuldigung aus dem Staub, eigentlich

19 *Hutten nahm im Sommer 1513 an der Belagerung Paduas durch kaiserliche Truppen teil.*

sei er ja nur Zaungast des Krieges. Er hätte auch Kriegsbericht-erstatter sagen können. Denn mit seinen im Feld verfaßten Epigrammen, die zum Teil als Flugschriften kursierten und erst 1519 zusammen mit späteren Gedichten als Buch herauskamen, hat er ein Kriegstagebuch in Versen geliefert. Literarische Blitz-lichtaufnahmen vom Marsch, vom Lagerleben, vom verworrenen Hin und Her diplomatischer und militärischer Aktionen wechseln hier mit hochgemuter Propaganda, wenn der Reichsadler den gallischen Hahn rupft und den aus der Lagunenstadt hervorgekrochenen Frosch beutelt:

Jüngsthin wagte der Frosch sich hervor aus den Sümpfen
Venedigs,
Und auf dem trockenen Land quakt' er: Der Boden ist
mein!
Doch ihn erspähte der Vogel des Zeus von erhabener Warte,
Packt mit den Krallen und wirft derb in den Pfuhl ihn
zurück.

20   Der Adler des Reiches fällt über den Frosch her, eine propagandistische Verhöhnung der Lagunenstadt Venedig. Holzschnitt von Hans Weiditz zu Huttens antivenezianischen Epigrammen.

Gelegentlich klagt der Dichter über die Launen der blinden Fortuna, vertraut aber auch darauf, daß die Wechselfälle des Glücks einen Menschen, ja eine ganze Nation zu ungeahnten Leistungen emporsteigern könnten.

Epigramme auf Papst Julius

Überraschend grob zieht er gegen den Anfang 1513 verstorbenen Papst Julius II. vom Leder. Dieser galt als der Drahtzieher all der wechselnden Koalitionen. Der bärtige, feurige Greis focht, scheinbar kugelfest, im dichtesten Kampfgetümmel; bei der Belagerung der Burg Mirandola ließ er sich in einer Kiste über die Mauer hieven, um die feindliche Feste als erster zu betreten. Die Kunstgeschichte kennt ihn als Förderer Bramantes, Raffaels, Michelangelos und als ersten Bauherrn der Peterskirche in Rom.
Julius, so höhnte Hutten, sei keine Hirte, sondern ein Wolf. Statt der Schlüssel Petri führe er das Schwert Pauli, aber nicht, um dem Apostel gleich darunter zu fallen, sondern um andere zu fällen. Er, der Urheber so vieler Kriege, sei die Pest des Menschengeschlechts. Seinen besonderen Grimm erregt der Papst als Ablaßverkäufer:

Wie doch die gläubige Welt der Krämer Julius anführt,
    Welcher den Himmel verkauft, den er doch selbst nicht
                                                    besitzt.
Biete mir feil, was du hast! Wie schamlos ist's zu verkaufen,
    Was, o Julius, dir eben am meisten gebricht.
Kämen die Riesen zurück: um Jupiter wär es geschehen;
    Julius gäbe fürwahr ihnen zum Kauf den Olymp.
Aber solang im Himmel ein anderer herrschet und donnert,
    Stell ich um himmlisches Gut nimmer als Käufer mich ein.

Und:

> Dreimal hab ich mir nun die Freuden des ewigen Lebens,
>   Und was weiter ich kaum wagte zu hoffen, erkauft.
> Dreifach hab ich dafür den Schein mit dem Namen empfangen,
>   Und mit dem Siegel in Wachs: aber nur Namen und Schein.
> Dreifach war ich ein Tor: denn wer mag hoffen zu kaufen,
>   Was, wer's etwa besitzt, sicher verkaufen nicht mag;
> Wollt er's jedoch, so könnt er es nicht verkaufen. Der Himmel
>   Steht um den einzigen Preis redlichen Wandelns zum Kauf.
> Dann wie lächerlich auch, als bedürfte das himmlische Leben
>   Irdischer Zeugen, dafür Siegel verlangen und Brief!

Eine hartnäckig Erasmus zugeschriebene Satire, vielleicht verfaßt von einem Italiener, läßt den toten Julius vors Himmelstor kommen. Er will aufschließen, hat nur den Schlüssel zur Geldtruhe dabei. Auf sein Lärmen hin erscheint Petrus. Selbstbewußt und selbstgefällig zählt der Papst alle seine Greueltaten auf. Petrus verweigert den Einlaß. Da verhängt Julius über den Himmel den Kriegszustand und droht, er werde ihn mit den Seelen 60 000 gefallener Söldner stürmen, die er schon bald aus den von ihm angezettelten Feldzügen erwarte.

In den vorhin zitierten Ablaßversen galten Huttens Spott und Verachtung noch der Person, nicht dem Amt des Papstes. Aber wieviel von dem, was er hier verwarf, schien nicht unlösbar mit dem Amt des Herrschers über Kirchenstaat und Gläubige verknüpft? Das klingt in einem sicher später geschriebenen Gedicht an, das mit den italienischen Epigrammen 1519 veröffentlicht wurde:

> Julius, dieser Bandit, den sämtliche Laster beflecken,
>   Er verschlösse den Himmel nach Willkür diesem und schlösse
> Jenem ihn auf? Sein Wink beseligte oder verdammte? . . .

Mut, Landsleute, nur Mut! Ermannen wir uns und bedenken,
Daß wir das himmlische Reich durch redliches Leben er-
werben;
Daß nur eigene Tat, und nimmer der heiligste Vater
Heilig uns macht; daß Tugend allein die Seligkeit aufschließt,
Nicht der Schlüssel Gewalt, mit denen der römische Gaukler
Klappert und so das Volk, das arme, betrogne, sich nachzieht.

Mainzer Zwischenspiel

Wahrlich, ich brauche mich nicht des Ge-
schlechts meiner Ahnen zu schämen,
Stammt doch mein Vater aus fränkischem
Rittergeblüt.
Wichtiger aber war mir bei weitem jenes Ge-
schenk der
Gabe und Mitgift von je, meines Ingeniums
Kraft.

Eoban Hesse, »Der Tod und Hutten im Gespräch«

Mit einem Kontingent abgemusterter Reichstruppen kehrte
Hutten zu Beginn des Jahres 1514 in die Heimat zurück, wieder
einmal heruntergekommen, noch immer krank, in den Augen
des Vaters ein verbummelter Student, ohne Doktortitel, ohne
Aussicht auf Amt, Würden, nützlichen Einfluß. Den Empfang
auf dem Steckelberg kann man sich ausmalen. Der verbitterte
Poet erinnerte sich seines alten »Nemo«, nahm ihn vor, feilte,
vermehrte die Verse und bereitete die Neuausgabe mit einem
Widmungsbrief an den allzeit hilfreichen Freund Crotus vor.
Die Erfahrungen der letzten Jahre schlagen sich im großen
»Nemo« nieder. Als Nichts und Niemand habe man ihn zu
Hause empfangen. »Denn heute wird nicht gefragt, was für ein
Mensch einer sei, sondern welchen Titel er führe.« Wenn der
Freund sich beklage, er, Hutten, habe so lang nicht geschrieben,
wie könne einer, der selbst ein Nichts sei, schreiben? Unter den
Rittern gelte er nichts, weil er studiert, unter den Gelehrten
nichts, weil er die falschen, die brotlosen Künste getrieben habe.
Heute gälten nur die Kasten der Juristen und Theologen etwas.
Diese hätten »die alte deutsche Gottesgelahrtheit«, wie sie
angeblich noch vor dreihundert Jahren blühte, jene das gute alte

Recht der Deutschen korrumpiert. »Da sehe nur einer jene Sachsen ... wie sie ohne Aufschub Recht sprechen, indem sie zwar nicht diese Gesetzeskrämer, aber die althergebrachten heimischen Bräuche befragen, während hier ein Fall zwanzig Jahre zwischen drei Dutzend Doktoren hängen kann.«

Klagen über das zentralistische römische Recht waren in den Kreisen der Reichsritterschaft die Regel, klangen aber seltsam aus dem Mund eines Mannes, der eben vom Studium dieser Materie zurückgekehrt war. Huttens instinktive Neigung, sein Standesbewußtsein, sein manchmal fast schon anarchistisch anmutendes Freiheitsgefühl hing an dem patriotisch verklärten germanischen Rechtsherkommen. War dies zumindest noch bedenkenswert, so blieb die von ihm apostrophierte altdeutsche Theologie der Stauferzeit ein Phantasiegebilde, auch wenn er den Erasmus von Rotterdam, hier erstmals genannt, als frommen Erneuerer dieser Lehre feierte.

Eine herbstlich müde Skepsis weht nach diesem kämpferischen Vorwort durch die Zeilen des Büchleins. Enge und Grenzen menschlichen Lebens und Strebens predigt der Kehrreim aller Erfahrungen: »Niemand setzt gemeinen Nutzen vor den eigenen«; »Niemand ist fromm und Höfling zugleich«; »Niemand ist in der Liebe weise«; »Niemand bringt sich durch reine Sitten in der Welt empor«. Aber dann zuckt auch hier der politische Stachel: »Niemand bringt alle Deutschen unter einen Hut«; »Niemand wehrt den Türken ab«; »Niemand kommt dem seufzenden Italien zu Hilfe und befreit Rom von der Herrschaft der Pfaffen«.

Zum »Nemo« gesellt sich der schon 1513 erschienene »Vir bonus«, die Schrift vom guten Mann, dessen lateinisch geschliffene Sentenzen mit dem allegorisch überladenen Titelbild seltsam kontrastieren: Die großen Ohren des Mannes verraten, daß er lieber hört als redet; Lilienstengel und Schwert, die aus seinem Munde kommen, illustrieren wohltätige Wirkung und gerechte Strenge des Worts; die Brust dekoriert ein Löwenkopf als

21 *Ansicht von Mainz aus dem Jahr 1565. Ganz rechts die alte Martinsburg, die Residenz der Erzbischöfe und Kurfürsten von Mainz. Frachtschiffe und Flußmühlen beleben den Rhein.*

Sinnbild des Mutes; ein Fuß ist als Bärentatze, Zeichen der Beharrlichkeit, ausgebildet; die rechte Hand hält einen geschlossenen Beutel, die linke streut Geld aus, denn nur wer sparsam lebt, kann auch freigebig sein.

Trostlos erschien dieser Frühling dem Heimgekehrten, bis ihn eine Nachricht aufhorchen, hoffen ließ. Bei der sensationellen Wahl des Markgrafen Albrecht von Brandenburg zum Mainzer Erzbischof hatte Eitelwolf vom Stein eine Schlüsselrolle gespielt. Ihm boten sich jetzt neue Protektionsmöglichkeiten an, und er hatte den genialisch ungebärdigen Poeten nicht vergessen. Person und Wahl Albrechts haben nicht nur Huttens Leben, sondern auch die Anfänge und das Fortschreiten der Reformation mitbestimmt.

Wie kauft man sich ein Erzbistum?

Der jüngere Bruder des brandenburgischen Kurfürsten Joachim I., ein hochgewachsener, stattlicher Mann, war noch keine 24 Jahre alt, als er den Bischofsstuhl des hl. Bonifatius bestieg und damit, kraft Amtes, nicht nur einer der sieben Kurfürsten, sondern zugleich auch Erzkanzler des Reiches und Primas der Kirche in Deutschland wurde. Den Humanisten und den Künstlern blieb Albrecht ein Leben lang gewogen, und das nicht nur aus Eitelkeit. In Frankfurt an der Oder hatte er unter Anleitung Steins studiert, eifrig sogar und mit Erfolg. 1513 war er zum Priester geweiht, anschließend gleich zum Erzbischof von Magdeburg und Bischof von Halberstadt gewählt worden. Der Papst erhob gegen die kanonisch unzulässige Doppelwahl Einspruch. Albrecht, oder vielmehr sein Bruder Joachim, zahlte der Kurie eine saftige Dispens und behielt Halberstadt als Administrator, als Verwalter. Als nun im Februar 1514 der Mainzer Erzbischof Uriel von Gemmingen starb, dachte kein Mensch daran, daß auf den Tag genau vier Wochen später Albrecht auch noch diesen Bischofsstuhl besetzen würde.

Das überaus selbstbewußte Mainzer Domkapitel rekrutierte sich aus dem kleinen und mittleren Adel der Rhein-Main-Lande und wählte in der Regel den Bischof aus seinen eigenen Reihen. Bei jedem Wechsel auf dem Bischofthron und dessen päpstlicher Bestätigung hatte das Domkapitel die sogenannten Palliengelder an Rom zu zahlen. Die Gebühren erreichten die Höhe eines Jahreseinkommens aus der Erzdiözese, weshalb man sie auch Annaten nannte. Rechnete man die Kosten einer Gesandtschaft nach Rom hinzu, so waren das jedesmal gut 20 000

Albrecht von Brandenburg, Kurfürst von Mainz und Primas von Deutschland, nach einem Porträt Albrecht Dürers aus dem Jahr 1523.

Gulden. Die letzten Mainzer Bischöfe waren rasch hintereinander weggestorben. Der elsässische Humanist Jakob Wimpfeling legte in einer Denkschrift dar, daß binnen eines Menschenlebens Rom die Mainzer Palliengelder zum siebtenmal kassierte. Natürlich wurden diese Sonderabgaben vom Domkapitel zum größten Teil über verschärfte Steuern auf die geistlichen Untertanen abgewälzt. Aber jetzt schien das Maß voll. Die Kapitelherren erklärten, gewählt werde nur der Kandidat, der sich vorab bereit erkläre, die Palliengelder aus eigener Tasche zu zahlen.

Das engte den Kreis der Bewerber sofort auf ein paar Fürstensprosse ein. Kurfürst Ludwig von der Pfalz wollte einen seiner drei Brüder einkaufen. Kaiser Maximilian empfahl seinen Neffen Ernst von Baiern. Aber gewählt, und dies rasch und einstimmig, wurde Albrecht von Brandenburg.

Wie war das möglich? Eine solche Pfründenhäufung! Und hatte nicht Kurfürst Joachim I. von Anfang an erklärt, er könne nach den Palliengeldern für Magdeburg und der Halberstadter Dispens nicht mehr zahlen? Wie konnte sich Albrecht da für die Zahlungen an Rom verbürgen?

Drei Elemente kamen bei dieser Wahl zusammen: die Sorge des Domkapitels um die thüringischen Landesteile, voran Erfurt; ein verwegenes Finanzmanöver Albrechts; schließlich die Geldgier der Kurie, die den ganzen Handel absegnete. Die Palliengelder hätten Baiern und die Pfalz selbstverständlich auch bezahlt. Aber Albrecht hatte mehr zu bieten.

Das geistliche Kurfürstentum Mainz umfaßte vier verschiedene Landesteile: das Untere Erzstift mit dem Rheingau; das Obere Erzstift am Mainviereck mit Aschaffenburg; Erfurt mit zahlreichen umliegenden Ortschaften und das Eichsfeld mit Heiligenstadt und Duderstadt; hinzu kam noch Streubesitz am Rhein, in Hessen, in Franken. In Erfurt und im Eichsfeld regierten kurfürstliche Statthalter; hier wahrten Magistrate und Landstände eine Sonderstellung gegenüber dem Erzstift. Erfurt, wesentlich größer und reicher als die Metropole Mainz, pflegte reichsstädtische Ambitionen und besaß eine starke sächsische Partei. Wenn Kurmainz die Stadt und die abgelegenen thüringischen Landesteile gegen die aggressive Politik und Propaganda Kursachsens halten wollte, brauchte es einen nahen, mächtigen Bundesgenossen. Diese Rolle konnte nur Brandenburg spielen. Die Zollern galten als die geborenen Rivalen der Wettiner. Als Albrecht die Palliengelder, Kurfürst Joachim den militärischen Schutz Erfurts und des Eichsfeldes garantierte, war die Wahl in Mainz gelaufen.

Hohenzollern regierten bald schon vom Hochmeistersitz Königsberg und der Mark Brandenburg über Magdeburg und Halberstadt bis an den Rhein, außerdem in den fränkischen Markgrafschaften und in den schwäbischen Stammlanden. Angesichts dieser dynastischen Konstellation beschlich selbst den zollernfreundlichen Habsburger Max ein ahnungsvolles Unbehagen. Seine Mahnung, zwei Brüder dürften nicht gleichzeitig im Kurfürstenkolleg sitzen, wurde vom Domkapitel ignoriert. Seine letzte Hoffnung galt dem Papst. Der mußte doch dieser geistlichen Ämterballung einen Riegel vorschieben. Aber schon im August bestätigte Leo X. die Wahl. Das war eine Sensation. Ihr folgte das große Schachern.

Rom forderte nicht nur die 20 000 Gulden Mainzer Palliengebühr, sondern auch noch 10 000 Gulden Dispenstaxe für die doppelte Würde eines Erzbischofs. Albrecht hatte diese 30 000 Gulden bei dem Augsburger Bankhaus Fugger als Kredit aufgenommen, rückzahlbar in acht Jahren, zuzüglich fünf Prozent Zinsen. Aus dem Kurfürstentum war diese Summe mit Steuern nicht herauszupressen; das hätte einen Bundschuh, eine offene Revolte, gezündet. Wer in diesen Wochen auf die geniale Idee kam, den Peters-Ablaß mit diesem Wahlmanöver zu verquicken, wissen wir nicht. War es Albrecht, das Bankhaus Fugger oder ein Finanzsekretär der Kurie? Jedenfalls konnten sich alle drei zu dieser eleganten Lösung gratulieren.

Ablaß bedeutet nicht Vergebung der Sünden, sondern Nachlaß

zeitlicher Sündenstrafen im Fegfeuer, zu dem sich die Kirche damals gewohnheitsrechtlich, kraft Amtes und aufgrund eines bei ihr angehäuften Gnadenschatzes, legitimiert glaubte; eine verbindliche Lehräußerung erließ Papst Paul VI. erst 1967.

Papst Julius II. hatte für den Bau der Peterskirche erstmals nicht nur für bestimmte Kirchen oder Feste, sondern für die ganze Christenheit einen Peters-Ablaß verkündet, dem sich aber zahlreiche Länder, Portugal, Frankreich, Burgund und das Reich, versagten. Leo X. steckte in Millionenschulden. Albrecht sollte nun auf acht Jahre in seinen Landen und in Kurbrandenburg den Peters-Ablaß predigen lassen. Aus dem für Ablaßzettel gezahlten Geld durften die Fugger ihren Mainzer Kredit samt Zinsen entnehmen, Albrecht also seine Wahl finanzieren. Mindestens die gleiche Summe, nochmals an die 30000 Gulden, behielt sich die Kurie als direkten Ablaßerlös vor. Hinzu kamen die beträchtlichen Provisionen der am Ablaßhandel beteiligten geistlichen und weltlichen Kommissäre. Alles in allem mußte der Peters-Ablaß im Erzstift mindestens 60000 Gulden einbringen. Das geschah rascher als erwartet. Auch wenn der Kurfürst von Sachsen dem Treiben seine Grenzen verschloß; schließlich sollten seine Untertanen nicht die dubiosen Wahlmanöver des brandenburgischen Rivalen mitfinanzieren. Keine dynastischen Argumente oder politische Bedenken bewegten den Augustiner-Eremiten und Doktor der Heiligen Schrift Martin Luther in Wittenberg, als er 1517 seine Thesen gegen die mainzische Ablaßkampagne publizierte.

Geheimkurier und Hofpoet

Hutten kannte Albrecht von Brandenburg von der Viadrina her. Eitelwolf vom Stein, Hofmeister des jungen Magdeburger Erzbischofs, hatte zusammen mit dem in Mainz einflußreichen Marschalk Frowin von Hutten das adelige Domkapitel für den

Brandenburger bearbeitet. Nun zogen die beiden den jungen Ulrich von Hutten mit ins Vertrauen. Zwischen der Wahl Albrechts im März und der Bestätigung durch den Papst im Spätsommer 1514 war Hutten als Geheimkurier zwischen Magdeburg, der Stiftsresidenz Halle an der Saale und Mainz eingespannt.

Ein düster wirres Bild aus diesen Tagen bleibt die Hinrichtung eines getauften Juden Johann Pfefferkorn in Halle. Angeblich hatte er sich als Priester, manchmal auch als Arzt ausgegeben, zu Kirchenraub, Hostienfrevel, Kindsschlächterei und geplanter Massenvergiftung bekannt, auf der Folterbank natürlich. Ein Flugblatt verbreitete die Schauermär, und Hutten setzte noch eins drauf, indem er den Wust der Anklagen in Verse setzte und seinem Fürsten gratulierte, das Ungeheuer aus der Welt geschafft zu haben. Ob der Poet an die Pfefferkorn-Verbrechen geglaubt hat, ist fraglich. Eher scheint er den Fall wegen einer fatalen Namensgleichheit aufgegriffen zu haben. Ein getaufter Jude vom Niederrhein namens Johann Pfefferkorn schürte damals nämlich den Streit um den Humanisten Reuchlin, und diesen Kölner Pfefferkorn wollte er bei der Gelegenheit verunsichern und verunglimpfen. Erfreulicher liest sich der dreizehnhundert Verse umfassende »Panegyrikus«, den Hutten dem Kurfürsten Albrecht im November bei dessen rauschendem Einzug in Mainz überreichte. Vater Rhein lädt da alle Flußgötter Deutschlands zum Festkommers und fährt dem neuen Landesherrn selbst entgegen. In seinen Mantel haben die Nymphen eine Bilderfolge deutscher Geschichte eingestickt, von den blondgelockten Germanen des Tacitus und Arminius über Karl den Großen, die hochgefeierten Staufer bis hin zu Maximilian. Besonders wird dabei natürlich der Ahnen Albrechts und deren Taten gedacht. Der Stromgott begrüßt den Fürsten als Freund der Musen und Mäzen der Künste und erteilt ihm Lehren der Geschichte für sein künftiges Herrscheramt.

Das liest sich in der Übersetzung so:

... Auch Rhenus kommt und begrüßet
Seinen Fürsten und Herrn. Nie war das Antlitz des Gottes
So voll Freude wie heut. Da sitzt er hehr und erhaben,
Fährt im jauchzenden Fluß mit jenem Antlitz, womit er
Eben ein Gastmahl verließ, und rollt die muntern Augen
Dahin und dorthin – das tauende Haar von Nymphen
                                                    gekräuselt.
Blüten winden sie ihm, und Kränz', und lachende Rosen
Um die träufelnde Stirn, umflechten mit Lilienkronen
Ihm die schlagenden Schläfen – gemischt mit hellen Violen,
Die kein Winterfrost knickt und keine Hitze vertrocknet.
Zweig' umblühen die Hörner, von Blumen jeglicher Farbe
Glüht sein bläuliches Haupt; es glänzen ihm Augen und
                                                    Wangen;
Balsam träufelt der Bart, und Bäche entrieseln dem Scheitel,
Rauschen ihm froh von der Brust: er schwillt mit steigenden
                                                    Wogen,
Hebt den Hals empor, kaum faßt das Bette den Stolzen.
Laut aufrauschen die Ufer. Und sieh, mit trunkener Freude
Taumeln die Heimatflüsse rings um den freundlichen Gott
                                                    her,
Jauchzen Liebe ihm zu, und singen mit sanftem Gemurmel
Ihres Königs Lob. Er selbst gibt hohe Befehle.
Festlich ist sein Gewand; ein langer fließender Mantel
Deckt seine mächtige Schulter in busige Wogen verbreitet,
Manche Flur durchrauscht und manches grasige Waldtal
Seine träufelnde Schleppe...

Der höfische Preisgesang erschien im Frühjahr 1515 im Druck.
Erasmus von Rotterdam prophezeite den Deutschen aus diesem
Probestück den künftigen Epiker. Heinrich Grimm führt die von
Hutten gezogenen Linien weiter: »Der Panegyrikus auf Kurfürst
Albrecht ist nicht nur für jene Kunstgattung, welche in der
Geschichte der deutschen Literatur unter dem Sammelbegriff

IN LAVDEM REVERENDISSI
MI ALBERTHI ARCHEPISCOPI
Moguntini Vlrichi de Hutten
Equitis Panegyricus.

23 *Huttens Panegyrikus auf Erzbischof Albrecht von Mainz, Tübingen 1515.*

›Romantiker‹ geht, stoffgebend und anregend gewesen, indem sie das von Hutten gezeichnete Bild des altehrwürdigen Vaters Rhein in zahlreichen Abwandlungen aufnahm ... manche Stellen in den dithyrambischen, das Vaterland preisenden Versen der Dichtung klingen in ihrer Eigenart bei keinem Geringeren als Hölderlin wieder auf ... Was Hutten damit bot, war die reife

Frucht eines jahrelangen Studiums der deutschen Geschichte und ist in der von ihm gegebenen summarischen Darstellung ... von besonderem Werte, weil darin eine bewußte Abkehr von dem, das germanische Mittelalter ganz beherrschenden, römischen Geschichtsdenken klar zum Ausdruck kommt.«

Eitelwolf vom Stein, der als Hofmeister, Vizedom des Unterstifts und Stadtpräfekt von Mainz mit an den Rhein gekommen war, hatte den Poeten zu seiner verschwenderisch Weihrauch streuenden Eloge ermuntert. Albrecht dankte mit 200 Goldgulden und dem Versprechen, eine Stelle im Rat offenzuhalten, bis Hutten sein Jurastudium abgeschlossen habe.

Stein ist auch die Vorrede in der Buchfassung gewidmet, in der Hutten erstmals mit griechischen Zitaten prunkt. Er dankt hier den Göttern, daß sie dem Kurfürsten einen Mann wie Stein zur Seite gestellt hätten, der Rittertum und Studium gleichermaßen vereine. Gäbe es seinesgleichen mehr in Deutschland, bräuchten wir uns nicht mehr zu schämen, von anderen Barbaren genannt zu werden. Im Licht eigener bitterer Erfahrungen hält Hutten mit seiner Mitteilung an den Adel nicht zurück: »Ein Betrachter möchte eher von Kentauren als von deutschen Rittern sprechen. Wenn ein junger Adliger von Talent sich den Wissenschaften zuwendet, so heißt es bald, er habe keine Würde mehr, er sei ein Verräter an den Idealen seiner Ahnen. Sie lachen über ihn, verspotten ihn und zeigen mit dem Finger auf ihn.«

Ketzerriecher bedrängen Reuchlin

In Mainz stieß Hutten zu einem Humanistenkreis, der sich im Gasthof zur Krone versammelte. Hier lernte er den damals sechzigjährigen Johannes Reuchlin kennen, der neben Erasmus als der gründlichste Philologe und Griechischkenner galt. Reuchlin, latinisiert Capnio, stammte aus Pforzheim im Schwarzwald und hatte Jura als Brotfach studiert. Er diente dem

24 *Reuchlins sprechendes Wappen. Titelbild aus »De rudimentis Hebreicis«
von 1506.*

württembergischen Grafen Eberhard im Bart als Richter und
Diplomat, war Prinzenerzieher am kurpfälzischen Hof, einer der
drei obersten Richter des Schwäbischen Bundes und hatte sich
eben auf sein Gütle bei Stuttgart zurückgezogen, wo er weiße
Pfauen züchtete und in Muße seinen gelehrten Neigungen
nachgehen wollte. Vom Leibarzt des Kaisers und anderen Juden
hatte er Hebräisch gelernt und sich bald schon im Irrgarten der
Kabbala verlaufen. Reuchlin sah in ihr die geheime Summe aller
Gottesoffenbarungen, die er nun mit Hilfe der Engel und der
pythagoräischen Zahlenmystik entschlüsseln wollte. Bei seinen
Untersuchungen stieß der schwäbische Grübler und Wortklau-
ber auf zahlreiche Übersetzungsfehler der lateinischen Bibelübersetzung, der Vulgata. Das allein schon weckte den Argwohn
und Zorn der orthodoxen Theologen. Und jetzt sah er sich auch
noch in einen lebensgefährlichen Ketzerhandel mit den Kölner
Dominikanern verstrickt.

Ein getaufter Jude namens Johann Pfefferkorn forderte, seine ehemaligen Glaubensbrüder sollten alle hebräischen Schriften außer dem Alten Testament ausliefern, anders seien sie in ihrer Verstocktheit nicht zu bekehren. Vom Kaiser Max hatte er schon ein entsprechendes Mandat erhalten. Reuchlin sollte ihm als Sachverständiger bei der Säuberungsaktion beistehen. Der Gelehrte lehnte dies ab und forderte statt dessen für die Juden im Reich volle Religionsfreiheit aufgrund des römischen Rechts sowie Lehrstühle für Hebräisch an den Universitäten. Bald flogen theologische Gutachten und grobe Pamphlete kreuz und quer. Der Kaiser steckte zurück.

Da griff der als Inquisitor gefürchtete Kölner Theologe Jakob von Hoogstraeten ein und verlangte von Reuchlin die Verwerfung der jüdischen Bücher, voran des Talmud. Reuchlin erwiderte im Ton wie in der Sache mehr als deutlich. Im Herbst 1513 mußte er sich in Mainz vor den Ketzermeistern verantworten. Seine Verteidigungsschrift, der »Augenspiegel«, sollte eben unter großem Aplomb vor der Menge verbrannt werden, als ein Bote des Erzbischofs von Gemmingen eintraf, der das Inquisitionsgericht aufhob und Reuchlin die Appellation an den Papst zugestand. Der erboste Hoogstraeten ließ nun den »Augenspiegel« in Köln auf den Scheiterhaufen werfen.

Im April 1514 entschied der vom Papst als Schiedsrichter eingesetzte Bischof von Speyer für Reuchlin; Hoogstraeten, zu einer Geldstrafe verurteilt, machte sich nun selbst auf den Weg nach Rom, obwohl dort inzwischen der Kaiser, zahlreiche Kurfürsten, Bischöfe, Äbte und 53 schwäbische Städte die Beilegung des Streits gefordert hatten.

Selten einmütig standen die Humanisten hinter Reuchlin, der eine Sammlung aufmunternder Briefe prominenter Zeitgenossen als »Epistolae clarorum virorum« veröffentlichen konnte. Die meisten Humanisten mochten zwar wie Erasmus der Meinung sein, »daß sie weder der Talmud noch die Kabbala jemals angelächelt hätten«. Aber hier ging es um einen neidlos anerkannten Gelehrten lauteren Charakters, um die Freiheit des Lehrens und Lernens, um das humanistische Fundamentalprinzip »ad fontes«, Rückkehr zu den Quellen, letztlich um den offen aufbrechenden Gegensatz zwischen dem konservativen, theologisch überherrschten Wissenschaftsbetrieb und dem Fortschrittsglauben der weltzugewandten Geister. Die halbe Christenheit nahm Anteil an dem Streit.

Als Erasmus im August 1514 von England nach Basel zurückkehrte, machte er in Mainz Station und traf dort mit Hutten zusammen, der ihm im Beisein Reuchlins voller Stolz das Manuskript eines »Triumphus Capnionis« vorlegte. Erasmus riet vorerst von einer Veröffentlichung ab, da die Sache in Rom noch in der Schwebe, ein Triumphgeschrei also verfrüht sei. Hutten hat das Gedicht erst Jahre später drucken lassen. Im Frühjahr 1515 haben sich die drei nochmals in Frankfurt am Main wiedergesehen. Spätestens dort wird Erasmus von dem Unternehmen »Dunkelmännerbriefe« erfahren haben.

Epistolae obscurorum virorum

Das Ganze erwuchs aus einem von Crotus und Hutten entworfenen scherzhaft-fiktiven Briefwechsel theologischer Finsterlinge mit dem Kölner Magister Ortwin Gratius, einem Hauptagenten Pfefferkorns und Hoogstraetens. Der Titel »Epistolae obscurorum virorum« spielt natürlich auf Reuchlins Briefsammlung an. Der erste Band der »Dunkelmännerbriefe« kam im Herbst 1515 heraus und wurde größtenteils von Crotus geschrieben; der zweite Band, der im Frühjahr 1517 erschien, stammt im wesentlichen von Hutten. Einzelne Briefe haben auch Hermann von dem Busche und Jakob Fuchs beigesteuert, mit dem Hutten damals in Bologna zusammen wohnte. Die satirischen Episteln sollten die geistige Dürftigkeit und moralische Fragwürdigkeit der Reuchlin-Gegner bloßlegen und ihr von Germanismen

Lamentationes

Obfcuroꝛ viroꝛ. nõ pᷓhibi
te p̃ fedẽ aᵱfticã. Ortwino Gratio auctoꝛe.

Apologeticon eiufdẽ. cũ aliq̃t epigrãmatibus. cı̃tra
cuiufcũꞯ offenfionẽ.   Interfunt breuia aᵱfica duo.

Epᷓa Erafmi Roterodami. quid de Obfcuꝛis fentiat.
Impreffio fecũda cũ additionib'

strotzendes Mönchslatein karikieren. Dieser Sprachwitz versagt sich einer angemessenen Übersetzung. Im Deutschen wirken die »Dunkelmännerbriefe« harmloser, hölzerner als im Original.

Crotus, selbst gelernter Theologe, hat die satirisch feineren, künstlerischen, Hutten die anklägerisch wuchtigeren, politisch anzüglicheren, aber auch pathetischeren Briefe verfaßt. Dollenkopfius, Fotzenhut, Mistladerius, Scherschleiferius, Schlauraff, Unckebunck und andere ihres Gelichters erörtern in diesen Briefen scholastische Spitzfindigkeiten, sie klagen über die weltlichen Poeten und schmatzen wie in einem Fastnachtsspiel behaglich von Essen und Trinken und derben Liebesabenteuern. Diese waren ihnen zwar verboten, aber habe nicht Simson die Delila genossen und sei danach nicht trotzdem der Heilige Geist über ihn gekommen? »Ich bin nicht stärker als Simson«, entschuldigt sich einer der Magister.

Die anonym erschienenen »Dunkelmännerbriefe« erregten Aufsehen, Gelächter, Schadenfreude, Nachdrucke und Nachahmungen, wurden 1517 in einer päpstlichen Bulle verdammt und gingen dann in den Erregungen der Reformationszeit unter. Erasmus fand die Späße teils zotig grob, teils theologisch bedenklich und distanzierte sich bald von seinem Lesevergnügen. Luther schimpfte die Verfasser Hanswürste. Untergründig haben die »Dunkelmännerbriefe« weitergewirkt bis hin zu Ludwig Thoma und Oskar Panizza.

Dem guten Reuchlin konnten sie nicht aus dem Gedränge helfen. Papst Leo wollte es sich zunächst weder mit den prominenten Fürsprechern des Gelehrten noch mit den mächtigen Dominikanern verderben. Ein Kardinalsausschuß urteilte zugunsten Reuchlins. Hutten steckte sich 1519 hinter den gefürchteten Kondottiere Sickingen, der vom Orden die Geldbuße des Speyerschen Gerichts für den alten Humanisten eintrieb. Aber nach Luthers Auftreten schlug in Rom der Wind um. Papst Leo hob das Speyerer Urteil auf, bürdete Reuchlin die ganzen Verfahrenskosten auf und gebot ihm »ewiges Schweigen«. Reuchlin, vom Ruin bedroht, dem Tode nahe, litt unter dem Vorwurf der Häresie und fügte sich. Hutten zitterte vor Zorn und warf ihm Fahnenflucht vor. Wie könne er, Reuchlin, hoffen, »jene zu versöhnen, die du als ein rechter Mann nicht einmal freundlich grüßen dürftest, so vielfach und unerhört haben sie dich gequält... Ich schäme mich, für dich so vieles geschrieben, vieles getan zu haben...«

Der Herzog und die schöne Ursula

Im Frühjahr 1515 reiste Hutten nach Ems an der Lahn und nahm in den kohlensauren Thermalquellen eine Badekur gegen sein hartnäckiges Leiden. Bald erreichten ihn zwei böse Nachrichten. Anfang Juni war sein väterlicher Freund und Nothelfer Eitelwolf vom Stein, noch nicht fünfzig Jahre alt, einem schmerzhaften Steinleiden erlegen. Er hatte Mainz zu einem Musenhof, die Universität zu einer Hochburg der Humanisten machen wollen und Hutten im Wirbel der Geschäfte an diesen Plänen teilnehmen lassen. Mit Stein verlor er nun seinen verständnisvollsten und einflußreichsten Gönner.

Die zweite Unglückspost betraf einen Trauerfall in der Verwandtschaft: Herzog Ulrich von Württemberg hatte seinen Stallmeister Hans von Hutten, den Lieblingssohn des alten Ludwig, angeblich in einem Zweikampf, jedenfalls unter zwielichtigen Umständen erstochen. Mit der Emser Kur war's vorbei. Hutten spürte, daß die Familie jetzt seine Feder brauchen konnte, daß sich hier eine Gelegenheit bot, den schuldigen Respekt der Sippe zu erlangen. Die Einzelheiten der Bluttat, die ihm bald schon anvertraut wurden, klangen skandalös genug.

Der Herzog Ulrich, nur ein Jahr älter als Hutten, hatte früh die Regierung ergriffen, ein launischer, jähzorniger Herr von überspanntem Selbstgefühl, erblich belastet wohl auch vom Vater, der im Irrsinn gestorben war. Der Kaiser, der Württemberg als

eine wichtige Landbrücke zwischen Österreich und den habsburgischen Territorien am Oberrhein ansah, hatte ihm seine
Nichte Sabine von Baiern zur Frau gegeben. Ulrich überwarf
sich mit seinen Nachbarn, trat aus dem Schwäbischen Bund,
einer dank eigener Finanzen ziemlich schlagkräftigen Vereinigung zur Wahrung des Landfriedens, aus und hatte eben erst mit
Mühe den Bauernaufstand des Armen Konrad im Remstal
niedergeworfen. Aus seiner üblen Schuldenwirtschaft konnte er
sich nur retten, indem er den Prälaten und der bürgerlichen
Ehrbarkeit im Tübinger Vertrag ein Mitspracherecht in allen
Finanz- und Steuerfragen verbriefte und damit wider Willen das
parlamentarische Grundgesetz Altwürttembergs schuf. Auch
seine Ehe geriet nicht gut. Der Markgröninger Pfarrer Ludwig
Friedrich Heyd, der um 1840 eine Ulrich-Biographie schrieb, hat
die hochgewachsene, hochfahrende Frau Sabine so charakterisiert: »unweiblich, stolz und zu eigensinnig, um nachgeben zu
können, aufbrausend und scharf mit der Rede«, auch, so fügte er
bedenklich hinzu, »auch gegen Männer«. Der Herzog selbst
klagte später, sie habe ihn oft »durch ihr überschwenglich,
üppig, zornig heiß Reden so gereizt, daß er, sich zu enthalten,
vielmal von ihr vom Bett müssen aufstehen«, gestand aber auch
ein, daß er einmal dabei zugeschlagen habe.
Wen wundert's, daß Ulrich da anderswo Trost suchte? Sein
Stallmeister Hans von Hutten, ein liebenswürdig sonniges Gemüt, aller Welt Freund, hatte Ursula Thumb, Tochter des
württembergischen Erbmarschalls Konrad Thumb von Neu-
burg, geheiratet. Die jungen Leute lebten im Stuttgarter Haus
des Erbmarschalls. Der Herzog ging dort ein und aus und
verliebte sich in die schöne Ursula. Es gab Szenen, und bei einer
fiel Ulrich vor seinem Stallmeister auf die Knie und bat ihn mit
gerungenen Händen um seine Frau.
Hans von Hutten schrieb das seinem Vater; der alte Ludwig
meinte, der Herzog solle seine Leidenschaft ausschwitzen, der
Sohn möglichst bald und unauffällig den Dienst quittieren. Aber

Hans hatte nicht nur dem Vater von dem fatalen Kniefall berichtet, sondern auch mit Freunden, Vettern, Vertrauten bei Hof davon gesprochen. Das kam natürlich dem Herzog zu Ohren. Der gedemütigte Liebhaber sann auf Rache.

Als der Stallmeister um Urlaub bat, um an einem Familientag der Hutten teilzunehmen, erwiderte Ulrich, er wolle in den Schönbuch ausreiten, dabei könne man die Sache besprechen. Am 8. Mai ritten sie los, Hans nur mit einem leichten Degen an der Seite, Ulrich im Harnisch und voll bewehrt. Im Wald bei Holzgerlingen schickte der Herzog sein Gefolge vorweg und befahl dann auch seinem Diener, zurückzubleiben. Ob Hutten dann vom Herzog plötzlich angefallen oder zu einem Zweikampf aufgefordert wurde, bleibt ziemlich belanglos. Gegen den gepanzerten Herausforderer hatte der arme Hans so oder so keine Chance. Er muß noch die Flucht versucht haben, denn sein Hut lag entfernt von der Leiche, und fünf der sieben Wunden hatte er im Rücken empfangen.

Auf die heiße Rache setzte der Herzog noch den kalten Schimpf: Das Gefolge fand den Ermordeten symbolisch gehenkt; um seinen Hals hatte Ulrich einen Gürtel geschlungen, daneben einen Degen in die Erde gestoßen und den Gürtel daran geknüpft. Die Hutten wollten den Toten im fränkischen Familienbegräbnis beisetzen, der Herzog verweigerte die Auslieferung; Hans wurde in Köngen am Neckar, dem Besitz des Schwiegervaters Thumb, begraben. Erst 1519, nachdem der Schwäbische Bund den Herzog vertrieben hatte, wurde der arme Hans in die Wallfahrtskirche Maria Sondheim bei Arnstein im Tal der Wern überführt. Sein Epitaph dort ist erhalten, die Inschrift erzählt, daß er »unschuldig entleibt« worden sei.

Natürlich gab's bald auch schon einige Hutten-Eichen, die den Schauplatz der Mordtat bezeichneten. Von der Hutten-Eiche bei Holzgerlingen berichtet Gustav Schwab 1819, sie sei »vor kaum zwei Jahrzehnten umgehauen worden«. Gerd Gaiser hat in einem leider unvollendeten Herzog Ulrich-Roman die Geschich-

26 *Herzog Ulrich von Württemberg ermordet Hans von Hutten. Titelholz-schnitt zu Huttens »Phalarismus« von Hans Weiditz.*

te auf seine Art erzählt. Vielleicht findet sich ein Verleger für das Fragment mit dem Kapitel »Hans Hutten im Schönbuch«.

Wider den schwäbischen Tyrannen

Der Mordfall an Hutten erregte den Adel. Ein gutes Dutzend Herren sagte dem Herzog den Dienst auf. Die Sippe schwor dem

Tyrannen Rache. Ulrich von Hutten dichtete im ersten Überschwang eine Totenklage, die mythologisch antikisierend die
ganze fränkische Landschaft um den Ermeuchelten mit Tränenbächen füllte. Dann ließ er einen etwas peinlich kühlen Trostbrief an den Onkel Ludwig abgehen: Daß die Seele nach dem
Tode weiterlebe, müsse man zwar als Christ glauben, aber auch
wenn sie mit dem Leib zugrunde ginge, wäre der Tod doch kein
so großes Übel, da mit dem Empfinden auch alles Leiden ein
Ende habe. Der Kaiser werde in seiner Gerechtigkeitsliebe dem
Vater Genugtuung verschaffen; notfalls stände der Adel ihm mit
bewaffneter Hand bei.

Daß Hutten an den später auch vielfach gedruckten Ausschreiben der Familie gegen Herzog Ulrich redaktionell beteiligt war,
ist anzunehmen. Im Juli verfaßte er auf dem Steckelberg die erste
seiner insgesamt fünf Reden gegen Ulrich von Württemberg, die
zunächst in Abschriften zirkulierten, ehe sie 1519 gesammelt im
Druck erschienen. Hutten tritt hier in der ersten Rede als eine
Art Staatsanwalt vor die Schranken eines imaginären Gerichtshofes und klagt mit dem schwäbischen Tyrannen zugleich auch
den Typ des autokratischen Landesfürsten an, der den Reichsrittern beschwerlich fiel.

Eingangs schildert er alle Wohltaten, die der Herzog von den
Hutten empfangen habe, darunter auch ein Darlehen des alten
Ludwig von 10000 Gulden. Dann malt er den Mord in allen
Schreckensfarben aus und verwirft den Herzog, der stets nur die
Leidenschaft als seine Herrin anerkannt habe, als ein für alle
Zeiten gezeichnetes Scheusal und läßt schließlich den Schatten
des lichten Jünglings ein Lebewohl ans Vaterland flüstern.

Ein Meisterstück forensischer Rhetorik. Nur von der fatalen
Leidenschaft des Herzogs für die Frau des Ermordeten ist mit
keinem Wort die Rede. Dies deckte sich mit den ersten Ausschreiben des Familienrats. Wer in die Vorgeschichte des Falls
nicht eingeweiht war, mußte sich mit dem Gerücht begnügen.
Wahrscheinlich wollten die Hutten damals noch Rücksicht auf

27 *Herzog Ulrich von Württemberg. Holzschnitt von Hans Brosamer. Wilhelm Hauff hat den Renaissancetyrannen in seinem historischen Roman »Lichtenstein« populär verklärt.*

die schöne Ursula nehmen, die weiter in Stuttgart im Haus des Vaters lebte.

Der Kaiser schlug einen gütlichen Ausgleich vor: Der Herzog solle Hans als redlichen Diener rehabilitieren, seine Tat als

Totschlag im Affekt bedauern, dem Vater eine Entschädigung von 10000 Gulden zahlen und für weitere 2000 Gulden Seelenmessen bestellen. Der Handel war noch in der Schwebe, als Hutten zum zweitenmal nach Italien aufbrach.

Frau Sabine hatte sich inzwischen von Stuttgart nach Urach zurückgezogen. Als Ulrich ihr die Rückkehr an den Hof befahl, floh sie zu ihrem Bruder, dem Herzog Wilhelm von Baiern, mit der Begründung, sie fühle sich bei ihrem Gemahl ihres Lebens nicht mehr sicher. Hutten nahm dies im Frühjahr 1516 in Italien zum Anlaß für seine zweite Rede wider den Tyrannen. Nach der Ermordung seines Freundes habe der Verbrecher nun auch noch das Leben seiner Frau bedroht. Wenn Kaiser und Fürsten zuwarteten, werde sich Ulrich noch mit Frankreich und den Schweizern verbünden, um des gerechten Gerichts zu spotten. Die Untertanen des Herzogs rief er zum offenen Widerstand auf: »Auf, ihr Schwaben, ergreifet die Freiheit, nach der ihr so spürbar verlangt. Ihr werdet doch keinen Räuber und Meuchelmörder als Herrn dulden...«

Die Familie Hutten, Baierns Hilfe gewiß, lehnte das kaiserliche Vermittlungsangebot ab. Im September sammelte sich ein Aufgebot von 1200 Reitern bei Wemding im Ries. Herzog Ulrich bot seinen Landsturm auf und verhandelte mit den Schweizern. Krieg war in Sicht, Anlaß für Huttens dritte Rede.

Nun sei eingetroffen, was er prophezeit habe. Der Herzog wolle das Vaterland mit in seinen Untergang reißen. Kaiser und Fürsten sollten den allgemeinen Ruin bedenken, den ein Bürgerkrieg mit sich brächte, aber auch die Schande, wenn es draußen hieße, in Deutschland sei kein Recht außer durch die Gewalt der Waffen zu erlangen. Für Hutten gehörten innere und äußere Freiheit, Rechtsgleichheit und Widerstandsrecht unabdingbar zusammen. Bemerkenswert ist hier der Hinweis auf seinen wenig später entworfenen Nationalheros Arminius: Nicht einmal dessen Streben nach der Königswürde hätten die alten Deutschen geduldet; obwohl sie dem Cheruskerfürsten ihre

Freiheit von Rom verdankten, wollten sie ihm dennoch nicht ihre innere Freiheit opfern.

Während der Kaiser zu einem Gerichtstag nach Augsburg lud, wandte sich nun auch der Herzog mit einer Rechtfertigungsschrift an die Öffentlichkeit. Darin widerrief er plötzlich seine bisherigen Entschuldigungen eines hitzig unbedachten Zweikampfs, eines Totschlags im Affekt. Hans von Hutten sei nicht im Duell gefallen, sondern von ihm eigenhändig als treubrüchiger Diener hingerichtet worden. Nicht nur habe der Stallmeister seinen Herrn verunglimpft, sondern auch ein adeliges Frauenzimmer, die eigene Gattin, durch Drohungen und Schläge nötigen wollen. Und weil das alles eine Hinrichtung beim besten Willen nicht rechtfertigen mochte, deutete der Württemberger geheimnisvoll raunend schlechterletzt noch »etlich namhaftig Artikel« an, »in denen Hans von Hutten schändlich, böslich, untreulich gegen den Herzog gehandelt«, die er aber »zu Ehren und Verschonung« hoher und höchster Standespersonen hier gnädig verschweigen wolle. Jedenfalls habe er, Ulrich, damals im Schönbuch als Freischöffe des heimlichen Gerichts nur einen Akt der Justiz vollzogen.

Zu einem vollstreckten Feme-Urteil aus Gründen der Staatsräson ließ sich die Bluttat jedoch nicht hochstilisieren. Ulrich war zwar, wie viele andere Fürsten seiner Zeit auch, einmal Freischöffe des heimlichen Gerichts gewesen, hatte aber sich und seine Untertanen vor Jahren schon ausdrücklich aus dessen Kompetenz entlassen. Außerdem mußte nach den Gesetzen des Femegerichts der Verbrecher auf frischer Tat ertappt, ein kollegiales Urteil gefällt und dieses in Gegenwart von drei Schöffen vollstreckt werden. Der Herzog dagegen wollte Kläger, Richter und Henker in einer Person gewesen sein.

Jetzt ließ die Familie Hutten die Katze aus dem Sack. Anhand der letzten Briefe des Ermordeten erfuhr die Öffentlichkeit von den leidenschaftlichen Annäherungsversuchen und dem Kniefall des Herzogs. Nur deshalb habe Ulrich den unschuldigen Hans erstochen, um »sein böse Begierd« nach dessen Frau stillen zu können. Rücksicht auf die schöne Ursula zu nehmen, die im Stuttgarter Haus ihres Vaters geblieben war und den Herzog anscheinend weiter empfing, hatten die Hutten jetzt nicht mehr nötig.

Ulrich folgte dem Ruf des Gerichts nach Augsburg nicht. Kaiser Maximilian verhängte zunächst die Acht über ihn, betrieb dann aber auf Zureden des Kardinals Lang eine friedliche Beilegung des Streits. Laut Blaubeurer Vertrag sollte Ulrich auf sechs Jahre die Regierung des Landes mit kaiserlichen Kommissaren teilen und die Familie Hutten mit 27 000 Gulden entschädigen.

Der Vertrag war nicht das Papier wert, auf dem er feierlich besiegelt worden war. Der Herzog verfolgte die Anhänger seiner entlaufenen Frau und wütete mit Folter und Schwert gegen die Ehrbaren, die ihm seinerzeit den Tübinger Vertrag abgezwungen hatten, auf die Einsetzung der kaiserlichen Regierungskommissare drängten und die Entschädigung des Blaubeurer Schuldspruchs aus schwäbischen Steuergeldern verweigerten. Der Kaiser erneuerte die Acht, konnte sich aber bis zu seinem Tod nicht mehr zu einer Aktion gegen Ulrich aufraffen.

Dafür holte Hutten, seit dem Sommer 1517 wieder in Deutschland, in seiner vierten Rede gewaltig aus. Den Blaubeurer Vertrag konnte er ebenso leicht ignorieren wie die herzogliche Verteidigungsschrift logisch zerfetzen. Und hatte er zuvor offengelassen, ob der entflammte Liebhaber die schöne Ursula mit Erfolg bedrängt habe oder nicht, so verdammt er sie nun als die Helena eines künftigen Krieges. Schon vor dem Mord an ihrem Manne sei sie die Konkubine des Herzogs gewesen; der Vater habe den Kuppler gespielt, ihr Bruder sich zum Lustknaben des Mörders erniedrigt. Mochte diese letzte Anklage auch nur schmähliche Verleumdung sein, so läßt sich am geheimen Einverständnis Thumbs mit der Liaison der Tochter kaum mehr zweifeln.

Mit dem zweiten Teil der »Dunkelmännerbriefe« und den weiteren Reden gegen Ulrich von Württemberg haben wir Huttens zweiter Reise nach Italien vorgegriffen. Er trat sie mit gemischten Gefühlen an. Weder das Studium der Rechte noch der Hof eines geistlichen Fürsten reizten ihn sonderlich. Aber Erzbischof Albrecht hatte ihm ein Reisestipendium gewährt, die eigene Familie ihn gerade rehabilitiert. Und da war ja auch noch sein Erbe als Erstgeborener, auf das er gegenüber dem Vater und den Brüdern nie verzichtet hatte. Schon einmal hatte der jähzornige Steckelberger mit der Enterbung gedroht, als er dem geistlichen Stand absagte. Sollte er dies der Pandekten wegen ein zweites Mal riskieren?

Im Oktober 1515 brach Hutten auf. Unterwegs, in einer Herberge zu Worms, unterm Lärmen der Gäste, schrieb er an Erasmus von Rotterdam. Lieber säße er, der deutsche Ritter, wie einst Alkibiades dem Meister Sokrates, jetzt ihm, Erasmus, zu Füßen, aber die lästige Freigebigkeit der Seinen nötige ihn nach Italien, in den Kerker der Juristerei. Gesundheitlich gehe es ihm besser, sein lästiges Gliederzittern und sein Fußübel seien verflogen.

Das Jahr darauf konnte Hutten in den erasmischen Anmerkungen zur epochalen Edition des Neuen Testaments nach einer Aufzählung erprobter deutscher Humanisten lesen: »Doch beinahe hätte ich jenes einzigartige Entzücken der Musen übergangen, Ulrich von Hutten, den schon durch seine Ahnen bedeutenden Jüngling. Ich frage Euch: Wie könnte Attika mehr Witz und Eleganz erzeugen als dieser eine besitzt? Ist seine Sprache nicht die göttliche Schönheit und lautere Anmut selbst?«

Man darf dem Älteren sein Wohlwollen, dem Jüngeren die enthusiastische Verehrung glauben. Bei den Begegnungen beider in Mainz und Frankfurt wird Erasmus die leidenschaftlich aufflammende Angriffslust Huttens, seine schroffe Kompromißlosigkeit, den herben Charakter gewittert haben. Aber mußte er da die herzliche Verehrung, die ihm entgegenschlug, nicht um so höher schätzen? Konnte er nicht mit milder Autorität diesen begabten Heißsporn zügeln, ihn behutsam lenken, vielleicht sogar gebrauchen? Als seinen Alkibiades, als seinen ritterlichen Jünger und Beschützer, hatte sich Hutten angeboten. Aber Erasmus wußte aus der Geschichte, daß Sokrates den adeligen Alkibiades sowenig von seiner ehrgeizig-zerstörerischen Laufbahn zurückhalten wie dieser den Weisen vor dem Todesurteil bewahren konnte. Der Briefwechsel zwischen Erasmus und Hutten ist nur fragmentarisch überliefert. In welchen Schüben sich die gegenseitige Entfremdung vollzogen hat, läßt sich nur an den äußeren Anlässen ablesen.

Huttens weitere Route spiegelt sich in einem Bericht des Magisters Lamp im zweiten Teil der »Dunkelmännerbriefe« wider. Auf dem Weg von Worms nach Augsburg mischt sich schon Schnee in den Regen. Magister Lamp scheut vor dem handgreiflichen Entgegenkommen der bajuwarischen Herbergstöchter zurück, nicht so sein »Socius«, sein Reisegenosse. Um Innsbruck sind die Wege schon grundlos aufgeweicht. Auf dem Brenner liegt Schnee. In Trient bestaunen die beiden den kaiserlichen Geschützpark; der junge französische König Franz hat eben wieder mal Mailand besetzt. In Mantua erfährt Lamp von seinem Socius, daß hier der Dichter Vergil geboren sei, und entgegnet: Was geht mich der Heide an, wir wollen zu den Karmelitern gehen! Und so ziehen sie weiter, über Bologna, Florenz, Siena nach Rom, wo auch Hutten im Januar 1516 eintraf.

Entdeckung der Nation

*Doch fürchte ich, daß ihm sein deutscher
Freimut, wenn er ihn nicht zu mäßigen lernt,
verderblich werde.*

Johann Cochläus über Hutten, 7. März 1517

Hutten nahm im Studentenviertel Roms, am Campo di Fiore,
Quartier. Wie die meisten deutschen Humanisten besaß auch er
anscheinend kaum einen Blick für die Architektur, wenig Sinn
für Plastik und Malerei der Renaissance. Nicht einmal die
allgegenwärtigen Ruinen des Altertums haben ihn in Rom
beschäftigt. Seit seiner Emser Kur hielt er strenge Diät, trank
Brunnenwasser, selten ein Glas »alten süßen Weines«. Jetzt war
in Rom Fastenzeit. Um nicht auf Milch und Butter verzichten zu
müssen, kaufte er formal korrekt bei der Bankfiliale der Fugger
päpstlichen Fastendispens, die sogenannten »Butterbriefe«,
kam sich aber geprellt vor, als er bemerkte, daß in der Hauptstadt der Christenheit, anders als zu Hause, selbst hohe kirchliche Würdenträger sich großzügig über die Fastengebote hinweg-
setzten.

In Epigrammen an Crotus machte er seinem Verdruß über den
pomphaften Aufzug des Papstes zu Ostern, über die Korruption
der Kurie, über das lose Treiben und den Hochmut der Römer
Luft:

Also sah ich sie denn, Roms halbzertrümmerte Mauern,
    Wo mit dem Heiligen man selbst den Gott auch verkauft.
Sah den erhabenen Priester, o Freund, mit dem heiligen Rate,
    Und in verlängertem Zug die Kardinäle geschart.
Schreiber so viel und Troß der überflüssigen Menschen,

Die mit den Pferden zugleich wallend der Pupur bedeckt.
Tätig die einen im schandbaren Werk, die anderen leidend,
Unter dem heiligen Schein frönend der wildesten Lust.
Andre sodann, die selbst auch den Schein des Guten ver-
schmähen
Und mit erhobener Stirn Sitte verhöhnen und Zucht.
Welche mit Lust schlecht sind und mit Vollmacht; ach, und in
deren
Joch das teutonische Volk leider so willig sich fügt.
Sie handhaben Verbot und Erlaubnis, schließen und öffnen,
Und wie es ihnen beliebt, teilen den Himmel sie aus.
Römerinnen und Römer nicht mehr; voll Üppigkeit alles,
Alles, wohin du auch blickst, voll der verworfensten Lust.
Und das alles in Rom, wo Curius einst und Metellus
Und Pompeius gelebt: o der veränderten Zeit!
Drum dem Verlangen entsage, mein Freund, nach der heiligen
Roma:
Römisches, welches du suchst, findest in Rom du nicht
mehr.

Seit diesen römischen Erfahrungen gewann seine Kritik der
Kirche an Schärfe, blieb aber noch immer im vertrauten Spek-
trum der Gravamina, der Beschwerden deutscher Nation und
zielte nicht gegen die Kirche als Institution selbst. Am Pasquino,
einer antiken Figurengruppe, an der die römischen Literaten als
einer Art Wandzeitung ihre Schmähverse anschlugen, der Name
Pasquill kommt davon, heftete auch er seine Epigramme an,
verspottete den verweltlichten Papst und die Franzosen, warb
für den Kaiser und rühmte die reichstreue Familie der Colonna,
die, der Scipionen würdig, sich um das Erbe des Altertums
verdient gemacht hätten.
Erasmus hatte ihm Empfehlungsschreiben mitgegeben. So geriet
Hutten in den Kreis des gebürtigen Luxemburgers Johann
Goritz, der sich nach einem alten Gärtner in Vergils »Georgica«

28 *Der Palatin in Rom. Aus B. Pittonis »Romanorum antiquitatum monumenta« von 1561.*

Coritius nannte. Unweit des Quirinals und des tarpejischen Felsens besaß Coritius eine »Weinbergslust«. Als frommer Mann hatte er in der Kirche des hl. Augustinus der Anna selbdritt eine Kapelle gestiftet. Den Stiftungstag feierte er mit Freunden, Dichtern, Gelehrten in seinem Garten. Hutten hat damals rührende Verse an Anna, Maria und deren Sohn gerichtet, in denen er um Heilung seines kranken Fußes bat, der ihm anscheinend wieder zu schaffen machte.

Totschlag in der Taverne

Im Frühjahr packte ihn das Fieber. Er reiste wieder einmal in Kur, diesmal, um in der heißen Schwefelquelle des Bullicame bei Viterbo zu baden, die auch in Dantes »Inferno« erwähnt wird. In einem Wirtshaus zu Viterbo geriet Hutten im April 1516 mit einer französischen Reisegesellschaft in Streit, wurde an der linken Wange verletzt und erstach einen seiner Gegner. Hals über Kopf floh er erst nach Verona, wo noch deutsche Truppen standen, dann nach Bologna.

Natürlich widersprechen sich auch hier die Zeugnisse. Der schon erwähnte Georg Sauermann behauptete Jahre danach, Hutten habe wieder einmal »nach Art der Lapithen und Kentauren gezecht« und, als der Wirt einen Franzosen aufmerksamer bediente, prahlerisch erklärt, er lasse sich das als Ritter nicht gefallen. Bei der anschließenden Rauferei sei der Franzose von ihm und seinem Begleiter erstochen worden. Hutten selbst schrieb an Vadian nach Wien, er sei mit etlichen Franzosen »wegen der Taten der Deutschen« aneinandergeraten, habe einen getötet und die anderen jämmerlich zugerichtet. In einem Brief an Erasmus ist von dem patriotischen Anlaß nicht die Rede, wohl aber von fünf Gegnern. Daß er in Viterbo eine Beleidigung des Kaisers habe rächen wollen, davon sprach er nach seiner Krönung zum Dichter.

Sicher hat Hutten den so übel ausgegangenen Raufhandel in Viterbo nachträglich stilisiert. Er wollte eben nicht nur als Humanist und Federfuchser, sondern auch als eques Germanus, als deutscher Ritter, ernst genommen werden. Und ob er nun aus Notwehr oder aus Patriotismus blankzog, Anlaß zum Spott hatten Italiener und Franzosen damals. Maximilians Feldzug zur Rückeroberung Mailands war in diesem Frühjahr kläglich und endgültig gescheitert. Die eigenen Landsknechte schalten ihn einen Strohkönig, Karikaturen zeigten ihn auf einem Krebs reitend.

In Bologna wohnte Hutten bei dem Würzburger Kanonikus Friedrich Fischer und den Bamberger Domherren Andreas und Jakob Fuchs, alten Bekannten aus Erfurter Tagen. Hier bequemte er sich wieder zum Jurastudium, mit dem er, so seine Klage später, insgesamt vier Jahre vergeudet habe. Zu dem Kreis gehörten auch die Brüder Geuder, Neffen des Nürnberger

Humanisten und Patrizieres Willibald Pirckheimer, sowie deren Mentor Johann Dobneck aus dem fränkischen Wendelstein, genannt Cochläus. Mit ihnen las er Thukydides, Aristophanes und Lukian. Daneben schrieb Hutten an den »Dunkelmännerbriefen« und den Reden gegen Ulrich von Württemberg. Gegen die Serenissima ließ er wieder Spottgedichte los, den »Markus« und den »Fischfang der Veneter«. Der Genius der Lagunenfrösche, der grüne König Pausback, hat sich in eine Löwenhaut gehüllt, Flügel angelegt und blufft so als Markuslöwe.

Wichtiger ist der damals verfaßte fiktive Brief der Dame Italia, die den Kaiser reichlich unverblümt wegen seiner Saumseligkeit tadelt. Er solle sich endlich der Taten seiner Vorgänger erinnern und Rom und Italien nicht nur von den Galliern, sondern auch von den florentinischen Krämern, also dem Mediceer-Papst Leo X. und dessen Anhang, befreien. Noch immer, schon wider besseres Wissen, glaubte Hutten an die Zaubergewalt des kaiserlichen Namens.

Aber dieses letzte Jahr in Italien schärfte und klärte auch sein Nationalgefühl zum Nationalbewußtsein. Das war nicht selbstverständlich. Noch immer verstand sich das Heilige Römische Reich als Erbe der Caesaren, als Ordnungsmacht der westlichen Christenheit, als universale Res publica christiana, nicht als Staat unter Staaten. Von Karl dem Großen bis hin zu Maximilian waren die Kaiser gleichermaßen Repräsentanten deutschen Volkstums und Träger römischer Überlieferung. Diese Waage spielte im Gleichgewicht. Im Umgang mit den Welschen verschoben sich für Hutten allmählich die Gewichte. »Jetzt ist dein Volk das größte, ehemals war es Rom«, sagt die Dame Italia zu dem ritterlichen Kämpen Max. Nicht lange, so erklärt Hutten, den Deutschen sei vom untergegangenen Römischen Reich nur »der leere Namen« geblieben.

Die für seine literarische Entwicklung folgenreichste Schrift des zweiten Bologneser Aufenthalts war der an Lukians Dialogen geschulte »Phalarismus«. In seinen Totengesprächen hatte der griechische Moralist im Hades einen toten Tyrannen renommieren lassen. Hutten schickt nun einen lebenden Tyrannen, nämlich den Herzog Ulrich, in die Unterwelt, um bei dem Erzbösewicht der Antike, Phalaris, einen Kursus in der Schule der Grausamkeiten zu belegen. Er zählt alle seine bisherigen Schandtaten auf, und Phalaris kann nur staunen. Der schwäbische Tyrann wird zwar nicht beim Namen genannt, läßt sich aber anhand seiner Greuel unschwer erkennen, zumal er sich rühmt, einigen seiner Untertanen sein Wappen, das Hirschhorn, auf die Backen gebrannt zu haben. Bemerkenswert ist, daß Ulrich hier gesteht, um sich seine Feinde vom Leib zu halten, werde er notfalls auch »das Banner des Bundschuhs aufrichten«, also einen von der Obrigkeit gefürchteten Volksaufstand anzetteln.

Mit diesem Dialog war Hutten auf die ihm gemäße Kunstform gestoßen, die seiner Angriffslust, seinem dramatischen Temperament, seinem Wortwitz entsprach. Von nun an war der Dialog, das Gespräch, sein bevorzugtes Kampffeld, seine literarische Arena. Die im Frühjahr 1517 gedruckte Satire war ein verwegener Fehdebrief; schließlich behauptete Ulrich damals noch unangefochten seine Herrschaft. Und hatte der Poet seinen Schriften bisher die Devise »Sinceriter citra pompam«, also: Redlich und ohne Prunk, vorangestellt, zuweilen noch mit dem Zusatz »zelo virtutis«, aus Eifer für die Tugend, so trägt der Tyrannen-Dialog zum erstenmal das caesarische »Jacta est alea«, der Würfel ist gefallen. Mit seiner freien deutschen Übersetzung des Wahlspruchs »Ich hab's gewagt« lebt Hutten im Gedächtnis der Nachwelt fort.

·VLRICHVS·DE·HVTTEN·EQ·GERMA·

29 Der Holzschnitt aus dem 1517 erschienenen »Phalarismus« gilt als das lebenswahrste Porträt Huttens, der hier in höfischer Tracht erscheint.

Dem »Phalarismus« ist ein unsigniertes Holzschnitt-Porträt beigefügt, das unter den fünf zeitgenössischen Darstellungen Huttens als das lebenswahrste gilt. Der junge Ritter erscheint im Brustbild, gerahmt von einem Renaissancegehäuse, an dem das väterliche und das mütterliche Wappen derer von Eberstein hängen. Hutten trägt Barett und Edelmannstracht. Die Haare fallen halblang. Unter buschigen Augenbrauen schauen wache Augen, springt die Nase etwas vor. Aus zeitgenössischen Bemerkungen wissen wir, daß Hutten blond, sein Bart dunkler, die Gesichtsfarbe blaß war. Unübersehbar ist der sarkastische Zug um die Mundwinkel. Zusammen mit der von ihm selbst mehrfach erwähnten kleinen schmächtigen Gestalt ergibt das schon ein Bild. Die späteren Porträts mit Rüstung, Lorbeerkranz und Schwert erscheinen dagegen heroisch vergröbert.

Zu diesem Signalement paßt die Charakteristik, die Cochläus in seinen Briefen an Pirckheimer gab. Er rühmte Huttens »wunderbares Talent, besonders in der Verspottung fremder Torheit; er sprudelt dann von Witz und Einfällen. Als ich ihn das erstemal hörte, sagte ich, ein zweiter Lukian...« Deutschland sei zu schelten, daß es diesen Poeten bisher vernachlässigt habe. Und dann heißt es: »Ich ehre und liebe einen so großen Mann um seines Geistes, seines Studiums, seiner Gelehrsamkeit willen, weil er sein Volk und sein Vaterland liebt und verherrlicht. Doch fürchte ich, daß ihm sein deutscher Freimut, wenn er ihn nicht zu mäßigen lernt, verderblich werde. Erasmus wird ihn zügeln... zügle auch du ihn, damit nicht durch der Barbaren Nachstellung unser gemeinsames deutsches Vaterland vor der Zeit einen solchen Geist verliere. Ich kann nicht offen reden, Du verstehst mich auch so.«

Daß Hutten nicht nur als Publizist, sondern auch im geselligen Umgang manchmal schwer zu bändigen und zu ertragen war, verrät der Stoßseufzer des Cochläus: »Vor einer Woche reiste zu Euch unser Hutten ab, eher eine scharfe und spitze Natur als eine milde und ruhige. Seinen Geist liebe ich, seine Wildheit weniger.

Auf die Entfernung wird es mir leichter, Freundschaft mit ihm zu halten, als im täglichen Umgang.«

Den fränkischen Landsleuten Fischer und Fuchs verdankte Hutten in diesem Bologneser Jahr Einblick in die Gedankenwelt der humanistischen Kirchenreformer, die eine konservative Erneuerungstheologie aus dem Geist der Kirchenväter erstrebten und die spätscholastische Doktrin einer doppelten, nämlich einer philosophischen und einer theologischen, Wahrheit, als unlauter verwarfen. Der damals 37 Jahre alte Cochläus aber, ein kenntnisreicher Historiker, erschloß ihm die Welt des Mittelalters. Er machte ihn mit dem Lesen alter Handschriften und mit den Quellen zum Investiturstreit vertraut, in dem der Papst sich als Repräsentant universaler Gewalt gegenüber dem Kaisertum behauptet hatte. Cochläus, kurz darauf zum Doktor der Theologie promoviert, hat sich nach anfänglichen Sympathien für die Reformation von dieser abgewandt und mit seinen Schriften das katholische Lutherbild nachhaltig eingeschwärzt. Eine Ironie des Schicksals war es, daß Hutten gerade bei ihm auf Lorenzo Vallas Nachweis von der Fälschung der Konstantinischen Schenkung stoßen sollte.

Wie angesehen Hutten damals in Bologna war, beweist seine Wahl zum Syndikus der akademischen Selbstverwaltung innerhalb der deutschen Nation, deren Studenten meist patrizischer oder adeliger Herkunft waren. Hier hat er wichtige Verbindungen zu späteren Spitzenbeamten und Würdenträgern gewonnen und ein Informationsnetz geknüpft, das seinen politischen Plänen nur hilfreich sein konnte. Seine Amtszeit war gerade abgelaufen, als es zu einem Tumult zwischen den Landsmannschaften der Deutschen und der Lombarden kam. Cochläus berichtet, alle seien in wilder Raserei über Straßen und Plätze gestürmt und hätten die Lombarden in ihren Häusern sogar mit »Donnerbüchsen« berannt. Einige seien verwundet, niemand getötet worden. Hutten wurde berufen, die deutsche Sache vor dem Tribunal des päpstlichen Stadtgouverneurs, übrigens einem

Fiesco aus Genua, zu vertreten. Sein öffentlicher Auftritt als Redner geriet ihm so schneidig, daß der Gouverneur den Deutschen zur Strafe das Waffentragen verbot.

Hutten entwich nach Ferrara, der Residenz des Herzogs von Este, um endlich in Ruhe sein Studium abzuschließen. Aber kaum hatte er sich dort einquartiert, erreichte ihn ein Ruf nach Venedig. Seine Vettern Frowin und der junge Ludwig von Hutten wollten sich von dort aus nach Palästina einschiffen, um in Jerusalem am Heiligen Grab den Ritterschlag zu erhalten. Beinahe wäre Hutten in ritterlich-romantischem Überschwang mit zu dieser Wallfahrt aufgebrochen, hätte ihn der Freund Crotus nicht mit sanftem Spott davon abgehalten. Crotus war der Schulmeisterei in Fulda überdrüssig geworden und als Mentor einiger adeliger Studenten gerade nach Italien gekommen.

In Aufrufen, Satiren, Epigrammen, von denen die meisten freilich noch ungedruckt waren, hatte der Poet Venedig verhöhnt, die damals schon gut informierte Geheimpolizei gewiß davon Wind bekommen. Um so überraschender war der herzliche Empfang, der Hutten dort zuteil wurde. Über die politischen Gegensätze siegte das Gemeinschaftsgefühl der Humanisten. Venedig galt damals als eine Freistatt religiöser Nonkonformisten und literarischer Freigeister. Sie scharten sich um den Druckherrn Aldus Manutius und den als Staatsmann wie als Gelehrten gleich angesehenen Johann Baptista Egnatius. Manutius war kurz zuvor verstorben, aber Hutten besuchte mit venezianischen Adeligen dessen berühmte Offizin und wurde dort reich mit Büchern beschenkt.

Kaiser Konstantins gefälschte Schenkung

Und wieder wechselte jäh die Szene. Eilpost, wohl vom alten Onkel Ludwig, erreichte hin, er solle sofort nach Deutschland zurückkehren, in Augsburg erwarte ihn der Kaiser. Hutten kehrte heimlich für zwei, drei Tage nach Bologna zurück und nahm dort Abschied von den Freunden. Als er am Vorabend seiner Abreise bei Cochläus erschien, geriet ihm in dessen Stube ein Manuskript in die Hände, in dem er blätterte und sich bald festlas. Es war die äußerst seltene, handschriftlich im Untergrund zirkulierende »Declamatio über die fälschlich geglaubte und erlogene Konstantinische Schenkung« des Lorenzo Valla.

Der Florentiner Valla, das philologische Gewissen des italienischen Frühhumanismus, hat den Schlüsselbegriff »ad fontes«, der Rückkehr zu den reinen Quellen der Überlieferung, geprägt und dies selbst einmal in einer Anekdote veranschaulicht: »Ich erinnere mich, als ich noch ein Bub war, einmal gefragt zu haben, wer denn das Buch Hiob geschrieben habe. Als ich zur Antwort bekam ›Hiob selbst‹, fragte ich, wie der dann wohl von seinem eigenen Tod habe berichten können.«

1440, als der Kampf zwischen Papst und Konzil voll entbrannt war, wies er in seiner »Declamatio« nach, was zuvor schon der auf dem Scheiterhaufen verbrannte Arnold von Brescia und der moselfränkische Kardinal Nikolaus von Kues ausgesprochen hatten: daß das Dokument, in dem Kaiser Konstantin I. dem Papst den Primat über die Kirche, den Vorrang vor dem Kaisertum, die Oberhoheit über die westliche Reichshälfte und den Kirchenstaat als souveräne Herrschaft bestätigt habe, eine Fälschung der päpstlichen Kanzlei aus dem 8. Jahrhundert war. Valla im Originalton: »Dies ist nicht Konstantins Redeweise, sondern die eines dummen Pfäffleins, das nicht weiß, wovon und wie es redet, das verfressen und fett, unter Völlerei und Rausch solche Sätze hervorrülpst.«

Nicht nur philologisch erledigte Valla die angebliche Schenkungsurkunde. Auch psychologisch sei es unmöglich, daß der Kaiser, eben erst von der Armee zur Herrschaft gebracht, aus Großmut die Hälfte seines Reiches verschenken könne. Und selbst wenn dies geschehen sei, hätte der Papst nach biblischen

Grundsätzen kein Recht gehabt, die Schenkung anzunehmen. Die Kirche sei eine spirituelle Gemeinschaft der Gläubigen, kein weltlicher Machtverband.

Drei Jahre nach der Niederschrift der »Declamatio« mußte sich Valla vor der Inquisition verantworten. Er machte seinen Frieden mit der Kurie und starb 1457 als hoher päpstlicher Beamter.

Cochläus hatte das Manuskript selbst nur geliehen. Hutten beschwor ihn, eine Abschrift machen zu lassen und ihm nachzuschicken. Der ängstliche Cochläus hat dieses Geschäft dem Würzburger Kanonikus Fischer überlassen, Hutten die brisante Enthüllung in Deutschland erstmals im Druck veröffentlicht. Am 18. Juni verließ er mit einer Reisegesellschaft Bologna und ritt nach Norden.

Dichterlorbeer und Diplomatie

*So weise will ich nicht sein, daß ich gar nichts
mehr vom Glück erhoffe.*

Hutten an Willibald Pirckheimer, 25. Oktober 1518

Augsburg, als Augusta Vindelicorum in der römischen Kaiserzeit Verwaltungssitz der Provinz Raetien, war immer schon gen
Süden aufgeschlossen. In römischer Zeit sicherte eine ausgebau-
te Straße über Reschenpaß und Fernpaß die Verbindung mit
Italien. Zahlreiche Merkurbilder, die man aus Schutt und
Erdreich barg, lassen auf den Rang des antiken Handelsplatzes
schließen. Was im Altertum die politische Bindung an Rom, war
im Mittelalter die merkantile Beziehung zu Venedig, dem Um-
schlaghafen des Orienthandels. Mit Waren und Menschen
wandert die Kultur. Augsburg war die Einfallspforte der Renaissance für Deutschland.

Grundlage der reichsstädtischen Wirtschaft war die Barchent-
weberei, der Barchent selbst ein Mischgewebe aus heimischem
Leinen und importierter Baumwolle. Als die mächtigsten Handelshäuser galten die patrizischen Welser und die aus einfachem
Weberstand hervorgegangenen Fugger. Beide waren längst
schon in den Gewürzhandel eingestiegen, und die Fugger ließen
sich ihre Fürstenkredite mit Erzmonopolen bezahlen. Die Welser erhielten von der spanischen Krone Venezuela als Kolonie
zugesprochen, die sie bis 1556 behaupteten; in Maria Sondheim
bei Arnstein schildert ein Epitaph Loy Herings für den auf einer
Welser-Expedition ermordeten Philipp von Hutten einen India-
nerüberfall am Orinoko.

Unser Hutten stieg Anfang Juli 1517 südlich des Augsburger Doms am Fronhof bei dem kaiserlichen Rat und Stadtschreiber Konrad Peutinger ab. Celtis war dort Stammgast gewesen und hatte die mittelalterliche Kopie einer Straßenkarte des Römischen Reiches dem Gastgeber zu Ehren »Tabula Peutingeriana« genannt. Peutinger, bei dem jahrzehntelang die Fäden der reichsstädtischen Politik zusammenliefen, war wie Reuchlin Jurist und Humanist, freilich weniger philologisch als historisch-antiquarisch beschlagen. Zusammen mit dem kaiserlichen Sekretär Jakob Spiegel, einem Neffen des elsässischen Humanisten Wimpfeling, und dem Hofmathematikus Johann Stab hatte Peutinger den in seiner Lieblingsstadt Augsburg weilenden Kaiser Maximilian zur Dichterkrönung Huttens bewogen.

Den Ausschlag gaben dabei sicher die handschriftlich verbreiteten Epigramme und versifizierten Leitartikel des Poeten zur Italienpolitik. Gleichzeitig sollte aber auch die Familie Hutten, die ja noch mit Herzog Ulrich in Fehde lag, einen kaiserlichen Gunstbeweis erhalten; der alte Ludwig von Hutten weilte ebenfalls in Augsburg, um die Anklage gegen den Württemberger voranzutreiben, und ist dort noch im Sommer verstorben.

1341 war erstmals Petrarca zum Zeichen wiedergeborener klassischer Latinität mit dem apollinischen Lorbeer bekrönt worden, dann Enea Silvio Piccolomini, Celtis und sein Nachfolger auf dem Wiener Lehrstuhl, der gebürtige Schweinfurter Johann Cuspinian. Gegen Mitte und Ende des 16. Jahrhunderts sank der Titel eines Poeta laureatus zur Dutzendware herab. Für Hutten besaßen Kranz, Titel und Urkunde noch magische Kraft der Bestätigung und Erhöhung.

Am 12. Juli setzte Maximilian vor versammeltem Hofstaat dem Dichter den von Peutingers Tochter Konstanze geflochtenen Lorbeerkranz aufs Haupt. Die dazugehörige Urkunde sprach von Huttens Liebe zu den Wissenschaften, seinen gefährlichen und leidvollen Wanderjahren und seinen Schriften, die in aller Hände seien. Hutten erhielt mit dem kaiserlichen Lorbeer nicht

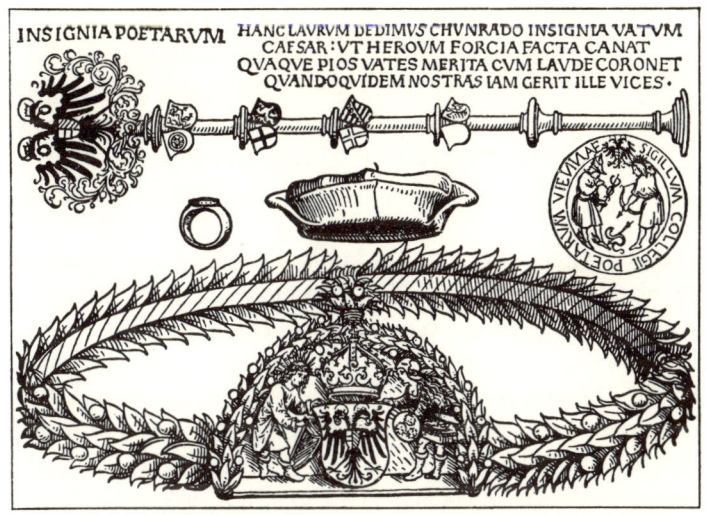

INSIGNIA POETARVM

HANC LAVRVM DEDIMVS CHVNRADO INSIGNIA VATVM
CAESAR : VT HEROVM FORCIA FACTA CANAT
QVAQVE PIOS VATES MERITA CVM LAVDE CORONET
QVANDOQVIDEM NOSTRAS IAM GERIT ILLE VICES ·

SIGILLVM COLLEGII POETARVM VIENNAE MAXIMILIA

30   *Insignien der gekrönten Dichter: Zepter, Ring, Barett, Siegel und Lorbeer-*
kranz. Holzschnitt von Hans Burgkmair, 1505.

nur die Lizenz, an allen Hohen Schulen Poetik und Rhetorik zu
lehren, sondern auch die Rechte eines Doktors der Jurisprudenz,
den Ring eines »eques auratus«, eines goldenen Ritters, sowie
das Privileg, sich vor keinem anderen Gericht als vor dem Kaiser
und seinen Räten verantworten zu müssen.
Mit politisch anzüglichen Versen konnte Hutten dem Kaiser
nach dessen kläglichem Scheitern in Italien nicht mehr aufwar-
ten; diese Lektion hatte er begriffen. Er gab seine nun schon
historisch gewordenen Epigramme und Aufrufe ein Jahr später
in der sogenannten Augsburger Sammlung mit einer Widmung
an Maximilian heraus und begnügte sich für diesmal mit
elegischen Distichen, die das herbstliche Welken der Flora
malten, und schloß:

Ewig allein ergrünt des Phoebus heiliger Lorbeer,
  Bacchischer Efeu allein freut şich des dauernden Laubs.
So, wenn mein Geist seines Wertes bewußt sich nicht täu-
  schet, o Kaiser,
Das dir geweiht ist, das Werk, nimmermehr wird es
  vergehn.

Ende Juli finden wir Hutten in Bamberg, im Haus des Domherrn
Jakob Fuchs; auf dem Weg dorthin wird er sicherlich in
Nürnberg eingekehrt sein und Willibald Pirckheimer kennenge-
lernt haben, für den er Briefe aus Bologna im Gepäck mitführte.
Die Reichsstadt an der Pegnitz muß Eindruck auf ihn gemacht
haben. Bald darauf zitiert er das venezianische Sprichwort, alle
deutschen Städte seien blind, nur Nürnberg sehe auf einem
Auge. In diesem Zusammenhang erwähnt er auch Albrecht
Dürer, den »Apelles unserer Zeit«, der in Italien das deutsche
Ansehen derart gemehrt habe, daß ihm dort manche Maler »ihre
Werke unterschieben, um sie besser verkaufen zu können«.

Hofrat in Mainz

An Erasmus schrieb er aus Bamberg: »Was mit mir geschieht,
weiß ich noch nicht so recht. Die drei, von denen ich sprach« –
gemeint sind Peutinger, Spiegel und Stab –, »laden mich an den
Hof des Kaisers ein, andere reden mir anders zu, etwa nach
Mainz... In Summa, so mich die Götter bewahren und Du uns
zum gemeinsamen Ruhme Deutschlands erhalten bleibst, würde
ich alles ablehnen, könnte ich nur mit Dir zusammen sein, um
mein Talent auszubilden, das Dir zu gefallen scheint. Weißt Du
einen Rat, so laß ihn mich wissen.«
Keinen Menschen hat Hutten davor und danach so umworben
wie Erasmus. Ihm schwebte dabei nicht nur ein Studium bei,
sondern auch eine Waffenbrüderschaft mit dem verehrten Mei-

ster vor, ein aktives Reformstreben in Kirche, Politik, Wissenschaft und Literatur. Aber genau davor mußte eine so diplomatisch lavierende Natur wie Erasmus zurückzucken. Wir wissen von keiner aufmunternden Antwort an den stürmischen Alkibiades. Hutten schrieb in Bamberg seine schon skizzierte vierte Rede gegen Ulrich von Württemberg und ritt dann über den heimatlichen Steckelberg nach Steinheim am Main. Dort weilte Kurfürst Albrecht in der Sommerfrische. Anfang September erhielt der Poet seine Berufung in den kurmainzischen Hofrat.

Neben dem Hofmarschalk Frowin von Hutten hatte sich vor allem der Leibarzt Albrechts, Heinrich Stromer, für ihn eingesetzt. Stromer, der sich nach seinem Geburtsort in der Oberpfalz auch Auerbach nannte, heiratete später nach Leipzig. Dort baute er den Auerbachshof, eine Art Messehalle mit Verkaufsräumen, Stallungen und dem durch Goethes »Faust« berühmt gewordenen Auerbachs Keller; der »Faust«-Sage nach ritt der Schwarzkünstler dort auf einem Weinfaß zur Tür hinaus.

Der kurmainzische Hofrat war eine Art Zentralbehörde, zu dem ständige Räte in der engsten Nachbarschaft des Fürsten und Räte »von Haus aus« gehörten, die meist mit Sonderaufgaben betraut wurden. Zu letzteren gehörte Hutten, der 200 Gulden Jahresgehalt bezog und an der Hoftafel verpflegt wurde.

Die erste diplomatische Mission, mit der Hutten beauftragt wurde, wird ihm wenig geschmeckt haben. König Franz von Frankreich spekulierte nach dem Tode Maximilians auf die Kaiserkrone. Dem Bruder Albrechts, dem Brandenburger Joachim, zahlte er deswegen schon Subsidien; nun sollte auch der Reichserzkanzler, der dem Wahlkolleg der Kurfürsten präsidierte, gewonnen werden. Im Begleitschreiben für Hutten ist von dessen »plenaria potestas«, seiner Vollmacht, die Rede; er hatte aber nicht mehr zu verhandeln, sondern nur noch abzuschließen. Von Ende Oktober bis Ende Dezember hielt Hutten sich in Frankreich auf, er wurde vom König empfangen und kam in Paris mit dem berühmten Rechtsgelehrten und Gräzisten Guil-

31 *Die um 1480 errichtete Martinsburg in Mainz war eine Wasserburg, unmittelbar am Rhein gelegen. Sie wurde in napoleonischer Zeit abgebrochen.*

laume Budaeus und anderen prominenten Humanisten zusammen. Budaeus hat darüber an Erasmus berichtet und den fränkischen Ritter als einen Mann gelobt, der sich »durch Adel und Großmut auszeichne«. Hutten erwiderte mit dem Kompliment, die Franzosen seien das höflichste und gastfreieste Volk Europas.

Ein paar Wochen später hat Hutten in seiner Türkenrede die eben von ihm abgeschlossene Allianz unverantwortlich, ja verbrecherisch genannt und mit dem Mainzer Gesandten des Maximilian-Enkels Karl, dem energischen Paul von Armstorff, die Kandidatur des Habsburgers unterstützt. Im Frühjahr 1518 zog er mit Albrechts Gefolge in die magdeburgische Stiftsresidenz Halle. Dort besprach er mit seinem Fürsten einen Aufruf zum Türkenkrieg und kehrte Ende März nach Mainz zurück. Er hatte sich inzwischen Hoftracht, Rüstung und Pferd angeschafft.

In Mainz fand Hutten einen Brief des Grafen Hermann von Neuenahr vor, der sich, obwohl Kanonikus, dann Dompropst zu Köln, zum Humanistenorden zählte. Beigefügt war dem Brief eine Klageschrift Hoogstraetens gegen Reuchlin und Genossen. Hutten antwortete dem Grafen, er habe die Verleumdungen des Dominikaners mit Vergnügen gelesen. Je frecher seinesgleichen auftrete, desto eher werde den Deutschen ein Licht über Leute dieses Schlags aufgehen. In Italien habe er zu seiner Beschämung oft den Vorwurf hören müssen, was sich seine Landsleute von den Mönchen noch alles gefallen ließen. Zwei Pfaffen trieben es besonders unverschämt, ein Peter Meyer aus Frankfurt und ein Bartholomäus Zehender in Mainz, der ihn, Hutten, sogar von der Kanzel herab geschmäht habe. Dem Aussehen nach gleiche Zehender einem Skorpion, stets bereit, Gift zu verspritzen. Er wirke aber nur beim Pöbel, alle Gebildeten haßten ihn. Der Kampf gegen Reuchlins Widersacher und die inneren Feinde der Christenheit sei dringender als der gegen die Türken, schweigende Verachtung allein genüge nicht mehr.

Und dann blitzt in diesem Brief vom 3. April 1518 erstmals, verächtlich, noch ohne Namensnennung, der von Luther entfachte Ablaßstreit auf. Hutten erinnert Neuenahr zunächst an den Zwist der Dominikaner und Franziskaner über die unbefleckte Empfängnis Mariens und fährt dann fort: »Nun aber, was Du vielleicht noch nicht weißt, ist zu Wittenberg in Sachsen eine Partei gegen die Gewalt des Papstes aufgetreten, während die andere den päpstlichen Ablaß verteidigt... Mönche stehen an der Spitze der Kämpfenden. Die Heerführer selbst sind rasch und hitzig... Die Buchdrucker bekommen zu tun... So, hoffe ich, werden sie sich gegenseitig zugrunde richten. Ich selbst habe neulich einem Ordensbruder, der mir die Mitteilung machte, geantwortet: Fresset einander, damit ihr voneinander gefressen werdet.«

Während seiner knapp anderthalbjährigen Tätigkeit im Hofrat mußte Hutten auch in den Finanzstreitigkeiten zwischen Kurfürst und Domkapitel vermitteln. Dabei gewann er Einblick in die katastrophale Schuldenlast, die das Erzstift drückte, hauptsächlich eine Folge der nicht abreißenden Annatenzahlungen an Rom. Diese Einsicht klingt auch in der Türkenrede an, die er in Absprache mit Albrecht dem Kaiser und den Fürsten auf dem Augsburger Reichstag vorlegen wollte und Ende Mai abschloß. Seit der Eroberung Konstantinopels waren die Türken auf dem Balkan wie im Mittelmeer stetig nach Westen vorgedrungen. Ein päpstlicher Plan sah nun einen abendländischen Kreuzzug, eine gewaltige Gegenoffensive auch mit Hilfe der Seerepubliken Genua und Venedig vor, deren Kosten auf zwanzig Millionen Gulden beziffert wurden. Hutten bejahte den Türkenkrieg, aber nicht unter päpstlicher Führung, sondern unter kaiserlichem Oberbefehl. Die Fürsten des Reiches rief er zu Einigkeit auf, sie sollten endlich mit ihren Rangeleien um Territoriengrenzen und Eifersüchteleien in Rangfragen aufhören. Und dann folgt, sieben Jahre vor Ausbruch des Bauernkriegs, eine ernste Warnung: »Wißt ihr, wie das Volk darüber denkt? Daß es sich von euch wohl beherrschen, aber nicht verderben lassen will.« Sollte der Unmut der Nation aber erst einmal zu einer Volkserhebung anschwellen, werde man keinen Unterschied mehr zwischen Schuldigen und Unschuldigen machen.

»Das Reich ist unser Körper, die Fürstenschaft das Haupt, wir sind die Glieder. Das Haupt ist krank; Raub, Mord und Totschlag entspringen ihm ... Manche nennen uns Ritter Wegelagerer. Aber die Fürsten lehren uns zu rauben, und sie zwingen uns dazu, indem sie uns in ihren Sold nehmen.« Im Ausland würden die Deutschen zwar als tüchtige Raufbolde, nicht aber als geschickte Krieger angesehen werden. Sie vergeudeten ihren Kräfteüberschuß in Jagd, Turnier und Kleinkrieg. Gehe es aber

❧VLRICHI

HVTTENI AD PRINCI⸗
PES GERMANOS VT
BELLVM TVRCIS
INFERANT
EXHORTATORIA.

INSVNT quæ priori editione ex⸗
empta erant, uide & adficieris.

APVD AVREAM MO
GVNTIAM.

Ii. Eobano Heſſo. Poetæ Amico.
D acceptū ab Eobano. Jonas DD.
Caſpari. Muller. Cancellario
in Camerlis ſponſoe

---

32 *Titelblatt von Huttens »Ermahnung an die deutschen Fürsten zum Türken-*
krieg« mit eigenhändiger Widmung an Eoban Hesse.

ums Vaterland und um die Religion, sei nirgends Eifer zu spüren. Denn nicht nur Einigkeit, auch Besonnenheit sei nötig, nüchternes Ratschlagen und planmäßiges Handeln. Auch hier gingen die Großen wieder mit schlechtem Beispiel voran, wenn sie auf den Reichstagen söffen, spielten und schlemmten. Zumindest in diesem Krieg gegen den Türken sollten sie sich einem, dem Kaiser, unterordnen. »Freiheit aber nennen wir es, uns nicht ums Reich zu kümmern...«

Der Großteil der Kreuzzugskosten sollte nach päpstlichen Vorstellungen mit einem dreijährigen Türkenzehnten der Geistlichkeit und der weltlichen Lehensträger finanziert werden, während die Fürsten nach Belieben zahlen konnten. Hutten ist damit grundsätzlich einverstanden, meint aber, besser sei es, das Geld fließe von Rom nach Deutschland als umgekehrt. Vielleicht wolle sich die Kurie bei dieser Gelegenheit nur wieder einmal durchs Schröpfen der Deutschen sanieren. Unvergessen sei, wie die Päpste Salier und Staufer durch ihre Ränke von Kreuzzügen in den Orient hätten zurückhalten wollen. »Darum, wenn ich freimütig sagen soll, was ich denke, so habt ihr in diesem Krieg eben so sehr gegen Rom als gegen Asien auf der Hut zu sein.« Auf keinen Fall dürften die Deutschen nach dem Feldzugsplan und dem Rat der Kardinäle vorgehen.

Neben ihrer wachsenden Gereiztheit gegen Rom verrät die Türkenrede einen stark antifürstlichen Affekt, wie er ja auch schon in den Reden gegen Ulrich von Württemberg durchschlug. Nicht zu Unrecht, aber einseitig lastete der Ritter die Uneinigkeit der Nation den Fürsten an. Von der ständischen Gliederung des Reiches wollte und konnte auch er nicht lassen; dessen Verfassung mit all ihren partikularistischen Tendenzen war vorgegeben. Den Kaiser sah auch er nicht als einen Souverän, sondern vorrangig als Bewahrer ständischer Freiheiten, allenfalls als Herzog aller im Fall eines großen Krieges. Selbst eine im Ansatz zentralisierende Institution wie das Reichskammergericht stieß bei Hutten auf Bedenken, ja Ablehnung. Er blieb hier in seinem

Zwiespalt von reichsritterlichem Selbstbewußtsein und nationalem Einheitswollen stecken.

Als Hutten im Gefolge Albrechts zu den Reichstagsverhandlungen in Augsburg eintraf, rieten ihm Peutinger und andere dringend von einer Veröffentlichung seiner Türkenrede im vollen Wortlaut ab. Nachdem die anstößigsten Stellen, vor allem gegen Rom, gestrichen waren, wurde die Rede im Herbst gedruckt und dem Kaiser vorgelegt. Auf die Verhandlungen selbst hat sie nicht eingewirkt. Auch ohne Huttens Zutun kam die Opposition gegen die Kurie in Augsburg stürmisch zum Ausbruch. Der päpstliche Gesandte, der Kardinal Jacob de Vio aus Gaëta, genannt Cajetanus, mußte schon zu Beginn auf den Türkenzehnten verzichten: Damit war das Projekt gescheitert. Hutten veröffentlichte 1519 seine ungekürzte Türkenrede auf eigene Faust und rechtfertigte im Vorwort seine Ausfälle gegen Rom, das die Deutschen knelbe: »Darum möge man uns freiwillig etwas Freiheit geben, damit wir uns nicht mit Gewalt alles nehmen.«

Hutten ignoriert Luther

Als bloßes Mönchsgezänk erschien Hutten damals noch immer der von Luther entfachte Ablaßstreit, verräterisch genug für einen, der später als streitbarer Held der Reformation ins bildungsbürgerliche Geschichtsbewußtsein einging. Das Luther-Denkmal in Berlin stellte ihn zusammen mit Sickingen als Waffengefährten des Reformators dar. Dabei war schon Strauß in seiner Hutten-Biographie von diesem Bild abgerückt. In einem Brief an Friedrich Theodor Vischer vom 24. Dezember 1857 bekannte er: »Hutten besaß eigentlich die religiöse Ader gar nicht«, und fragte dann: »Du schreibst gewissermaßen tadelnd von seinem antikisierenden Tugendbegriff. Aber was haben denn wir? Doch nicht den lutherischen Glauben?«

Wie bei anderen Humanisten, etwa Crotus, Mutian, Pirckheimer, die einem gänzlich unorthodoxen Christentum anhingen, den Schein der Kirchlichkeit jedoch wahrten und, von Luthers Radikalität abgestoßen, zum Schluß lieber in der alten Kirche blieben, mengten sich bei Hutten überkommene christliche Gottesvorstellungen mit dem Anruf der Götter des Olymp. Am überzeugendsten wirkt bei ihm freilich der antike Schicksalsglaube, das Fatum, das stoisch ertragen, Fortuna, die immer wieder umworben und bedrängt sein will. Hutten ist ein Stück Weges mit Luther gegangen. Seine Rechtfertigungstheologie aus dem Glauben hat er sowenig angenommen wie den Gnadenschatz der älteren Kirche gebraucht.

Mit der Ablaßkampagne in der Kirchenprovinz Magdeburg war der in diesem Geschäft erfahrene Dominikaner Johann Tetzel beauftragt worden. In hellen Scharen liefen ihm die Leute, vor allem die Frauen, auch aus dem kursächsischen Wittenberg zu. Was Tetzel in seinen Predigten genau gesagt hat, ist nirgends aufgezeichnet; marktschreierisch und bedenklich genug wird es gewesen sein. Jedenfalls war Luther als Professor und Seelsorger entsetzt über das, was seine Beichtkinder ihm zu Hause erzählten. Im Spätherbst 1517 stellte er, wie unter Gelehrten üblich, den Ablaß in 95 Thesen zur Diskussion und schickte ein Exemplar an den Mainzer Erzbischof mit dem Hinweis, wie bedenklich die Praxis der erkauften Befreiung von zeitlichen Sündenstrafen sei. Albrecht, der sich sein, so wörtlich, »heiliges Geschäft« nicht verderben lassen wollte, gab das Papier an seine geistlichen Berater weiter, die eine einzige These als anfechtbar herauspickten, nämlich die von der fraglichen Ablaßgewalt des Papstes. Rom sollte entscheiden.

Aber inzwischen hatte sich die Öffentlichkeit der Sache bemächtigt. Nicht die angesprochenen Theologen, sondern die Laien antworteten Luther. Seine Thesen wurden übersetzt, vervielfältigt, in alle Winde verschickt und liefen, wie ihr Verfasser überwältigt feststellen mußte, »in vierzehn Tagen schier durch

33 *Der Ablaßhandel entzündete mit Luthers Protest die Reformation in Deutschland. Zeitgenössischer Holzschnitt.*

ganz Deutschland«. Luther hatte, wie er später sagte, der Katze die Schelle umgebunden. Mit einem deutsch geschriebenen Sermon, einem Gespräch über Ablaß und Gnade, setzte er noch eins drauf. Der Ablaß sei allenfalls etwas für die faulen Christen, die guten leisteten wahre Buße und hofften auf Gnade ihres Glaubens wegen. Wer etwas anderes behauptete, der »sucht deine Seele in deinem Beutel«.

Die Dominikaner schlugen Alarm. Der Ingolstädter Theologe Dr. Johannes Eck roch hussitische Ketzerei und spielte den ganzen Handel geschickt auf das Feld päpstlicher Autorität: 1343 hatte Klemens VI. in Avignon in der Bulle »Unigenitus« die Ablaßpraxis festgeschrieben, der kirchengeschichtlich unbedarfte Luther davon nichts gewußt. Die Kurie forderte Verhaftung und Auslieferung. Der Kaiser entschied, der Beklagte solle sich erst einmal auf deutschem Boden verantworten.

Nur ein Nachspiel des Augsburger Reichstags war dann die Begegnung Luthers mit Cajetan. Für den Kaiser hatte der Legat einen geweihten Degen, für den Erzbischof Albrecht den Kardinalshut mit über die Alpen gebracht. Von den deutschen Für-

sten, auch den geistlichen, hatte er sich einen langen Sündenka-
talog der anmaßenden, begehrlichen römischen Finanzwirtschaft anhören müssen. Das hatte ihn bedrückt. Cajetan war ein
feinsinniger Gelehrter, ein gewiegter Diplomat, in seiner Lebens-
führung untadelig. Die groben Deutschen erschreckten ihn. Und
da war nun noch diese leidige Angelegenheit des Wittenberger
Mönchleins, der gefährliche Ablaßthesen veröffentlicht hatte.
Eigentlich sollte man kurzen Ketzerprozeß mit ihm machen.
Aber hinter ihm stand sein Landesherr, der Kurfürst Friedrich
der Weise von Sachsen, ein sonst getreuer Sohn der Kirche, der
vom Papst dazu ausersehen war, notfalls gegen den gefürchteten
Habsburger Karl als Kandidat für die Kaiserkrone aufzutreten.
Einen Ketzerprozeß konnte man sich da im Augenblick nicht
leisten. Cajetan wollte gut zureden, überzeugen, notfalls ein
bißchen einschüchtern. Aber die Unterredung im Fuggerhaus
am Weinmarkt geriet zäher als erwartet. Der eine ermahnte zum
Widerruf, der andere bat um Widerlegung; der eine pochte auf
die päpstliche Ablaßbulle, der andere auf die Heilige Schrift.
Zum Schluß drohte der Kardinal mit dem Bann. Luther blieb
hart. Widerrufen könne er nur, »falls mir mein Gewissen das
irgend erlaubt«. Das war, bewußt oder unbewußt, sein Bruch
mit Rom. Als man ihn fragte, wo er denn unter Bann und
Verfolgung bleiben wolle, erwiderte er: »Sub coelo«, unterm
Himmel.
Hutten hatte sich in diesen Herbstwochen zwar allerlei Klatsch
über den Kurienkardinal zutragen lassen, der unterm nor-
dischen Himmel fröstelte, von Luthers Streit aber nur mitbe-
kommen, »wie wacker die Theologen gegeneinander loszie-
hen«. Daß Rom mit seinen Geldforderungen und seinem Feldzugsplan auf dem Reichstag gescheitert war, mochte ihm beha-
gen; daß die Fürsten den Türkenkrieg weiter auf die leichte
Schulter nahmen, verdroß ihn. Aber er hatte einstweilen andere
Sorgen, er hatte sich zu einer Radikalkur gegen sein heimtük-
kisch immer wieder aufbrechendes Leiden entschlossen.

Vor ein paar Jahren hatten Spanier erstmals das harzreiche Holz des immergrünen Gujakbaumes als indianisches Heilmittel gegen die Lustseuche nach Europa importiert. Fugger und Welser witterten ein Geschäft und ließen die Werbetrommel für das Franzosenholz, das lignum sanctum, das heilige Holz, rühren. Hutten, dem Thermen, Schwefelbäder, Schmierkuren mit Quecksilber bisher nur kurzfristige Linderung gebracht hatten, versuchte nun sein Glück mit dem exotischen Wundermittel. Daß er diese Roßkur überhaupt gewagt und überstanden hat, spricht für seine zähe Natur.

Vierzig Tage lang mußte er in einem mäßig geheizten, nahezu luftdicht abgeschlossenen Zimmer fasten und den bitteren Holztee trinken; noch einmal so lange dauerte es, bis die mit Gujaksud behandelten Geschwüre am Bein geheilt schienen. Danach fühlte er sich wie neugeboren. Er wähnte sich geheilt und berichtete in einer eigenen Schrift über seine guten Erfahrungen mit dem Holz des Lebens. Wie unbefangen damals die Zeitgenossen das Geschlechtsleiden nahmen, bewies der Augsburger Domherr Johann von Wirsberg, der stundenlang bei dem Patienten in der Stube saß, »auch wenn ich von dem abscheulichen Leiden ekelhaft stank«. Hutten konnte seinen Traktat über »Das Heilmittel Gujak und die Franzosenkrankheit« ungeniert seinem Fürsten, dem Kardinal Albrecht, widmen, und der als Satiriker bekannte Barfüßermönch Thomas Murner brachte eine deutsche Übersetzung heraus. Skeptisch beurteilte das Wunderholz Paracelsus, der von einem Holzmarkt sprach, an dem nur die Fugger, nicht aber die Kranken gesundeten.

Wie sich damals die Lebensgeister in Hutten wieder regten, welche Hoffnungen ihn strafften, verrät der Brief, den der Dreißigjährige am 25. Oktober aus seiner Krankenstube an Willibald Pirckheimer schrieb, eines der großen, bewegenden Lebensdokumente unserer Literatur.

Im August hatte der Poet in seinem Dialog »Aula« seine knapp anderthalbjährigen Erfahrungen im Fürstendienst erörtert. Gesprächspartner waren der junge optimistische Castus, der vom Hof eine Schule praktischer Lebenskunst erwartet, und der griesgrämig gewitzte alte Misaulus, der das Hofleben mit einer Meerfahrt vergleicht, bedroht von Klippen, Stürmen und Piraten, mit der Hofgesellschaft als neidisch-unzuverlässiger Bordmannschaft. Dem Castus, der seine prächtige Hoftracht bewundert, entgegnet Misaulus, er habe sich in seinen alten Lumpen wohler gefühlt, denn damals sei er frei gewesen, jetzt ein Sklave der Fürsten, die mehr Gefallen an hirnlosen Athleten fänden als an kleinen, mageren Männern, seien sie auch noch so klug. Aber Castus bleibt dabei: Das Wissen von uns allen, die wir im Schatten, also abseits der Politik, philosophieren und uns nicht zu Taten erheben, ist ein Nichtwissen.

Mochte Hutten für den rasch hingeworfenen Dialog auch die Schrift des Enea Silvio Piccolomini über die Leiden der Höflinge benutzt haben, so entwickelt er hier doch ganz ihm eigene Gedankengänge. Licht und Schatten des Hoflebens, Hoffnungen und Erfahrungen beider Dialogpartner bewegen ihn selbst. Und als Pirckheimer in seinem Antwortbrief auf den übersandten Dialog sich ironisch über die kecke Jugend, schnell fertig mit dem Wort, äußerte und Hutten riet, dem Dienst adieu zu sagen und sich in aller Muße humanistischen Studien hinzugeben, raffte sich dieser zu einer respektvoll-entschiedenen Entgegnung, mehr noch, zu einer Lebensbeichte, einem Lebensplan auf.

Sein zwölf Jahre dauerndes Wanderdasein, schrieb er dem Patrizier im sicheren Port, in dessen Verlauf er zwar viel gesehen und erfahren habe, genüge ihm nicht, »denn dies war nur das Vorspiel des Lebens ... und wie ich mir bewußt bin, schon in den Wissenschaften ein Verdienst erworben zu haben ... so zweifle ich nicht daran, auch noch in großen Dingen Ruhm zu erlangen«. Auf seine Studien, auf seinen Kampf gegen Barbaren und

BILIBALDI·PIRKEYMHERI·EFFIGIES
·AETATIS·SVAE·ANNO·L·iii·
VIVITVR·INGENIO·CAETERA·MORTIS·
·ERVNT·
·M·D·XX·iV·

34 *Willibald Pirckheimer. Kupferstich von Albrecht Dürer aus dem Jahr 1524.*

theologische Windbeutel werde er auch im Gelärm des Hofes nicht verzichten, im Gegenteil. »Ich fürchte mich davor so wenig, daß ich nicht nur vor ihrem Haß nicht fliehe, sondern ihn sogar bewußt auf mich ziehe. Mögen sie nur hassen, ich werde derweil dafür sorgen, daß sie mich auch fürchten... Unterdessen wollen wir es dem Holz der Palme gleichtun und uns um so hartnäckiger aufstemmen, je mehr uns jene zu unterdrücken suchen...«

Dann folgt der schon eingangs zitierte Vergleich des adeligen Landjunkerlebens mit dem geruhsamen Dasein eines Stadtbürgers. Ihn selbst treibe keine Lockung der Wollust oder bloße Neugierde an den Hof, sondern blanke Notwendigkeit, die Sorge um seinen Lebensunterhalt. Der Freund brauche ihm nicht warnend den Angelhaken des Hoflebens vorzuhalten, er werde ihn nicht schlucken, sondern nur den Köder davonstibitzen. »Sei nur guten Mutes, ich bin mir sicher und bleibe mir treu.«

Aber nicht nur die Sorge ums Auskommen lasse ihn am Hofe verharren. Seine Familie, sein ganzer Stand schaue auf ihn und erhoffe viel von ihm. Wenn er nichts versuche, nichts leiste, könnten diese meinen, das Studium erschlaffe den Mann. Und überhaupt, wenn er, Pirckheimer, irgendwo ein besseres, sichereres Leben kenne, so solle er ihn am Ohr zupfen und es ihm zeigen. »Mir, dem jene tägliche Wanderschaft eine gewisse Urteilskraft verliehen und viele Irrtümer beseitigt hat, scheinen alle Dinge voll von Jammer und allen möglichen Tragödien zu sein, und wohin ich mich wende, sehe ich nichts, was sicher und ruhig ist.«

Noch sei er zu jung, zu wenig erfahren, ja, zu ehrgeizig auch, um sich aus der Welt zu flüchten und sich einem epikuräisch behaglichen Leben hinzugeben. »Du sollst wissen, daß ich nicht richtungslos nach verschiedenen Seiten hin schwanke, sondern mir etwas vorgenommen habe, und daß es etwas gibt, an dem ich zäh festhalte, wohin ich den Bogen meines Lebens ziele, wohin ich freiwillig und absichtlich trachte, wobei ich aber daran verzweifle, ohne fremde Hilfe mein Ziel zu erreichen. Daher, Willibald, verlange ich die Speise aus diesem Netz als Wegzehrung... Für den Augenblick aber möge dir genügen, was ich immer wiederhole, daß ich zum Hofleben mit Notwendigkeit gezwungen werde.« Der Freund, so fährt er fort, solle nicht an ihm zweifeln. »Denn ich werde mich bemühen, immer Hutten zu bleiben und niemals als ein Flüchtling vor mir selbst zu erscheinen, sondern mit Gleichmut die unebene Straße des Lebens zu ziehen... Läge es in meiner Macht, die Übel zu fliehen, welche würde ich früher fliehen wollen als die des Körpers, ich meine die Krankheiten, die mich manchmal bewegen, aber nie fortbewegen? Wenn sie meinen Geist untergraben könnten, hätten sie mir schon alle Lust auf die Studien geraubt, da ich mir nicht durch die Unmäßigkeit meines Lebenswandels – wie alle, die mit mir verkehren, wissen –, sondern durch Studium und Wanderungen eine Magenschwäche zugezogen und die Gesundheit meines Körpers vernachlässigt habe. Ich habe viele Widrigkeiten auf meinen Fahrten ausgehalten, bald Kälte und sengende Hitze, bald Hunger und noch öfter Durst und manchmal schwere Erschöpfung auf der Reise erlitten. Dazu kam infolge allzu heftigen Blutverlustes aus meinen Wunden eine allgemeine Schwächung meines Körpers und Minderung meiner alten Kraft. Die anderen Schreckgespenster, die du heraufbeschwörst, machen mir gar keinen Eindruck. Denn wer gefaßten Geistes ist, findet überall Ruhe, Abgeschiedenheit und Einsamkeit. Was unsere Ohren umschwirrt, hat nichts mit unserem Geist zu tun.« Dann verweist Hutten auf seine zahlreichen Briefe und Schriften, die während des Mainzer Jahres hinausgingen, auch auf die im Druck verstümmelte Türkenrede. »Und dies bedaure ich, daß ich im Augenblick nicht schreiben kann, was am meisten nottut... Und zwar nicht durch meine Schuld, sondern die Schuld derer, die es nicht ertragen können, daß ihre Sache offen behandelt wird. Ein so verhaßtes Gut ist heute die Freiheit. So sehr hat Deutschland aufgehört, Deutschland zu sein.«

Alt werde er bei Hofe nicht, darauf könne sich der Freund verlassen. Freilich sei hier auch »Fortuna im Spiel, wie überall und in allem... So weise will ich nicht sein, daß ich gar nichts mehr vom Glück erhoffe. Schon habe ich mich angeklammert und halte mich an das Rad... Es kann mich auf die Höhe führen, sicherlich nicht tiefer hinab. Wohin sollte es auch gehn? Was ich mit ihm gemein habe, bedeutet mir nichts, was aber in Wahrheit mein Eigen ist, kann es mir nicht rauben... Da alle Würde für mich vom Geist kommt und im Geiste beschlossen ist, so bleibt meine Erfahrung, daß Fortuna keine Gewalt darüber hat. Sie kann meinen Adel zwar herrlich mehren, aber keineswegs mindern...«

Und dann zieht Hutten noch einmal alle Register, zieht er die Summe seiner Erkenntnis: »Ich sehe, daß alles, was dem Menschen äußerlich anhängt, den Zufällen ausgesetzt ist. Ich begehre Ehren, wenn es möglich ist, ohne Neid zu erregen, aber wenn das nicht möglich ist, so trotzdem und auf jeden Fall. Ich habe keinen geringen Hunger nach Ruhm, ein Adliger zu sein, soviel in meinem Charakter liegt, aber wehe mir, Willibald, wenn ich mich als adlig ansehen wollte, ohne diesen Namen durch eigene Leistung zu verdienen... Nicht daß ich meinen Familienstand fördern wollte, anderswo schürfe ich nach der Quelle des Adels und trinke aus ihr. Glaube nicht, daß ich mit einer Ahnengalerie oder meinem Familienerbe zufrieden bin, ich möchte beide noch für meine Nachwelt erhöhen... Dieser Adel, der so ganz auf Zufall beruht, ist wertlos, und ich habe kein Verlangen nach ihm.«

Noch einmal beschwört er Fortuna, die in antikem Stoizismus nicht verehrte, aber anerkannte Göttin, die wahre Herausforderung, den ungewiß blinkenden Leitstern seiner stürmischen Lebensfahrt: »Ich weiß, sie ist eine blinde Göttin, eine unvernünftige Führerin, die Königin aller Unruhen und Veränderungen, die sich tollkühn und unbeständig gebärdet. Sie ist flüchtig und schwankend, veränderlich, launisch, treulos, unsicher und unstet...« Aber, und das trifft den Wesenskern aller Hutten-schen Radikalität, hier triumphiert doch der Humanist über den Ritter und Politiker: »Ich kann gleichzeitig nach Ehren trachten und sie verachten.«

Zum Schluß seines Briefes erzählt Hutten von den Augsburger Freunden und Gästen in seiner Krankenstube, darunter Graf Ulrich von Helfenstein, der kaiserliche Rat und Jagdgenosse Maximilians auf der Gamspirsch, Jakob von Bannisis, und der eben nach Augsburg verpflichtete Basler Münsterprediger Johann Oekolampadius, ein gebürtiger Weinsberger und, so Hutten, »ein Theologe mit scharfen Zähnen, die so eifrig die Schriften aller drei Sprachen verzehren, daß ihn jene bekannten zahnlosen Gesellen drum beneiden«.

Budaeus in Frankreich und Erasmus in Deutschland aber seien heutzutage als verdoppelter Herakles erschienen, der eine wider die Gesetzeskrämer, der andere wider die theologischen Dunkelmänner. »O Jahrhundert, o Wissenschaft! Es ist eine Lust, zu leben, wenn auch noch nicht in stiller Muße. Die Studien blühen, die Geister regen sich. Barbarei, nimm dir den Strick und mach dich auf Verbannung gefaßt!«

Der große Lebensbrief an Pirckheimer erschien noch im November 1518 als selbständige Schrift im Druck mit dem aufmunternden Motto: »Drin gibt's was Neues, Leser, etwas Fröhliches. Lies und lebe wohl.«

Ein literarischer Handstreich

Nach seiner offensichtlich erfolgreichen Kur ritt Hutten noch im Spätjahr zu den Eltern auf dem Steckelberg. Den Winter über war er hier rastlos tätig. Zunächst gab er seine bisher nur verstümmelt gedruckte Türkenrede in vollem Wortlaut heraus und stellte ihr eine Zuschrift an alle freien und wahren Deutschen voraus. Wohlmeinende Freunde hätten ihn gewarnt, Rom könne Anstoß an einigen Stellen nehmen. Aber Furcht ums eigene Leben sei kein Grund, dem Vaterland den Dienst aufzusagen. Falls Gefahr drohe, verlasse er sich auf seine Landsleute, für die er ja geschrieben habe.

Die Unterdrücker deutscher Freiheit, so mahnt er zum Schluß, sollten es nicht zum Äußersten treiben: »... wenn es einen gibt, welcher die deutsche Freiheit so vernichtet wünscht, daß wir gegen kein Unrecht, keine Schmach mehr protestieren dürfen, der mag zusehn, daß nicht jene so geknebelte und fast erwürgte Freiheit einmal, zu der Unterdrücker größtem Schaden, plötzlich ausbreche und sich wieder aufraffe. Wieviel klüger wäre es, verständig angesehen, wieviel geratener selbst vom Standpunkt unserer Unterdrücker aus, ihr immer noch etwas Atem zu lassen und sie nicht gar zu heftig zu würgen, als es dahin treiben zu lassen, daß sie im Gefühl drohenden Erstickens sich gewaltsam durch einen zerstörerischen Ausbruch Luft machen muß. Denn einfangen und leicht binden läßt sie sich wohl, zumal wenn es einer geschickt und schlau anzustellen weiß; umbringen und abschlachten aber läßt sie sich nicht, und sie ganz zu vernichten ist unmöglich. Darum möge man uns freiwillig etwas Freiheit geben, damit wir uns nicht mit Gewalt alles nehmen.«

Ebenfalls auf dem Steckelberg entstand wahrscheinlich der erste Dialog »Febris«, in dem er die Geistlichkeit, voran den armen Kardinal Cajetan, attackiert. Hutten bittet da das Fieber, das ihn befallen hat, auszuziehen und sich eine bessere Herberge zu suchen, eben den Kardinal, der unterm Vorwand des Türkenkrieges den Deutschen wieder einmal ihr Geld abluchsen wolle. Bei dem Kardinal habe das Fieber ein üppigeres Leben, schließlich sei Cajetan ein Feinschmecker, dem in Deutschland nichts munde und dem unser Wein Tränen entpreßt habe. Gute Quartiere böten aber auch Mönche und feiste Domherren; diese hätten durch Reiten und Jagen zwar mehr Bewegung als die Mönche, glichen dies aber durch Buhlen und Prassen wieder aus.

Im Geleitwort zur Türkenrede hatte er schon auf die gefälschte Konstantinische Schenkung hingewiesen. Nun bereitete Hutten den Druck der Vallaschen Schrift »De donatio Constantini« vor. Das Datum der Vorrede vom 15. Dezember 1517 ist jedoch fiktiv, genauso der angegebene Druckort Steckelberg. Das Buch kam erst Ende 1519 oder Anfang 1520 heraus, und daß Hutten, wie gelegentlich zu lesen, auf der väterlichen Burg eine Druckerei eingerichtet habe, ist eine der zähen historischen Legenden.

Seine Vorrede zu der so lange unterdrückten, verschwiegenen Aufklärungsschrift Lorenzo Vallas geriet ihm zu einem literarischen Handstreich: Er widmete das Werk Papst Leo X. Sarkastisch feiert Hutten den Papst als einen Friedensfürsten, »und da wir den Frieden haben, dürfen wir auch forschen«. Aber als Beweis seiner Redlichkeit müsse Leo jetzt auch auf alle angemaßte weltliche Macht verzichten: »... es kann kein Friede zwischen Räubern und Beraubten sein ohne die Rückgabe des geraubten Gutes.«

Das war schon reichlich unverfroren für einen, der im Dienst des mächtigsten geistlichen Reichsfürsten und von Leo frisch ernannten Kardinals stand.

Noch hielt Albrecht die Hand über ihn. Eitelwolf vom Stein hatte Mainz zu einer Hochburg humanistischer Gelehrsamkeit ausbauen wollen. Hutten, in seine Pläne eingeweiht, wollte und sollte in diesem Sinne weiterwirken. Er und Erasmus verfaßten die Vorreden zu der großen Mainzer Ausgabe des römischen Historikers Livius, der ersten nördlich der Alpen. Albrecht lud den berühmten Erasmus selbst mehrmals an seinen Hof und ließ ihm über Hutten ein silbervergoldetes Trinkgeschirr zukommen. Dieser hatte sich derweil in Harnisch geworfen und war, diesmal freiwillig, zu den Fahnen geeilt.

Im Januar 1519 war der alte Kaiser Maximilian gestorben. Während der Trauermahlzeit am Stuttgarter Hof erfuhr Herzog Ulrich, daß zwei Reutlinger Bürger seinen Burgvogt auf der Achalm erschlagen hatten, einem Bergkegel unweit der Reichsstadt. Der Herzog tobte. 1388 war sein gleichnamiger Vorfahre in einer Schlacht gegen die Städter bei Reutlingen gefallen. Die Streitereien zwischen den Bürgern und der Besatzung auf der Achalm rissen seither nicht ab. Jetzt schien die Gelegenheit zur Rache günstig. Der Kaiser war tot, seine Nachfolge zwischen Franz von Frankreich und dem landfremden Enkel Maximilians, Karl, umstritten. Ulrich nahm Reutlingen nach achttägiger Belagerung und degradierte die schwäbische Reichsstadt zu einer württembergischen Landstadt.

Aber Reutlingen stand nicht allein. Es war Mitglied des Schwäbischen Bundes, in dem die Herzöge von Baiern eine führende Rolle spielten. Ihr ganz privater Groll gegen den Stuttgarter Schwager und Ulrichs unverhüllter Landfriedensbruch lösten eine überraschend energische Strafaktion aus. Mit von der Partie war ein Großteil des fränkischen Adels, voran natürlich die Hutten.

Gewonnen hatte man für den Feldzug auch den Söldnerführer Franz von Sickingen, einen früheren Parteigänger der Krone Frankreichs, den Hutten in diesem Frühjahr kennenlernte. Dies erschien um so wichtiger, als Herzog Ulrich in seiner Bedrängnis Rückendeckung beim französischen König suchte. Mitten im Getümmel des Aufgebots, in Rothenburg ob der Tauber, halb schon in den Steigbügeln, warnte Hutten den ihm ja bekannten König vor einer Schützenhilfe für Württemberg; dagegen sprächen nicht nur des Königs Tugenden und des Herzogs Laster, sondern auch das Sprichwort: Wer unglücklich kämpfen wolle, der kämpfe mit den Deutschen.

Der Schwäbische Bund brachte nicht nur ein militärisch schlag-

35 Im Feldzug gegen Ulrich von Württemberg wurde 1519 der Hohenasperg vom Schwäbischen Bund belagert. Zeichnung von Albrecht Dürer.

kräftiges Aufgebot zusammen, er ließ auch, natürlich mit klingender Münze, seine diplomatischen Minen springen. Die Landsknechte strömten dem Bund zu. Den eigenen Bürgern und Bauern hatte sich der Herzog mit seinem Willkürregiment verhaßt gemacht, auf den Landsturm war also wenig Verlaß. Neben der vagen Hoffnung auf eine Intervention Frankreichs blieben die rasch angeworbenen Schweizer Reisläufer Ulrichs einziger Trumpf. Als die Räte des Schwäbischen Bundes bei den Kantonen die Rückberufung dieser Söldner erwirkten, war das Spiel für den Herzog verloren.

Das Bundesheer stieß nur da und dort im Land auf Widerstand. Der Herzog mußte fliehen. Hutten teilte mit Sickingen das Zelt. Schwaben gefiel ihm. Das Land, so meinte er, gleiche einem

Garten, es habe längst einen besseren Herrn als den Tyrannen Ulrich verdient. In Stuttgart sorgte er für den Schutz Reuchlins vor der Soldateska. Sickingen ließ sich bereden, dem alten Gelehrten endlich zu seinem Geld zu verhelfen, das ihm seit dem Speyrer Urteil zustand. Ein Brief des gefürchteten Kondottiere mit drohendem Unterton genügte, und die Dominikaner zahlten.

Hutten fühlte sich im Feld, »unter Trompeten, Pferdegewieher, Trommeln und Lagerlärm« wohl. An Erasmus schrieb er über seinen Zeltgenossen Sickingen: »Ein Mann, wie Deutschland lange keinen gehabt hat, und von dem ich hoffe, daß er dieser Nation noch einmal zu großem Ruhme gereichen werde. Nichts bewundern wir an den Alten, dem er nicht eifrig nachstrebte.«

Nach der leichten Eroberung des Herzogtums, das bis zur blutigen Rückkehr Ulrichs 1534 unter österreichischer Verwaltung stand, machte Hutten in Wildbad im Schwarzwald eine Kur. Dort erhielt er einen ironisch funkelnden Antwortbrief des Meisters Sokrates, der über seinen kriegerischen Jünger nur den Kopf schütteln konnte: »Du weißt, daß Mars unbeständig und den guten Genien nicht eben günstig gestimmt ist, wie er ja auch von allen Göttern der dümmste ist.«

Die englischen Humanisten, bei denen Erasmus wie zu Hause war, hatten den Reuchlin-Prozeß mit Anteilnahme verfolgt, die »Dunkelmännerbriefe« mit vielleicht noch nachhaltigerer Begeisterung gelesen als ihre deutschen Zunftgenossen. Auch Huttens Schriften waren ihnen vertraut. Für diesen mußte es höchst schmeichelhaft sein, daß Erasmus die Biographie seines Freundes Thomas Morus, des Verfassers der »Utopia«, in Form eines Briefes an Hutten veröffentlichte. Dem Kardinal Thomas Wolsey schrieb er, Hutten und seine jungen Freunde seien keck, aber auch vielmals provoziert worden: »Sie haben Federn, und sie haben Verstand... Ich kann sie ermahnen, aber nicht zwingen.«

Während seiner kurzen Kur unter den Tannen des Schwarz-
waldes schrieb Hutten eine fünfte Rede gegen den Tyrannen
Ulrich, den Epilog, und veröffentlichte sie nun als »Orationes
quinque...« Dann begleitete er seinen Mainzer Herrn zur
Kaiserwahl nach Frankfurt. Rom wollte weder den Habsburger
Karl noch den König Franz, sondern hätte gern Friedrich den
Weisen von Sachsen, Luthers Landesherrn, als Wahlsieger gesehen. Erst ein paar Tage vor dem Frankfurter Akt gab die Kurie
ihren Widerstand gegen Karl auf.
Die beiden Kandidaten hatten nicht mit Schmiergeldern, Versprechungen, Intrigen gespart. Franz bot dem Sohn des Kurfürsten von Brandenburg sogar eine französische Prinzessin mit
200 000 Gulden Mitgift an. Kaufen ließen sich von ihm schließlich nur zwei der sieben Kurfürsten, Ludwig von der Pfalz und
der Trierer Erzbischof Richard von Greiffenklau. Im Falle des
Pfälzers kennen wir den Vertrag über den Stimmenkauf:
100 000 Gulden als einmalige Zahlung, dazu eine jährliche
Rente von 5000 Gulden, zwei Bistümer für die Brüder Ludwigs
und militärische Hilfe bei der Rückeroberung jüngst verlorener
kurpfälzischer Gebiete.
Karl hatte seinerseits dem Kurprinzen von Sachsen die Hand
einer spanischen Infantin versprochen und sich für Schmiergel-
der zum Stimmenkauf wie zur Stimmungsmache in gigantische
Schulden gestürzt: Die Summe der habsburgischen Wahlkosten
bezifferte sich auf 852 589 Gulden und 56½ Kreuzer. Davon
brachten die Augsburger Fugger allein 534 589, die Welser
143 500 und genuesische sowie florentinische Banken zusammen 165 000 Gulden auf. Geschmiert wurden nicht nur die
allein wahlberechtigten Kurfürsten, gezahlt wurde auch an
deren Räte, an Diplomaten, Bischöfe, Grafen, Agenten jeder
Couleur, nicht zu vergessen Franz von Sickingen, der mit eigens
für die Wahl angeworbenen Truppen sowie einem Aufgebot

schwäbischer, fränkischer, rheinischer Ritter einen Sicherheitskordon um die Reichsstadt am Main zog.

Am 29. Juni 1519 stimmten in der Sakristei des Frankfurter Doms nur Kurpfalz und Kurtrier für den Franzosen, die anderen erklärten sich, nicht zuletzt auf dringendes Zureden Albrechts, für den jungen Habsburger.

Karl, damals 19 Jahre alt, der Enkel Maximilians, der Sohn Philipps des Schönen und der Erbtochter Spaniens Johanna, die nach dem frühen Tod ihres Mannes dem Wahnsinn verfiel, Karl, Erbe eines Weltreiches, in dem die Sonne nicht unterging, war in Flandern unter der Regentschaft seiner Tante Margarete aufgewachsen, ein blasser, schweigsamer, fast unnahbarer Prinz, der besser Spanisch und Französisch als Deutsch sprach. Er besaß die Habsburger Unterlippe, den vorgeschobenen Unterkiefer, was ihm samt seinem abwesenden Blick manchmal ein fast blödes Aussehen gab. Aber er war bienenfleißig, kaltblütig, klug, vom Bewußtsein seiner kaiserlichen Würde und den Pflichten eines christlichen Herrschers durchdrungen.

Die Deutschen, die ihn nicht kannten und die er nicht kannte, sahen in ihm vorrangig den Enkel des glücklosen, aber volkstümlichen Kaisers Max. Karls Popularität war bei Antritt seiner Herrschaft ungeheuerlich. Von ihm, dem »edlen jungen Blut«, erhoffte sich die Nation wieder einmal eine Reform des Reiches, eine Reform der Kirche. In seiner Wahlrede hatte Albrecht seinen Kollegen eindringlich dargelegt, daß der Christenheit schwere Erschütterungen, ja Veränderungen drohten und daß die unhaltbaren Zustände nur durch ein allgemeines Konzil gelöst werden könnten.

Bald schon, im Juli, verwarf Luther während der Leipziger Disputation unter dem Druck des messerscharf argumentierenden Dr. Eck nicht nur den Primat des Papstes, sondern auch die Autorität des Konzils in Glaubensfragen und ließ nur den Wortlaut der Heiligen Schrift gelten. Und weil diese nicht nur für die Theologen, sondern für alle Christen verfaßt worden war,

O Carle / Keyßer lobefan /
greiff du die fach zům erften an /
Gott würts mit dir on zweyfel han.

36 *Mit überschwenglichen Hoffnungen begrüßte die Nation die Wahl des jungen Habsburgers Karl V. Lebenswahres Porträt von Hans Baldung Grien.*

beschloß er, von nun an alle Stände zum Erneuerungswerk aufzurufen. Aus der Gewissensnot des Augustinermönchs wurde damit endgültig ein Politikum.

In diesen Tagen, im August, schied Ulrich von Hutten aus dem aktiven Dienst des Mainzer Kurfürsten. Albrecht zahlte ihm sein Gehalt zunächst großzügig weiter, unter dem Titel eines Vertrauensmannes in kulturellen Angelegenheiten. Hutten witterte Morgenluft, er wollte freie Bahn haben zum Kampf gegen Rom. Der gegen den anfänglich hartnäckigen Widerstand der Kurie gewählte junge Kaiser Karl, die wachsende Anhängerschaft Luthers, der starke Arm des ritterlichen Standesgenossen Franz von Sickingen, der sich aus eigener Kraft zu fürstengleichem Rang hochgebracht hatte, all dies schienen ihm gute Vorzeichen.

Freier Publizist

Von Luther könnte ich vielleicht schweigen,
von der Freiheit nicht.

Hutten, »Bullicida«, 1521

Vom Spätsommer 1519 bis zum Umzug auf die Ebernburg im September des folgenden Jahres wechselte Hutten zwischen Mainz und dem väterlichen Steckelberg hin und her. Dazwischen warb er – auf Ritten in den Rheingau, in die Wetterau, ins Mainfränkische – als doppelter Standesgenosse beim Adel und bei den humanistischen Rittern vom Geist für den Kampf gegen Rom. Historisch unterlegte er die Auseinandersetzung mit der Herausgabe zweier mittelalterlicher Schriften, literarisch variierte er sein Reizthema mit tagesfrischen Dialogen.

Im Oktober hatte er sich in Fulda für ein paar Tage mit dem aus Bamberg gebürtigen Humanisten Joachim Camerarius getroffen. Der lehrte später in Nürnberg, Tübingen, Leipzig, gab Melanchthons Briefwechsel heraus und schrieb auch eine Biographie des Wittenberger Freundes. An Eoban Hesse meldete Hutten, er habe in der Fuldaer Stiftsbibliothek unter Staub und Moder eine Handschrift aus der Zeit des Investiturstreits, dem späten 11. Jahrhundert, aufgestöbert. Der geistliche Verfasser erkannte zwar den geistlichen Primat des Papstes an, wies aber die Eingriffe Gregors VII. in die Reichspolitik als Übergriffe zurück. Die von Christus übertragene Gewalt zu binden und zu lösen, gelte nur für das Sündenregister des Gläubigen, die Fürsten und Vasallen des Kaisers könne er nicht von ihrem Treueid lossprechen.

Hutten machte seine aktuellen Anmerkungen dazu und widmete den Druck mit dem Titel »Über die zu bewahrende Einheit der

Kirche« dem jüngeren Bruder des Habsburgers Karl, dem Erzherzog Ferdinand, dem man Neigungen für die humanistische Sache nachsagte. Karl wie Ferdinand rief er auf, sie sollten sich gegen römische Unterdrückung und Ausbeutung unverzagt an die Spitze der Nation stellen.

Die andere Edition galt einem Bündel von Schriften über das Schisma der Kirche zur Zeit der avignonesischen Päpste, zumeist Gutachten der Universitäten Oxford, Prag und Paris. Entdeckt hatte er sie im Mai 1520 auf einer Schiffsreise rheinabwärts in Boppard, bei dem Zollschreiber Christoph Eschenfelder, einem begeisterten Leser des Erasmus. In seiner Vorrede an alle freien Deutschen bemerkt Hutten zu dieser Sammlung: »Die alten Theologen ließen sich von ihrem Gewissen leiten; heute sind es lauter Schmeichler und Kriecher... Doch, soviel ich sehe, wird ihre Tyrannei die längste Zeit gedauert haben... Denn gelegt ist an den Wurzeln der Bäume die Axt, und ausgerottet wird jeder Baum, der nicht gute Frucht bringt, und des Herrn Weinberg gereinigt werden. Denn durchgebrochen muß endlich werden, durchgebrochen...« Das ist sein berühmt gewordenes: »Perrumpendum est tandem, perrumpendum est!«

Und er schließt: »Es lebe die Freiheit! Ich hab's gewagt!«

Aufreizender, aufrüttelnder, folgenschwerer als diese vergilbten Blätter der Historie wirkten die im Frühjahr 1520 gesammelten und separat erschienenen »Dialoge«. Da ist einmal die Fortsetzung des Gesprächs mit dem Fieber. Hutten hatte es in »Febris I« zu einem Kurtisanen geschickt, was damals nicht nur einen speziell römischen Höfling, sondern ganz allgemein einen Parteigänger der Kurie und kirchlichen Pfründenjäger meinte. Seinesgleichen, so sagt das Fieber, werde genug von den Konkubinen, dem eigentlichen Pfaffenfieber, geplagt. Hutten empfiehlt nun Buhler, Trinker, Fugger, Kaufleute, Ärzte oder des Kaisers Schreiber.

In der späteren deutschen Übersetzung strich Hutten die Stelle, an der er darüber spottete, daß manche Pfaffen ihre Haushälterinnen heimlich heirateten, mit Rücksicht auf Luther, der genau dazu im Fall eines Gewissenskonflikts geraten hatte. Und im Dialog »Vadiscus sive Trias Romana« – Vadiscus oder die römische Dreifalt – wird als einer der Gründe für die Hilflosigkeit der Deutschen nicht mehr mangelnde Erfahrung in den humanistischen Studien, sondern Unkenntnis der Heiligen Schrift genannt.

Flirt mit Fortuna

Unübersetzt, weil zu persönlich für die Menge, blieb später der Dialog »Fortuna«. Zur täglichen Notdurft, so Hutten im Gespräch mit der Glücksgöttin, genüge ihm zwar das väterliche Erbteil, aber für ein Leben in Muße und Würde brauche er eine Frau, ein Haus mit Gärten in ihrer Heimat, dazu ein Landgut mit Fischteichen, Hunde zur Jagd, ein paar Pferde zum Ausreiten, eine Bibliothek, ein kaltes und ein warmes Bad, Kleider und Schmuck für die Frau sowie ein Jahreseinkommen von tausend Goldgulden.

Fortuna wiegt den Kopf und zweifelt, ob er damit auskommen werde. Die Fugger seien viel bedürftiger. Sie behaupteten schon seit langem, sie bräuchten 20 000 Gulden jährlich, damit niemand außer ihnen Pfeffer und Safran einführen könne; ihnen müsse zuerst geholfen werden. Hutten droht, er werde sich an Jupiter persönlich wenden, aber die dämonische Göttin belehrt ihn, der sei für die täglichen Bitten der Menschen längst taub geworden. Das einzig wahre Gebet sei das um eine gesunde Seele in einem gesunden Körper.

Die beiden erörtern die Frage, ob es eine göttliche Vorsehung gebe. Die Theologen ließen einen da ja im Stich. Gehe es den Guten wohl, sei dies für sie der Beweis, daß nichts Gutes unbelohnt bleibe; gehe es den Guten schlecht, so habe Gott den lieb, den er züchtige. Hutten beklagt seine Armut. Fortuna

37 *Immer wieder erscheint in Huttens Schriften und Briefen die launische Fortuna als Schicksalsgöttin seines Lebens. Titelblatt der »Dialogi«, Mainz 1520.*

entgegnet, dies sei für die Studien weit förderlicher als die Sorge des Reichen um seine täglichen Geschäfte.

Guter Letzt begehrt Hutten eine Frau: »Zu der Muße, die ich im Sinne habe, bedarf ich einer Frau, die mir die beschwerliche Sorge für das Hauswesen abnimmt, die das Nötige herbeischaffen und erhalten hilft, die mir Kinder schenkt, die mich, wenn ich krank bin, pflegt, im Unglück mit mir trauert, im Glück sich mit mir freut, in deren Herz ich alles ausschütten kann, was das Gemüt so bewegt, daß es sich nicht zurückhalten läßt...«

Er schaut in das Füllhorn der Glücksgöttin und sieht ein Mädchen, anmutig, reich, die will er! Aber Fortuna schüttelt nicht nur den Kopf, sondern auch das Horn, und die Holde fällt einem Hofmann zu, einem Großmaul und Protzen, mit dem sie gewiß nicht glücklich werden kann. Dem armen Poeten bleibt nichts anderes übrig, als in die nächste Kapelle zu treten und Christus um eine gesunde Seele in einem gesunden Körper zu bitten.

Fortuna ist eben blind, eine Göttin des launischen Zufalls, der in Wahrheit die Welt regiert. Daß aber ihr Los, ob Scheitern oder Erfolg, nichts über den Rang einer Idee, nichts über eine gerechte Sache sage, daran hat Hutten festgehalten und wenig später in einem Brief an Erasmus erklärt: »Dort, wo Fortuna eine Chance gewährt, will ich es mannhaft versuchen ... mit dem Ausgang der Dinge zu streiten, ist nicht meine Sache.«

Verständlich wird der ebenso erbauliche wie verdächtig abrupte Beschluß des Fortuna-Dialogs durch die Widmung an den frisch gewählten Würzburger Fürstbischof Konrad von Thüngen. Charakteristisch aber bleibt, daß er zwar die Argumente für oder gegen eine göttliche Vorsehung in dieser Welt herbeibringt und bedenkt, es dann aber bei einem »Non liquet«, einem resignierenden Unentschieden beläßt.

Fluch über Rom

Grobgewirkter, plakativer erscheint dagegen der »Vadiscus«, gewidmet Sebastian von Rotenhan, seinem Nachfolger im Mainzer Hofamt. Hutten unterhält sich mit seinem Freund Ernhold, hinter dem der Frankfurter Patriziersohn Arnold Glauberg oder Glauburg, später Mitglied des Reichskammergerichts, steckt. Ein gewisser Vadiscus, der Name ist einer Figur des Crotus entlehnt, sei kürzlich aus der Hauptstadt der Christenheit zurückgekehrt und habe seine Eindrücke in Triaden, in

EYn luſtiger vñ nuͨlicher Dialogus / Herꝛ Vlrichen von Hutten / Vadiſcus / oder die Rhö́miſch Dꝛeyfaltigkeyt genant. Durch Vlrichen Varnbüler den jüngern / auß dem Lateyn neülich verteütſchet.

Vnderredner Ernoldus. Huttenus.

38 Titelblatt der deutschen Übersetzung des Huttenschen »Vadiscus«, Straßburg 1544.

dreifach gegliederten Merksätzen, zusammengefaßt. Hutten griff dabei auf ein eben erschienenes Flugblatt mit dem Titel »Trias Romana« zurück. Wahrscheinlich war dies eine Gemeinschaftsarbeit deutscher Pilger und Studenten, die ihren Landsleuten drastisch »Erfahrung, Lehre und Warnung« vermitteln wollten. Hutten zitiert die Sprüche im Gespräch, spitzt sie teilweise zu, und das liest sich in der deutschen Fassung wirkungsvoller als in Latein.

»Dreierlei verlachen die Römer: gut Beispiel der Alten, Sankt Peter Papsttum und das Jüngst Gericht.«

Mit dreierlei Waren handeln die Römer: mit »Christo, geistlichen Lehen und Weibern«.

»Drei Gerichte essen die Armen zu Rom ... Kraut, Zwiebel und Knoblauch. Herwider auch drei die Reichen: Schweiß der Armen, Gut mit Wucher und Trug gewonnen und den Raub des christlichen Volks.«

Drei Dinge schreckt die Römer: »Von einem allgemeinen Concilio sagen, einer Reformation des geistlichen Stands gedenken und daß die Teutschen jetzo Augen gewinnen.«

158

Natürlich läßt Hutten auch die Konstantinische Schenkung nicht aus und meint, ein späterer Papst habe sie »auf ein alt Pergament, oder aber, das er zuvor im Staub gewälzet hat oder sich mit Schimmel überziehen lassen, geschrieben«.

Der gute Ernhold, der bisher nur den Entrüstungspart spielte, merkt erbittert an: »So sehen wir jetzt einen christlichen Papst seinen Scheitel mit einer dreifachen Krone zieren, und die Fürsten der Welt ihm seine Füße küssen lassen. Ich weiß wohl, daß Christus der Seinen Füß gewaschen hat.«

Und dann bricht er in Fluch und Klage über Rom aus, ein Musterstück energiegeladener Huttenscher Prosa: »O Rom, du bist das gemein Schauhaus der ganzen Christenheit... Du bist die weitrüchig Scheuer der Welt, darein man führt und zusammenträgt, was man von jedermann geraubt und genommen hat, darinnen mitten sitzt der unersättlich Geizworm, der viel verschlingt und stets einen großen Haufen guter Frücht verzehrt. Umgeben von seinen Mitfressern, die uns erstlich unser Blut ausgesogen, darnach vom Fleisch gefressen, bis sie uns jetzo (ach Christ Herr!) an das Mark kommen, zerbrechen uns die innerlichsten Bein, und was noch übrig ist, wöllen sie auch verzehren. Suchen die Teutschen nit Waffen herfür? Gehen sie die nit mit Eisen und Flammen an? Das sind Räuber dieser Nation, die vergangener Zeit und etwan allein aus Anreizung ihrer Begier, jetzo aber mit Kühnheit und Grimm berufen und berauben ein Volk, der Welt Regierer, saufen aus den Schweiß und Blut der armen Teutschen, erfüllen ihren geizigen Hunger, erhalten ihr unrein Leben mit dem Eingeweid unserer Armut...«

Monate vor Luthers Absage an die babylonische Gefangenschaft der Kirche und seine Aufforderung an den christlichen Adel deutscher Nation, das Reformwerk selbst anzugehen, rief Hutten hier die Laien zum Widerstand auf.

Mit dem letzten Dialog »Inspicientes«, frei »Die Weltbetrachter« zu übersetzen, kehrt Hutten nochmals in das Augsburg des Jahres 1518 zurück. Sol, der Sonnengott, Phaeton, sein Sohn, und der päpstliche Legat Cajetan treten auf. Im Vorwort zur Übersetzung hat der Poet alle Mühe, seinem ungelehrten Lesepublikum die zahlreichen mythologischen Anspielungen zu verdeutschen.

Sol und Phaeton halten über Mittag auf ihrer Fahrt mit dem Sonnenwagen inne und schauen auf das von Reichstagsbesuchern wimmelnde Augsburg. Der Vater erklärt dem Sohn, die Deutschen seien zwar ein tapferes Volk, aber »zum Regieren ungeschickt ... Sie können überwinden, wissen mit ihren Siegen aber nichts anzufangen«. Die Fürsten und Hofleute, stark gewachsen, mit gekräuselten Haaren und goldenen Halsketten, die da unten söffen und lärmten, regierten auch die Szene. Sol deutet jedoch auf die Mageren, Unansehnlichen, Nüchternen, die seien scharfen Sinnes, scharfsinnig, wohl zu brauchen »in behenden und subtilen Künsten«. Hutten klopft sich ganz offensichtlich selbst auf die Schulter, wenn er Phaeton erwidern läßt: »Gott behüt die kleinen Großen!«

Dann zieht die Prozession mit Cajetan auf. Phaeton wird über den geplanten Türkenkrieg und die zwielichtige Rolle Roms aufgeklärt. Bleichen Gesichts seien die listigen, treulosen Welschen, vollblütig, arglos und ehrlich die Deutschen. Dem Sohn gefielen sie schon, wenn sie nur nicht soviel söffen, voran die Sachsen aus dem Norden. Dafür, so Sol, sprächen diese noch weislich Recht nach altdeutschem Herkommen und jagten die römischen Juristen zum Teufel.

Die Stände passieren Revue. Der Ritterschaft wird noch am ehesten »alt teutsch Weis« zugestanden. Den Kaufleuten lauerten sie eigentlich nur deshalb auf, weil diese unnütze Spezereien und Luxuswaren einführten und so das Volk verweichlichten. Sol kann die Wegelagerei des kleinen Adels zwar nicht loben, auch nicht dessen kentaurische Grobheit, aber schlimmer als Krämer und Strauchritter zusammen seien die Geistlichen, faul, verbuhlt, prassend und »stumpf an Vernunft«.

Plötzlich ruft von unten Cajetan dem Sonnengott zu und beklagt sich, daß dieser trotz Kardinalbefehls nicht kräftiger scheine, so wie sonst in Italien. Sol erwidert, er scheine, wie er wolle. Cajetan pocht auf die absolute Gewalt des Papstes und seiner Legaten im Himmel wie auf Erden. Wenn Sol das nicht glaube, so sei er ein Ketzer und müsse um Lösung aus der Verdammnis bitten. Sol nennt ihn einen Narren. Cajetan kreischt: »Du bist de facto in Bann!«

Der hitzköpfige Phaeton fragt den Vater, ob er dem Menschlein eins »entgegenfartzen« solle. Sol winkt ab, der Arme sei aus Habsucht verrückt geworden. Wieder flammt Phaeton auf, als der Kardinal den Sonnengott auffordert, den Deutschen die Pest zu schicken, damit möglichst viele Prälaten stürben und Rom seine Kasse auffüllen könne. Sol wendet zur Weiterfahrt und sagt dem Sohn: »Laß ihn lügen, betrügen, stehlen, rauben und plündern auf eigene Gefahr.«

Neue Dialoge

Wenn hier die erst Anfang 1521 erschienenen »Dialogi novi« schon vorgestellt werden, so deshalb, weil damit die Ära der lateinischen Kunstprosa für Hutten im wesentlichen abgeschlossen ist, sehen wir von der »Expostulatio cum Erasmo«, der großen Anklageschrift gegen den einst verehrten Meister, ab.

Hutten hat diese »Neuen Dialoge« nicht mehr ins Deutsche übersetzt, weil ihn zunächst der Wormser Reichstag beschäftigte, er dann Schweigepflicht gelobte und sich schließlich in wirre Aktivitäten stürzte. Gewidmet ist das schon auf der Ebernburg verfaßte Buch dem Pfalzgrafen Johann von Simmern, dem Hutten im Kloster Sponheim begegnet war. Lebhaft agierend, geschickt argumentierend tritt in diesen Gesprächen der Burgherr Franz von Sickingen auf. Strauß kommentiert: Der Dichter habe seinem Franz das Beste in den Mund gelegt, wie einst Platon dem Sokrates.

Das erste Gespräch »Bulla vel Bullicida« – Die Bulle oder der Bullentöter – befaßt sich mit der im Sommer 1520 erlassenen Bannandrohungsbulle Leos X. gegen Luther und Lutheraner. Päpstliche Bulle und deutsche Freiheit katzbalgen sich auf offener Bühne. »Ist kein wahrer Deutscher da?« ruft die bedrängte Freiheit, Stichwort für den Auftritt Huttens. Er verwahrt sich zwar gegen das Etikett eines Lutheraners, begründet dies aber so: »Von Luther könnte ich vielleicht schweigen, von der Freiheit nicht...«, und: »Ein Luthericus bin ich nicht, dem gottlosen Rom aber noch feindlicher gesinnt...«

Päpstlicher Hof und Sickingens Burgen als »Herbergen der Gerechtigkeit« werden gewohnt grell kontrastiert. Die Kurtisanen kommen der Bulle, Sickingens Mannen der Freiheit zu Hilfe; Kaiser Karl und die Fürsten schauen sich das Getümmel an. Wie Hutten prophezeit hat, platzt endlich die Bulle, wörtlich Blase, von selbst und entläßt unter greulichem Gestank Ablaß, Aberglaube, Habsucht, Heuchelei, Hinterlist, Meineid, Wollust und so fort.

Es folgen »Monitor primus« und »Monitor secundus«, also »Mahner I« und »Mahner II«. Im ersten Gespräch sagt sich ein vornehmer Geistlicher nach anfänglichen Sympathien für Luther von diesem los, weil mit dem Wittenberger die Kirche vom Glanz ihrer Machtfülle in die Armseligkeit und den Schmutz ihrer Anfänge zurücksinken werde. Luthers Argument, er wolle die Kirche nur vom Schmutz weltlicher Satzungen befreien und ihr den Glanz apostolischer Tugenden zurückgeben, verfängt bei dem Prälaten nicht. Der Papst und die Seinigen ließen es sich gutgehen und drückten so auch bei anderen ein Auge zu; das mache das Leben erträglicher. Der Partner verabschiedet sich von Luther, wünscht ihm persönlich alles Gute, sich selbst aber den Kardinalshut.

Im zweiten »Mahner«-Gespräch wetterleuchtet schon der Wormser Reichstag. Ein besorgter Freund warnt Sickingen vor dem gefährlichen Umgang mit Hutten. Es sei eine gemeine Rede, daß noch keiner ein glückliches Ende genommen, der sich mit der Priesterschaft angelegt habe. Doch, entgegnet Huttens Sikkingen und überrascht mit dem Hinweis auf den Hussitenführer Ziska: »Hat er nicht den Ruhm hinter sich gelassen, sein Vaterland von der Zwingherrschaft befreit..., den Räubereien der Päpste das Land verschlossen, den elenden Untergang des heiligen Mannes Hus mutvoll gerächt, und in all dem keine Beute gesucht, sich selbst nicht bereichert?« Die Geschichte habe geurteilt, daß er für Böhmen recht gehandelt habe.

Notfalls, so Sickingen im Dialog, müsse man auch in Deutschland zur Gewalt greifen. Hätten die päpstlichen Kreaturen den Kaiser nicht so übel beraten, wäre die evangelische Sache längst siegreich. Das Reich brauche jetzt keinen Pfaffenkaiser.

Der bekehrte Mahner scheidet mit Segenswünschen für die Dioskuren Sickingen und Hutten.

Der Gastgeber auf der Ebernburg erscheint schließlich noch in dem Gespräch »Die Räuber«, zusammen mit Hutten und einem Geschäftsmann der Fugger. Hier vollzieht der Autor eine ideologische Schwenkung, fast so verblüffend wie der Hinweis auf die bis dahin als Ketzer und Reichsfeinde geächteten Hussiten. Ungeachtet seiner Vorbehalte gegen Handel, Kaufmannschaft und Städte ruft er, genauer, der Städteplacker Sickingen, zu einer Allianz von Rittern und Reichsstädten zugunsten der Reformation auf.

Hintergrund ist wieder der sich formierende Reichstag zu Worms, Aufhänger eine Äußerung Karls V., er werde der Wegelagerei in Deutschland ein Ende bereiten. Der Augsburger Kommis reibt sich die Hände und hofft, daß bei der Gelegenheit der ganze Ritterstand vertilgt werde. Hutten droht, er werde ihm die Backen zerdreschen, die Zähne einschlagen und dann »die Wampen walken, daß dir die Rippen krachen«. Sickingen hält ihn zurück und darf nun seine Standespredigt halten.

Jedermann wisse, und so verzeichneten es auch schon die Geschichtsbücher, daß er selbst nie jemanden ohne Fehdeankündigung und rechtliche Ursache angegriffen habe. Weder seien alle Ritter Räuber, noch alle Räuber Ritter.

Nach diesem verwegenen Argumentieren, als lägen Landfriedensordnung und Reichskammergericht vom Jahr 1495 hinterm Mond, wägt Sickingen die verschiedenen Arten der Räuberei gegeneinander ab. Die harmloseste Form, vernimmt der staunende Kommis, sei noch die herkömmliche Wegelagerei. Denn die Strauchritter könnten notfalls bestraft werden, ganz im Gegensatz zu den drei anderen hochqualifizierten Räubertypen, die es viel schlimmer trieben.

Da seien einmal die Kaufleute und Importeure unnützer Luxusartikel, voran die Monopolisten, und hier wiederum die Fugger.

Dann die Schreiber und Juristen. Und drittens die Pfaffen, diese wiederum abgestuft nach Weltgeistlichen, Ordensleuten und Kurtisanen. Die schönsten Landschaften des Reiches hätten sie an sich gerissen, den Rhein, der ja schon Pfaffengasse heiße, und, o Schande!, das Land der ehemals freien Franken dazu. Die Fürsten hielten für ihre Brüder oder nachgeborenen Söhne alle Bischofsstühle besetzt. Die Mönche aber nutzten Beichte und Predigt raffiniert als Geldquelle aus. Sie sollten ganz abgeschafft werden.

Sickingen fordert dann den Freund auf, von seinen Erfahrungen mit den römischen Kurtisanen zu erzählen. Hutten wettert gegen die Legaten los, die sich als päpstliche Spione auf den Reichstagen herumtrieben; gegen sie müsse man losschlagen, sofort. Sickingen wiegelt staatsmännisch ab. Noch sei es nicht soweit. Wenn es aber zum Schlagen komme, so Hutten, müßten die Städte mitmachen. »Denn gewaltig seh ich sie zur Freiheit sich erheben... Sie haben Machtmittel und Geld im Überfluß, so daß, wenn es zum Krieg kommt, wozu es meiner Meinung nach kommen muß, sie den Nerv dazu liefern können.«

Der Fugger-Mann gibt sich überzeugt, geschlagen, gewonnen. Ein Händedruck besiegelt den Bund.

Wie kein zweiter deutscher Humanist hat sich Hutten dem Sprachgeist und Sprachleib des Lateinischen angeschmiegt, aus geheimer Wahlverwandtschaft. Er ist so zum meistgedruckten und gefeiertsten Orator und Poeten des Neulateinischen geworden. Der Bildungsflitter, der allegorische Apparat, das Rhetorenpathos der Jugendschriften wich mehr und mehr einem harten, knappen, schlagenden Duktus. Als er 1520, überrascht und überwältigt vom Widerhall der Lutherschen Publizistik, deutsch zu schreiben begann, fiel das dem sprachverliebten Humanisten und Artisten anfänglich sehr viel schwerer als dem religiösen Radikalen mit dem schweren Bauernkopf, dem Anwalt eines Priestertums, das jedem Christenmenschen offenstehe.

Um keinen Aufruhr zu entfachen, um dem gemeinen Mann keinen Anlaß zur Empörung zu geben, habe er seine Beschwerden über die Mißstände der Kirche bisher lateinisch vorgetragen, gleichsam »heimlich ihre Gebrechen anzeigend«, rechtfertigte sich Hutten. Aber die lateinkundigen Kleriker scheuten die Reform, die Humanisten allein waren zu schwach. Adel und Bürger lasen kaum Latein, die meisten Bauern und viele Kleinbürger waren eh nur Analphabeten. Wenn er sich der Masse des Volks verständlich machen wollte, mußte er deutsch schreiben, den populären Ton treffen.

Gehäuft verwendet Hutten von nun an auch biblische Zitate. Sie nehmen sich in seiner Argumentation oft wie aufgeklebt aus. Strauß hat die Manier gerügt: Der ritterliche Poet, den Harnisch und Lorbeer so gut kleideten, habe sich in Kutte und Kapuze vermummt. Aber Hutten wollte die Breitenwirkung, den Aufruhr der Gemüter; er wußte, welche Autorität die Heilige Schrift bei den kleinen Leuten besaß.

Instinktiv, zielsicher traf er bald schon den Volkston, in Vers und Prosa. Nach Flakes Urteil wäre Hutten der Mann gewesen, eine gebrauchsfähige Bildungssprache zu schaffen, wenn er noch zehn Jahre gelebt hätte. »Zwischen seinem frühen Tod und der bombastischen Verkommenheit der Bildungssprache, die zwei Jahrhunderte dauern sollte, besteht ein Zusammenhang. Den Gelehrten und Geistlichen der neuen Scholastik fehlte sein Sprachgewissen... welche Synthese aus deutschem und lateinischem Geist hätte hier entstehen können.«

Rom schlägt zurück

*Habe ich deshalb Deutschland durch Wort
und Schrift aufgereizt, um selbst beim ersten
Ansturm kläglich umzufallen...?*

Hutten an Capito, 28. August 1520

Huttens Neigung zur deutschen Publizistik wuchs mit seiner
Achtung vor Luther. Am 26. Oktober 1519 noch hatte er an
Hesse geschrieben: »Ich wage es nicht, Luther zur Gemeinschaft
an dieser Sache heranzuziehen, wegen des Fürsten Albrecht, der
grundlos davon überzeugt ist, der Handel ginge ihn nichts an.
Aber... vielleicht handle ich richtiger, wenn ich nur meinem
eigenen Antrieb folge. Außerdem hat Luther an Melanchthon
einen tüchtigen Mitarbeiter.«
Gerade um diese Zeit erhielt er von Erasmus einen Brief, den er
nach eigener Einschätzung der Lage an den Kardinal weiterge-
ben oder vernichten solle. Erasmus sah damals in Luther noch
eine große Hoffnung der Kirchenreform. Der Funke der evangelischen Lehre, so meinte er, leuchte hell in ihm. Man müsse ihn
gewinnen, nicht verketzern. Ursache des Übels sei nicht Luthers
Protest, sondern die Ablaßpraxis, das Treiben der Mönche, die
»mehr als jüdischen Zeremonien«. Hutten gab diesen Brief auf
eigene Faust in Druck. Erasmus mußte damit gerechnet haben
und hat sich erst drei Jahre später, nach dem Bruch mit Hutten,
darüber beschwert.
Im Januar 1520 besuchte Hutten seinen neuen Freund Sickingen
auf dem Nannstein über Landstuhl. Wie einst im Fall Reuchlin
gewann er jetzt den Ritter für Luther. Am 20. Januar schrieb er
an den humanistischen Verbindungsmann des Wittenbergers,
Luther könne notfalls bei dem Helden Sickingen Schutz und

39 Holzschnittporträt Huttens aus »Clag und Vormanung«, 1520.

Zuflucht finden. Dieser Brief kam nach Wochen unbestellt
zurück. Ende Februar schrieb Hutten nochmals im gleichen
Sinne und fügte hinzu, mit Sickingen habe er noch große Pläne,
doch wolle er darüber nicht schreiben. Wenn Luther fliehen
müsse, wolle er sich unterwegs mit ihm treffen; der Bärenwirt in
Fulda wisse Bescheid, ob er gerade auf dem Steckelberg sei oder
anderswo. Er könne auch mit Reisegeld aushelfen.
Luther winkte ab, nahm auch ein entsprechendes Angebot des
fränkischen Ritters Sylvester von Schaumburg nicht an. Ermu-
tigt haben ihn diese Gesten gewiß, und eine indirekte Antwort
gab er mit seiner Schrift »An den christlichen Adel deutscher
Nation«. Ende Februar las er auch Huttens Valla-Edition der
gefälschten Konstantinischen Schenkung. Die Lektüre bestärkte
ihn in seiner Ahnung, daß sich im Papst der Antichrist verkör-
pere.
Wie ein Echo des Erasmus-Briefes klang gleichzeitig ein Schreiben Albrechts an Luther. Der Kirchenfürst versicherte ihm, nicht

er habe den Streit angezettelt, sondern seine Gegner! Er mahnte den Wittenberger zwar zur Mäßigung, aber mit den Worten des Gesetzeslehrers Gamaliel, daß seine Sache eine Sache Gottes sein möge. Leider, so schließt der Brief, habe er, Albrecht, noch keine Zeit gefunden, Luthers Schriften zu lesen.

Dieser Nachsatz wirft ein Schlaglicht auf die Haltung des deutschen Episkopats. Die aristokratischen Prälaten sahen sich vorrangig als geistliche Würdenträger, nicht als Oberhirten. Albrecht wollte als Primas von Deutschland die Kompetenz der Kurie bei der Besetzung der Bischofsstühle zurückdrängen und die Abgaben nach Rom eindämmen. Nicht nur der bissige Publizist Hutten, auch der rebellische Bruder Martin schien da noch brauchbar.

Seit Jahren lebte Albrecht in einer schon eheähnlichen Verbindung mit einer Mainzer Bäckerstochter, der blonden Ursula Redinger. Auf Altarbildern ließ sich der Mäzen der schönen Künste als Heiligen, seine Freundin als Heilige darstellen. St. Ursula auf dem Pfirtschen Altar in der Aschaffenburger Staatsgalerie gilt als lebenswahres Porträt der Redingerin. Die Altartafel » Christus und die Ehebrecherin « aus der Cranach-Schule, die auch in Aschaffenburg hängt, stellt, mehr als pikant, Albrecht und seine Ursula als Paar dar. Überall war das bekannt, nirgendwo hat es anscheinend Anstoß erregt.

Bekanntlich hat Luther Anfang Juni 1525, mitten im Bauernkrieg, den Kardinal aufgefordert, sein Erzstift in ein weltliches Fürstentum umzuwandeln und zu heiraten. Sein Vetter und Namensvetter in Preußen, der Hochmeister des Deutschen Ordens, habe da eben »ein schön Exempel« statuiert. Daß der Mainzer Albrecht mit dem Gedanken an eine Ehe gespielt hat, gilt als wahrscheinlich. Der Redingerin hätte das kaum gefallen; als bürgerliche Mätresse eines Zollern war sie denkbar, als legitime Frau nicht. Sie starb übrigens noch im gleichen Jahr. Luther selbst heiratete ein paar Tage nach seinem Aufforderungsbrief an Albrecht. Dieser gratulierte dem ehemaligen Augustinereremiten und schickte als Hochzeitsgeschenk 20 Gulden. Luther wollte das Geld zurücksenden, Frau Katharina meinte, es sei dem jungen Haushalt dringend nötig und setzte ihren Willen durch.

Hutten sucht eine Frau

Nach seiner Augsburger Gujak-Kur fühlte sich Hutten geheilt. Guten Gewissens glaubte er, nun auch heiraten zu dürfen. Aus der Reichsstadt Esslingen, aus dem württembergischen Feldzug, schrieb er am 21. Mai 1519 dem Bologneser Studienfreund und Würzburger Domherrn Friedrich Fischer, er sehne sich nach Ruhe. »Dazu brauche ich eine Frau, die mich pflegt. Du kennst meine Art. Ich kann nicht gut allein sein, nicht einmal bei Nacht. Vergebens preist man mir das Glück der Ehelosigkeit, die Vorteile der Einsamkeit. Ich glaube mich dafür nicht geschaffen. Ich brauche ein Wesen, bei dem ich mich von den Sorgen, auch von den ernsten Studien erholen kann. Mit dem ich spielen, scherzen, angenehme und leichte Unterhaltung treiben kann. Wo ich die Schärfe des Grams, die Hitze des Kummers lindern kann. Gib mir eine Frau, mein Friedrich, du weißt, was für eine: laß sie schön, jung, wohlerzogen, heiter, züchtig, geduldig sein. Besitz gib ihr genug, doch nicht zuviel. Reichtum suche ich nicht, und was die Herkunft betrifft, so wird, glaube ich, diejenige adelig genug sein, welcher Hutten die Hand reichen wird.« Diese Wendung läßt sich nur so verstehen, daß der Junker eine Bürgerliche heiraten und als Erstgeborener zugunsten seiner drei Brüder, von denen der mittlere, Lorenz, ihm der liebste war, auf die Herrschaft Steckelberg verzichten wollte. Tatsächlich hatte er auch schon eine Braut in Sicht. Ein etwas früherer, undatierter Brief an Arnold Glauberg gibt den ersten Hinweis. Hutten bat da Arnold, er solle sich um eine Kiste mit Büchern und Kleidern kümmern, die aus Bologna nach Frankfurt am Main unterwegs sei. Obwohl in Eile, läßt er gleich zweimal die Familie grüßen, auch den verehrten Schwiegerpapa Amandus von Holtzhausen, genannt Hammon, und Arnolds Bruder. Die beiden teilten sich nämlich in die Vormundschaft einer damals 18 Jahre alten Kunigunde Glauberg, deren Vater verstorben war. Hutten wird sie während eines seiner Frankfurter Besuche kennengelernt haben.

Am 26. Juli wandte sich Hutten in der Angelegenheit ganz offen an Arnold. Von der inzwischen anderweitig verheirateten Mutter Kunigundes fürchtete er Schwierigkeiten. Der Freund solle ihr ausreden, er sei ein gefährlicher Mensch. »Wenn sie erkannt haben wird, daß in mir nichts Unruhiges, nichts Aufrührerisches ist, daß vielmehr meine Studien voll Anmut, Scherz und Witz sind, wird sie mich hoffentlich ertragen und sich selbst erträglich geben.«

Die Familie brauche auch nicht zu sorgen, er werde seine junge Frau auf irgendein Felsennest in die Wildnis entführen. Er habe ja gerade deswegen eine Bürgerstochter gewählt, um künftig in der Stadt leben zu können. »Pallas hat die Städte gegründet, sie ist die Göttin meiner Studien. Kentauren mögen sich am wohlsten in Wäldern fühlen.«

Es ist schon rührend mit anzusehen, wie sich der Brautwerber Hutten als pazifistischer Privatgelehrter zurechtschminkt und sich von seiner ritterlichen Kumpanei distanziert: »Möchte euch Hutten würdig und tauglich erscheinen, mit eurem Bürgerrecht beschenkt, in eure Schwägerschaft aufgenommen zu werden. Er, der nicht viele Städte erobert hat, wie einer jener Eisenfresser, aber viele Reiche mit dem Ruf seines Namens durchwandert. Der nicht viele umgebracht hat wie jene, dafür aber viele liebt und von vielen innig geliebt wird. Der nicht auf ellenlangen Schienbeinen dahersteigt, noch durch riesigen Wuchs die Leute auf der Straße erschreckt, aber an Geisteskraft kaum einem nachsteht. Der zwar nicht mit männlicher Schönheit prangt oder durch Wohlgestalt sich auszeichnet, sich aber schmeicheln darf, durch Bildung des Geistes liebenswürdig und begehrenswert zu sein. Der nicht großzusprechen versteht, nicht prahlerisch sich herauszustreichen pflegt, aber weil er einfach, offen und redlich handelt und redet, hoffen darf, daß, wer ihn kennengelernt hat, ihn nicht verwerfen werde. Doch dies ist selbst beinahe schon prahlerisch.«

Auch Hutten hat also den Traum vom privaten Glück geträumt, von einer Ehe, einer bürgerlichen, die Ruhe erhofft, die er in sich selbst nicht fand. Die Brautwerbung, wir wissen es, blieb erfolglos. Zum Glück für das Mädchen, denn in Hutten fraß die Syphilis weiter. Nicht nur das ungestüme Naturell des Werbers, auch seine Krankheit, von der er ja ausführlich geschrieben hatte, bewog die Familie, dem armen Adeligen den Laufpaß zu geben. Kunigunde heiratete im September 1520 den Frankfurter Patriziersohn und Juristen Adolf Knobloch. Im Frühjahr spätestens muß Hutten die Absage erhalten haben. Denn am 12. April 1520 erwähnt er in einem Brief an seinen Vetter Bernhard zu Birkenfeld in den Haßbergen eine Brautwerbung um eine fränkische Adelstochter.

Die Reise in die Niederlande

Mit diesem zweiten Heiratsprojekt hängt vielleicht auch seine Reise nach Bamberg vom 1. bis 8. April zusammen. Hutten wohnte bei dem Domherrn Jakob Fuchs von Wallburg und traf dort seinen Jugendfreund Crotus, der als Doktor der Theologie aus Italien zurückgekehrt war. Die Universitäten Köln und Löwen, Hochburgen der Orthodoxie, hatten gerade in ihren Gutachten Luthers Thesen verworfen. Johann Eck, der Kontrahent der Leipziger Disputation, war mit seinem gesammelten Anklagematerial nach Rom gefahren und betrieb dort den Ketzerprozeß. Crotus schrieb Luther, dem »pater patriae«, Hutten und er hätten über die Verfolger des Evangeliums gelacht. Dem Hofmeister des Bamberger Fürstbischofs, Johann von Schwarzenberg, half Hutten bei der Übersetzung von Ciceros Schrift über das Alter.

Daß Hutten auf eine Anstellung am Hof des Humanistenfreundes Georg Schenk von Limpurg spekulierte, geht aus dem schon erwähnten Brief an den Vetter Bernhard hervor: »Itzo, da ich zu Bamberg gewesen bin, der Meinung, bei dem Bischof Dienst anzunehmen...« Im gleichen Atemzug sprach er aber auch von einer Mitteilung Sickingens, der eine Stelle beim Erzherzog Ferdinand in Brüssel empfahl.

Wenn Hutten, der freiwillig den Mainzer Dienst aufgesagt hatte, nun wider bessere Erfahrung noch einmal an einem geistlichen Hof anzukommen versuchte, läßt sich das nur mit der Hoffnung auf eine Pfründe für den Ehestand erklären. Denn daß der Wind umschlug, daß von Rom her ein Wetter heraufzog, mußte er spüren. Seine Attacken gegen die Finanzwirtschaft der Kurie kamen den deutschen Fürsten, auch den geistlichen, gelegen. Hier sprachen die Zahlen, unangreifbar, für sich. Aber mit seiner Edition des Vallaschen Schenkungs-Traktats, mit seinem »Vadiscus« hatte er auf das Zentrum der Papstherrschaft gezielt und die Kirche als Institution in Frage gestellt.

In Bamberg mag er auch gespürt haben, daß die Brüder Fuchs, daß Crotus und Schwarzenberg zwar eine erneuerte, aber keine neue Kirche wollten. Den geistlichen Stand reformieren war eines, mit Rom brechen ein anderes.

Im Mai muß Hutten Wittenberg von seiner geplanten Reise in die Niederlande unterrichtet haben. Zwei Briefe Luthers an ihn, vom 5. und 31., sind bezeugt, aber nicht erhalten. Am 4. Juni – noch am gleichen Abend ging das Schiff rheinabwärts – schrieb Hutten ahnungsvoll an Luther, in Mainz kursierten Gerüchte, er sei von Rom in Bann erklärt worden: »Wie groß, o Luther, wie groß bist du, wenn das wahr ist... Eck kehrt von Rom zurück, vom Papst mit Pfründen und, wie man sagt, mit Geld beschenkt – was soll's?... Auch mir stellt man nach, ich werde mich hüten, so gut ich kann. Werden sie Gewalt brauchen, so habe ich Kräfte gegen sie aufzubieten... Eck hat mich denunziert, daß ich es mit dir hielte; darin hat er sich nicht getäuscht. Denn immer habe ich in Allem, was ich verstand, dir beigestimmt... Wenn er weiter sagt, wir hätten schon früher nach Absprache gehandelt, so hat er dem Papst zuliebe gelogen... An mir hast du einen Anhänger für jeden möglichen Fall. Darum wage es, mir künftig deine Pläne anzuvertrauen. Verfechten wir die allgemeine Freiheit! Befreien wir das unterdrückte Vaterland! Gott haben wir auf unserer Seite. Ist Gott für uns, wer mag wider uns sein?«

Bemerkenswert ist hier die Einschränkung Huttens, er habe Luther in allem beigestimmt, was er verstanden habe. Mit der allgemeinen, der politischen Freiheit hatte der Reformator nichts im Sinn. Ihm ging es um die innere Freiheit eines Christenmenschen, der durch den Glauben einen gnädigen Gott gefunden hatte. Und Gott selbst hatte eine Obrigkeit in diese sündige Welt gesetzt, der man nach dem Paulus-Wort untertan sein mußte, sei es Türke, Tyrann oder Leibherr. Spätestens Luthers Haltung im Bauernkrieg erwies, wie starr er in diesem Biblizismus verharrte.

Vom gleichen Tag datiert ist dann noch Huttens Brief an den Leipziger Poetikprofessor Peter Mosellanus, dessen Schlußsatz der Biograph Strauß uns unterschlagen hat: Der Kampf gegen die päpstliche Tyrannis habe begonnen; »die Schufte sollen brennen, brennen sollen sie, und wenn ich mitverbrennen müßte!«

In dieser erregten Stimmung besuchte Hutten unterwegs in Köln den Abenteurer, Astrologen und Schwarzkünstler Agrippa von Nettesheim. Dieser konnte über Huttens wirre Umsturzpläne nur den Kopf schütteln; einzige Hoffnung bleibe der Kaiser, meinte Agrippa, aber in dessen Horoskop mache sich Saturn bedrohlich bemerkbar.

Die nächste gesicherte Station war Löwen, wo Hutten, von Albrecht übrigens großzügig mit 100 Gulden Reisegeld und

Abfindung ausgestattet, sich mit Erasmus traf. Dieser hat später die Unterredung geschildert: »Er begann damit, daß man den Römischen den Krieg erklären müsse; zuerst glaubte ich, der Mann scherze...« Das Unternehmen, so Erasmus, sei überhitzt und gefährlich, und selbst wenn es gerecht wäre, könne doch nur ein Tor etwas so Hoffnungsloses beginnen. »Meine Aufgabe ist, durch Nachtwachen die Sache der Bildung zu fördern. Und ich riet ihm, sich nicht auf solche Dinge einzulassen, auch wenn es andere tun sollten.«

Über Huttens Hoffnungen, am Hof Ferdinands Amt und Einfluß zu erlangen, wird sich Erasmus dem Gast gegenüber so skeptisch geäußert haben wie kurz darauf in einem Brief an Melanchthon: Es gebe keinen Hof, den nicht die Mönche beherrschten. Trotzdem gab er ihm Empfehlungsschreiben mit.

In Brüssel antichambrierte Hutten den ganzen Juli über, ohne eine Audienz bei Ferdinand zu erhalten. Auf vage Versprechungen hin hatte Sickingen ihm den Bischof Eberhard von Lüttich als Fürsprecher genannt, einen Bruder des Grafen Robert von der Mark. Dieser, nominell noch dem Reich verpflichtet, deckte als Herr der Maaslande die spanischen Niederlande gegen Frankreich und nutzte seine Schlüsselrolle bedenkenlos aus. Freund und Feind nannte ihn den »Eber der Ardennen«. Sickingen, umworben wie er, hatte sich gelegentlich mit ihm eingelassen. Jetzt näherte sich Robert wieder einmal der französischen Krone, während der bischöfliche Bruder zu Habsburg hielt. Eberhard galt als Gönner der Dominikaner, der Spürhunde Gottes gegen alle Ketzerei, und wenn er gerade mit Rom schlecht stand, so nur, weil er den Kardinalshut für sich zu erpressen hoffte.

Im übrigen wußte man am Brüsseler Hof genau Bescheid über den Kandidaten Hutten, der dem gerade 18 Jahre alten Erzherzog Ferdinand die lästerliche Schrift über den Investiturstreit gewidmet hatte. Der Bittsteller hätte sich die demütigende Reise ersparen können. Als Karl V., über England aus Spanien kommend, am 25. Juli in Brügge einzog, war Hutten unter den Zuschauern. Und wenn der Sekretär des Bischofs von Utrecht, Geldenhauer, dem wir die Nachricht verdanken, gleich darauf Franz von Sickingen erwähnt, der als zweiter Arminius Deutschland befreien solle, wird Hutten ihm entsprechende Andeutungen gemacht haben.

Jetzt erreichten ihn Warnungen, er solle sich vor Gift und Dolch und Verhaftung retten. Noch Ende Juli verließ Hutten Brüssel heimlich und in aller Eile. Von zwei Knechten begleitet, stieß er unweit von Löwen auf den Inquisitator Jakob von Hoogstraeten. Vor Freunden hat der Ritter die Szene dann dramatisch ausgemalt, wie er blankgezogen, den Verfolger der Wahrheit bedroht, dieser kniefällig um Pardon gebeten und er den Degen eingesteckt habe: »Nein, mein Schwert soll sich nicht mit so üblem Blut besudeln; aber wisse, daß viele andere Schwerter auf deine Kehle zielen und daß dein Untergang beschlossene Sache ist.«

Der Papst droht mit dem Bann

Am 6. August traf Hutten wieder in Mainz ein. Was er hier von seinem Vetter Frowin und dem fränkischen Landsmann Generalvikar Zobel von Giebelstadt erfuhr, veranlaßte ihn, noch am gleichen Abend fluchtartig nach dem Steckelberg weiterzureiten. Rom hatte endlich zum Gegenschlag ausgeholt.

Aufgeschreckt durch die Stimmungsberichte aus Deutschland, war man sich an der Kurie einig geworden, nicht nur den Häretiker, den Irrlehrer Luther, mit dem Bann zu belegen, sondern mit Spezialinquisitoren gegen all die vorzugehen, die Papst und Papsttum schmähten. Die Inquisitoren erhielten Vollmacht, jeden Beschuldigten mit Hilfe des weltlichen Arms zu verhaften und vor ein geistliches Gericht zu stellen.

Hutten, wie gewöhnlich ungewöhnlich gut unterrichtet, hatte

176

vorerst den Kopf aus der Schlinge gezogen. Neben adeligen Kumpanen und humanistischen Gesinnungsgenossen wußte er in der Mainzer Martinsburg, der damaligen rheinwärts gelegenen Residenz der Kurfürsten, auch den Hofprediger Wolfgang Fabricius Köpfl, genannt Capito, auf seiner Seite. Der Elsässer aus Hagenau hatte schon das Jahr zuvor Luthers bis dahin erschienene Schriften in Basel herausgegeben. Jetzt sollte er seinem Freund Hutten die Post nachschicken. Capito wurde im Oktober Albrechts vertrauter Rat, auf Wunsch des Fürsten noch in den Adelsstand erhoben und mit der einträglichen Propstei St. Thomas in Straßburg versorgt, als beide sich trennten. Von dort aus hat Capito offen die Reformation betrieben. Sein Nachfolger als Hofprediger, Kaspar Heid, genannt Hedio, wirkte ab Herbst 1523 ebenfalls in Straßburg als Reformator.

Die vom 15. Juni datierte Bannandrohungsbulle »Exsurge Domine« gegen Luther und seine Anhänger gab 60 Tage Frist für einen Widerruf, verdammte aber nur 41 der 95 Wittenberger Thesen, und dies pauschal. Selbst Gegner des Reformators waren über diese laxe theologische Begründung empört.

Eck und der für Glaubensfragen zuständige Nuntius Hieronymus Aleander hatten überdies die skandalöse Blankovollmacht erhalten, im Ausschreiben der Bulle weitere Anhänger des Ketzers namentlich zu nennen. So konnte Eck neben Hutten ungeniert auch persönliche Gegner wie den Augsburger Domherrn Bernhard Adelmann von Adelmannsfelden, den Nürnberger Stadtsyndikus Lazarus Spengler und Willibald Pirckheimer auf die Liste der vom Bannstrahl Bedrohten setzen. Der Domherr und die beiden Nürnberger erklärten Reue und Unterwerfung. Nicht so Hutten. Dafür wanderte sein Mainzer Drucker Johann Schöffer in Haft.

Hutten selbst, dem man ja keine Häresie, sondern nur politisch-moralische Übergriffe vorwarf, wäre jederzeit ein Arrangement mit der Kurie möglich gewesen. Albrecht bot sofort seine Vermittlung an: ehrenvolle und sichere Rückkehr ins Hofamt,

BVLLA
Decimi Leonis, contra errores Martini Lutheri, & sequacium.

Aftitit Bulla a'dextris eius, in veftitu

deaurato, circumamicta varietatibus.

Vide lector, opereprecium eft. Adficie‑ ris. Cognofces qualis paftor fit Leo.

40   *Titelblatt von Huttens »Bulla Decimi Leonis«, um 1520.*

wenn er künftig auf antirömische Publizistik verzichte. Hutten lehnte dies am 28. August in einem Brief an Capito postwendend ab: »Habe ich deshalb Deutschland durch Wort und Schrift aufgereizt, um selbst beim ersten Ansturm kläglich umzu‑ fallen...?«

Neben dem Sonderbotschafter Eck und dem für Glaubensfragen zuständigen Nuntius Aleander hatte Rom für die eigentlich politischen Händel – die Allianz mit Habsburg gegen Frankreich bahnte sich an – einen zweiten Nuntius, Marinus Caracciolo, über die Alpen geschickt. Beide überreichten Anfang Oktober dem Kurfürsten Albrecht das päpstliche Breve gegen Hutten.

Dieser habe, so heißt es in dem Handschreiben, verwerfliche Bücher gegen den apostolischen Stuhl veröffentlicht. Genannt werden aber nur der »Vadiscus« und die Vorrede zur Schrift über den Investiturstreit aus dem späten 11. Jahrhundert; über die Entlarvung der Konstantinischen Schenkung schwieg sich das Konsistorium in Rom aus. Er, der Papst, sei um so mehr verwundert, als dieser Hutten seine lästerlichen Bücher gleichsam unter den Augen Albrechts geschrieben und in Druck gegeben habe.

Ende Oktober leisteten im Dom zu Aachen die deutschen Fürsten Karl V. als erwähltem römischem Kaiser den Treueid. Er verpflichtete Fürsten wie Monarch zum Schutz des Glaubens und der Kirche. In diesem Sinne legte Aleander unmittelbar nach der Zeremonie den Entwurf eines Mandats gegen Luther und Konsorten vor. Kurfürst Friedrich der Weise von Sachsen, Luthers Landesherr, widersprach: Die von Karl unterzeichnete Wahlkapitulation besagte eindeutig, daß kein Deutscher ohne Anhörung an Rom auszuliefern sei. Man kam überein, die Sache auf dem Wormser Reichstag im Frühjahr 1521 zu entscheiden.

Die pflichtschuldigste Antwort des Mainzer Kirchenfürsten an Papst Leo X. setzte Capito auf. Sofort habe er, Albrecht, Hutten vom Hof verbannt, als dessen Schmähungen Cajetans bekannt geworden seien. Leider sei der Übeltäter nicht greifbar, da er sich in überaus feste Burgen geworfen habe. Um seinen guten Willen und Eifer zu beweisen, habe man wenigstens den Drucker Huttens inhaftiert.

In Wirklichkeit war Hutten 1519, bei weiterlaufenden Bezügen, freiwillig aus dem Ratskollegium ausgeschieden und am Mainzer Hof weiter ein und aus gegangen. Das mit den festen Burgen stimmte freilich. Anfang September hatte sich Hutten auf Franz von Sickingens Ebernburg geflüchtet.

Auf der Ebernburg

*... daß mich Gott mit dem Gemüt, fürcht ich,
beschwert hat, daß mir gemeiner Schmerz
weher tut und tiefer, denn vielleicht andern zu
Herzen geht.*

Hutten, »Entschuldigung wider Etlicher un-
wahrhaftiges Ausgeben«, 1520

Am Mittellauf der Nahe, zwischen Norheim und Bad Münster
am Stein, haben die Elemente überraschend wuchtige Porphyr-
klötze als Naturdenkmäler modelliert: die zweihundert Meter
hohe Steilwand des Rotenfels, die mächtigste Deutschlands
außerhalb der Alpen, und die Schroffen der Gans und des
Rheingrafensteins, rot und hoch wie das Straßburger Münster.
Es ist eine hephästische, feuergeborene Landschaft, mit Erz-
adern, Edelsteinnestern und nahrhaft verwitternden, hitzig bun-
ten Weinbergsböden, Bratküchen der Rebe. Kenner schmecken
den Porphyrton der Felsenweine.

Im Mündungswinkel von Alsenz und Nahe, im Angesicht des
Rotenfels, ragt, eindrucksvoll noch als halbe Ruine, die Ebernburg mit dem gleichnamigen Dorf unterhalb ihrer Rebhänge.
Vom Burgtor schaut noch der Eberkopf, das alte Wahrzeichen
der Feste. 1448 erwarb Reinhard von Sickingen, dessen Geschlecht aus dem Kraichgau stammte, die Herrschaft Ebernburg. Der Enkel Franz kam 1481 hier oben zur Welt und baute
das Felsennest zu einer Geschützfeste aus. 1523 schossen Kurpfalz, Kurtrier und Hessen auf ihrem Feldzug gegen Sickingen
die Ebernburg zusammen. Von den Erben wiederaufgebaut,
mußte sie 1697 nach dem Friedensvertrag von Ryswijk ge-
schleift werden. Bis in die dreißiger Jahre des vorigen Jahrhunderts beuteten die Bauern die Ruine als Steinbruch aus. Dann

41 *Die Ebernburg über dem Zusammenfluß von Alsenz und Nahe, Sickingens »Herberge der Gerechtigkeit«. Holzschnitt 1523.*

bauten neue Besitzer das Anwesen als Gutsbetrieb in wohlmeinend neumittelalterlichem Stil wieder auf. Die kurz vor dem Ersten Weltkrieg gegründete Ebernburgstiftung begann das zu korrigieren. Gegen Ende des letzten Krieges litt die Ebernburg nochmals schwer unter Beschuß. Heute beherbergt sie eine evangelische Bildungsstätte für das Landvolk.

1889 wurde unterhalb der Burg das vom Bad Kreuznacher Bildhauer Karl Cauer entworfene, von seinen Söhnen vollendete Denkmal für Hutten und Sickingen enthüllt. Der elsässische Schriftsteller Carl Gruber hat das Monument schwungvoll gedeutet:

»Hutten redet auf Sickingen ein. Der schlanke, magere, von Fieber, Krankheit und Entbehrungen ausgehöhlte Geistling auf den untersetzten, stämmigen, vollgesichtigen Tatenmenschen.

Die Einzelheiten sind wohlüberlegt. Hutten im einfachen Scholarengewand und Kappe, die zartere Gewandung dem zarteren Körper angepaßt. Das Gesicht verzehrt, ganz Feuer und Schärfe, nur mit dem weichen Bärtchen, das aus Huttens Bildern bekannt ist. Das Auge bittet und beschwört mit einem unbeschreiblichen Gemisch von Wut und Verzückung, was die schwer auf Sickingens Schulter gepreßte Linke voll vertrauenden Ungestüms wiederholt. Die freie Rechte aber schwingt in der Richtung zum Grafenstein ein Pergament mit einer Bewegung, daß man eine solche Kraft dem schwachen Gerüst nimmer zugetraut hätte und daß der Gegensatz zwischen innerer und äußerer Kraft überwältigend hervortritt. Sickingen ist zunächst ganz der reiche Ritter und Feldhauptmann. Er trägt sein rotes Federbarett auf den kurzen Locken, die Feldbinde über dem Stahlharnisch; der Mantel ist königlich über den linken Arm und das Schlachtschwert geworfen. Das veredelte römerartige, leicht seitwärts gebogene Antlitz blitzt selbstbewußt zu dem Freunde hinauf. Aber es ist darin noch ein anderer Ausdruck! Die Linke hat die Hand ans Schwert gelegt, als wäre sie im Begriff, den Stahl zu ziehen. In den Augen dasselbe Werden, Bilden des Entschlusses. Der Gedanke ist fertig gebildet in Mienen und Gebärde des Hutten. Er fragt nur noch nach der Tat, und wie sich eine Tat formt, dies seltene Wunder hat uns Cauer in seinem Sickingen gezeigt... Drunten lag die salzige Stadt Münster, drehte ihre schimmernden Salinenräder und die schweren Radhebel, deren zum Erschauern zögernde Bewegungen das Weltgrundgesetz der Beharrung verkünden...«

Nach einem letzten Treffen mit Crotus in Fulda war Hutten in den ersten Septembertagen des Jahres 1520 auf der Ebernburg eingetroffen. Nach Sickingens Wahlspruch: »Allein Gott die Ehr/Lieb den gemeinen Nutz/Beschirm die Gerechtigkeit«, hat er die Burgen des Freundes als »Herbergen der Gerechtigkeit« berühmt gemacht. Und wie des »Fränzchen« hat sich hier die Sage auch des Humanisten Hutten anekdotisch angenommen.

In der Idylle des Huttentals bei Münster am Stein, rechts der Nahe, soll der Poet gedichtet und gebadet haben. Der Name geht aber auf ein ehemaliges Bergwerk zurück und lautet ursprünglich Hüttental. Das Ausflugslokal dort hat seine eigene Geschichte. Mitten durch das Gasthaus, genauer, mitten durch einen auf die Demarkationslinie gestellten Tisch, verlief früher die Grenze zwischen der bayerischen Rheinpfalz und der preußischen Rheinprovinz. Beide Staaten sollen eifrig darauf geschaut haben, daß ja kein unverzolltes Bier der Gegenseite auf eigenem Hoheitsgebiet aufgetischt wurde.

Neben Hutten fanden auf der Ebernburg und dem Nannstein zeitweilig noch andere prominente Anhänger der Reformation Unterschlupf: Martin Butzer aus dem elsässischen Reichsstädtchen Schlettstadt, aus dem Dominikanerorden entlassen, später Reformator der Stadtrepublik Straßburg; Johann Schwebel, der ursprünglich dem Heiliggeistorden angehörte und dann in Zweibrücken wirkte; Kaspar Aquila, einst Feldprediger Sickingens, in Dillingen aus geistlicher Haft entflohen, Mitarbeiter Luthers bei der Übersetzung des Alten Testaments; der Hutten schon von Augsburg her bekannte Johann Oekolampadius, Schwabe, Reuchlin-Schüler, der dann in Ulm, Memmingen, Biberach an der Riß und Basel die Reformation einführte. Aleander nannte die Ebernburg spöttisch die »Rheinische Akademie«.

Franz von Sickingen

Seit dem Jahr 1931 tobt, von Georg Lukács angezettelt, die Theoriediskussion um Ferdinand Lassalles Tragödie »Franz von Sickingen«, ein Akademikergeplänkel, das als Grundmodell materialistischer, lies marxistischer, Literaturerkenntnis längst zum Selbstzweck geworden ist. Eine neuere Biographie des Ritters dagegen fehlt seit Jahrzehnten. Ob sie die theorielastige

Sickingen-Debatte klären könnte, ist allerdings fraglich. Schon Lassalle hatte seinen Kritikern Marx und Engels vorgeworfen, sie machten keinen Unterschied zwischen dem historischen Sickingen und dem Helden seiner Tragödie. Da kann man natürlich lustvoll weiterstreiten.

Philipp von Flersheim, Domherr und später Bischof von Speyer, hat in der Flersheimer Chronik das Leben seines Schwagers Franz erzählt. Als die Stunde seiner Geburt nahte, habe der Vater »als ein Mathematikus und des Gestirnslaufs Erfahrener« dem künftigen Erdenbürger das Horoskop gestellt. »Er fand aber eine wunderliche Konstellation... und so das Kind ein Sohn, daß er auf dem Erdreich wunderbarliche Zeit haben und ein treffliches Ansehen in der Welt bekommen werde; sein Ende aber zeigte das Gestirn etwas beschwerlicher.«

Mit seinem Vater Schweiker besuchte Franz 1495 den Wormser Reichstag, der das Fehderecht generell abschaffte. Vielleicht hat er damals schon Götz von Berlichingen kennengelernt, der als Knappe seines Onkels Konrad den Reichstag besuchte. Im Erbfolgekrieg der Wittelsbacher um Niederbaiern standen die Sickingen auf seiten der Kurpfalz gegen die Münchner Herzöge und den Schwäbischen Bund. 1505 trat Franz als einziger Sohn das Erbe an. Er war ein umsichtiger Wirtschafter, der vor allem aus eigenen Bergwerken reiche Einkünfte bezog; die Reblage Erzgrube bei Ebernburg erinnert daran. Zielstrebig kaufte er sich in die Ganerbschaften anderer Adelssitze ein; als Ganerbe, Mitbesitzer, konnte er diese Burgen in Notzeiten als feste Plätze benutzen.

Vom Vater hatte Sickingen den Glauben an die Astrologie geerbt. Der Heidelberger Hofastrolog Johannes Virdung, ein Franke aus Haßfurt am Main, mußte ihm regelmäßig das Horoskop stellen. 1507 besorgte Sickingen dem aus Knittlingen stammenden Johann Georg Faust, dem historischen Vorbild der »Faust«-Sage, als kurpfälzischer Amtmann eine Schulmeisterstelle in Kreuznach.

42   *Franz von Sickingen. Kupferstich von Hieronymus Hopfer.*

Der früher in Sponheim, nun in Würzburg amtierende Abt
Johann Trithemius, selbst der Zauberei verdächtig, warnte am
20. August 1507 Virdung vor dem Besuch des verrufenen
Schwarzkünstlers Faust: »In den Fasten dieses Jahres kam er
nach Kreuznach, wo er sich in gleicher großmäuliger Weise ganz
gewaltiger Dinge rühmte und erklärte, daß er in der Alchemie
von allen, die je gewesen, der Vollkommenste sei und wisse und

könne, was nur die Leute begehrten. Damals war die Schulmeisterstelle in jener Stadt frei; sie wurde ihm auf Verwenden Franz
von Sickingens, dem Amtmann deines Fürsten, einem nach
mystischen Dingen überaus begierigen Manne, übertragen.
Aber bald schon begann er mit Knaben die schändlichste
Unzucht zu treiben und entfloh, als die Sache ans Licht kam. Das
ist es, was mir nach dem sichersten Zeugnis über jenen Mann
bekannt ist, dessen Ankunft du mit so großem Verlangen
erwartest.«

Auch wenn wir die denunziatorische Tendenz des Trithemius-
Briefes beiseite lassen, wirft die Bemerkung, Sickingen sei ein
»nach mystischen Dingen überaus begieriger Mann«, ein be-
zeichnendes Schlaglicht auf den Politicus von der Ebernburg.

1515 starb Sickingens Frau Hedwig, eine geborene Flersheim. Er
hat aus Pietät nicht mehr geheiratet. Dafür erwachte jetzt sein
Ehrgeiz. Dem Schwager Philipp erklärte er mit einem Fingerzeig
auf die väterliche Burg, das sei jetzt schon eine ansehnliche
Festung geworden. »Sollte ich aber nicht mehr getan haben, als
nur einen festen Bau aufrichten, das würde mir verächtlich
sein.«

Das Turniergepränge ließ ihn kalt, ebenso der adelige Standes-
sport, die Jagd. Er war auch kein Raufbold wie Götz von
Berlichingen, hat sich anscheinend nie wie dieser im Gefecht
exponiert. Gemeinsam war beiden aber, daß sie ihre Fehden
planmäßig als Geschäftsunternehmen aufgezogen haben. Nur
tat das Sickingen mit ganz anderem Aufwand und bald schon im
Kondottierestil, also unter politischen Aspekten.

Den Vorwand zu seiner ersten großen Fehde lieferte ihm
Worms. Die Stadt, die damals 7000 Einwohner zählte, hatte sich
ihres Bischofs als Herrn entledigt. Was blieb, war der Gegensatz
zwischen dem patrizischen Rat und den Zünften. 1513 schlug
der Rat einen Aufruhr blutig nieder und entzog dem bischöflichen Hofnotar Balthasar Schlör seine Güter unter dem offensichtlichen Vorwand, er habe die reichsfreie Stadt dem Bischof

wieder zuspielen wollen. Schlör suchte vergeblich sein Recht und wandte sich endlich an Sickingen. Im März 1515 sagte Schlör der Stadt Fehde an und erbeutete mit Sickingens Mannschaft ein Wormser Handelsschiff bei Eich am Rhein. Kurpfalz hatte das Geleit, erhob jedoch, im Einverständnis mit Sickingen, keinerlei Protest. Der Ritter erklärte nun auch seinerseits Worms die Fehde und kam prompt in Reichsacht.

Ungeniert warb er 6000 Landsknechte an; hinzu stieß der befreundete Adel mit 1100 Pferden, darunter Hartmut von Kronberg mit 300, Götz von Berlichingen und Hans von Rosenberg mit 80 Reitern. Daß Sickingen mit seiner ersten großen Werbung solchen Erfolg hatte, erklärt sich auch aus seinem Werbepatent. Verwundete, Kranke, Gefangene hatten Anspruch auf Weiterzahlung ihres Soldes. Plündern war freigestellt, allerdings nur bei den Untertanen und erklärten Anhängern des Gegners. Unbeteiligte sollten geschont, in den Lagern und Herbergen die Wirte ordentlich bezahlt werden.

Durch heimliche Botschaften versuchte er, die Handwerker in der Stadt zur Übergabe zu bewegen; sein Kampf gelte nur dem Willkürregiment des Rates. Aber die Opposition, ihrer Köpfe beraubt, rührte sich nicht. Ende Juni begann die Belagerung der Stadt. Sickingens Artillerie war zu schwach, um ausreichend Bresche zu schießen. Er ließ nun die Bäche abgraben und schnitt den Wormsern so die Wasserzufuhr ab. Als die Blockade keine Wirkung zeigte, verwüsteten seine Leute die reife Frucht auf den Feldern und zerhackten die Reben der Bürger. Schließlich mußte er abziehen. Seine Reiter streiften aber weiter unter den Mauern und lähmten Handel und Wandel.

Die Fehde mit Worms schwelte noch, als Sickingen ein anderer Hilferuf erreichte. Gangolf und Walter von Geroldseck im Elsaß hatten sich wegen einer Silbermine an der Grenze mit dem Herzog Anton von Lothringen überworfen. Anton galt als Parteigänger Frankreichs. Kaiser Maximilian gönnte ihm eine Niederlage. 1516 schlugen die Geroldsecker los, sahen sich bald zurückgedrängt und baten Sickingen um Zuzug. Der mußte erst einmal den Herrn Gangolf freikaufen, den die eigenen Landsknechte wegen Soldforderungen in Ketten gelegt hatten. Der Lothringer, von Sickingens Aufgebot erschreckt, bezahlte ihm gegen Räumung seines Landes die Kriegskosten und bewilligte eine Jahrespension mit der einzigen Verpflichtung, nie wieder gegen ihn anzutreten.

Der eher diplomatisch als militärisch erfolgreiche Feldzug gegen die Welschen machte Sickingen in den Rheinlanden populär, aber noch hing über ihm die Reichsacht. König Franz von Frankreich kam dies gelegen. Er wollte sich bei seiner Wahl zum Kaiser der Hilfe Sickingens versichern. Mit Kurpfalz und Kurtrier und Sickingen in der Mitte hätte er eine geschlossene Front im Westen des Reiches gewonnen. Er lud den Ritter an seinen Hof nach Amboise. Sickingen trat dort mit adligem Gefolge wie ein regierender Herr auf und verpflichtete sich, gegen üppiges Salär dem König »gegen jedermann«, ausgenommen den Lothringer, zu dienen.

Trotz dieser Provokation konnte Kaiser Max auch jetzt keine Reichsexekution gegen den offensichtlichen Landesverräter und Landfriedensbrecher zusammenbringen. Im Gegenteil: König Franz drohte dem Habsburger mit Krieg, falls er etwas gegen Sickingen oder den Mörder Hans von Huttens, den württembergischen Herzog, unternehme.

Vor Metz und Darmstadt

In dieser Lage beschloß Maximilian, bekannt für jähe Kehrtwendungen, Sickingen auf seine Seite zu ziehen. Im Juli 1517 löste er ihn aus der Reichsacht, im Frühjahr 1518 ritt Sickingen nach Innsbruck. Der alte Kaiser Max reichte ihm die Hand: »Nun, nun, Franz, was geschehen, ist geschehen. Ich will dir ein gnädiger Kaiser sein.«

Der Kondottiere löste seinen französischen Dienstvertrag, was ihm um so leichter fiel, als König Franz nur stockend gezahlt hatte, und verpflichtete sich dem Hause Habsburg. Sickingen ließ auf diese Einigung eine goldene Denkmünze schlagen. Sie zeigt ihn kniend vorm Kaiser; ihr lateinischer Umspruch lautet in freier Übersetzung:

Ziehe, erhabner Monarch, der Waffe das Feilschen nicht vor,
Sieger bleibst du dann stets, glücklich erhältst du das Reich!

Für den noch nicht Vierzigjährigen war dies die Stunde des Triumphs. Als kleiner Ritter hatte er die Fehdelaufbahn begonnen; jetzt verhandelte er mit König und Kaiser, umworben von beiden. Der eben noch von der Reichsacht Verfemte galt nun als Feldherr des Reiches. Aber er wollte mehr als Werkzeug, weiter Herr seiner Entschlüsse sein. Als nächstes bekam dies Metz, damals noch locker im Reichsverband, zu spüren.
Der Rat der Stadt hatte einen gewissen Pierre Soufroy ausgestoßen, dieser sich mit Straßenraub gerächt. In einer Burg des Ritters Philipp Schluchterer von Erffenstein wurde Soufroy von einem Metzer Hufschmied niedergestoßen. Zufällig weilte Sik-

43   *Das deutsche Tor in Metz, aus: E. de Bouteiller, »Histoire de Franz de Sickingen«, Metz 1860.*

kingen zur Tatzeit auf der Burg Schluchterers und beschloß, dem in seiner Ehre gekränkten Gastfreund Genugtuung zu verschaffen. Ende August 1518 zog er mit 8000 rasch angeworbenen Landsknechten und 2000 Reisigen, also Reitern, gegen Metz. Eingedenk der Verwüstungen um Worms kaufte sich die Stadt schleunigst mit 25 000 Gulden frei. Besiegelt wurde der Vertrag am 7. September im Feldlager.

Das Datum des 8. Septembers trug der nächste Fehdebrief, mit dem Sickingen seinen verwegensten Kriegszug eröffnete.

1509 war der Landgraf Wilhelm von Hessen gestorben. Für seinen erst fünf Jahre alten Sohn führte ein Ausschuß der Ritterschaft die Regierung. 1514 stürzte die jugendlich vollblütige Witwe Wilhelms, Anna von Mecklenburg, die Regentschaft und nahm selbst die Zügel in die Hand. Dabei blieb es auch, als sie 1518 den 13 Jahre alten Sohn offiziell für mündig erklärte. Bei einem Großteil des hessischen Adels war die tolle Anna verhaßt. Ein läppischer Kuhhandel im wahrsten Sinn des Wortes, die Entführung von 200 Ochsen auf hessischem Gebiet, verwickelte die Landgräfin in einen Kleinkrieg mit dem Taunusritter Johann von Breidenbach. Sickingen kannte die Stimmung seiner hessischen Standesgenossen. Vom Augsburger Reichstag hörte er, der Kaiser sei der Regentin wenig gewogen. So erklärte er ihr und dem jungen Landgrafen vor Metz Fehde.

Eine Woche später stand er mit seinem Heer am Rhein, setzte, wieder mit stillschweigender Duldung des Pfalzgrafen, bei Worms über den Strom und stand bald darauf vor dem festen Darmstadt.

Die Adelsfronde zeigte wenig Lust, sich für die tolle Anna zu schlagen, die Bürger Darmstadts zitterten vor dem Städteplakker. Landgraf Philipp saß ratlos in Gießen und gab der Besatzung Verhandlungsvollmacht. Am 23. September kapitulierte Hessen im Darmstädter Vertrag vor dem Kondottiere. Die aus dem Amt gejagten adeligen Regenten und andere ritterliche Leidensgenossen sollten Ehre und Recht wiedererhalten, Sickingen 35000 Gulden Kriegskosten ersetzt bekommen. Philipp mußte zähneknirschend zahlen, verweigerte aber die Repatriierung der verbannten Regenten. Sickingen hatte sich einen unversöhnlichen Feind geschaffen.

Seine Rolle als Reiterführer im Feldzug gegen Württemberg, das erneute Werben Frankreichs vor der Kaiserwahl, die militärische Abschirmung des Wahlakts in Frankfurt stärkten Sickingens Stellung. Mit seinem Eintreten für Karl hatte er sich aber den Pfälzer Kurfürsten Ludwig, seinen Lehensherrn und mächtigsten Nachbarn, zum Feind gemacht. Jetzt, 1520, verpflichtete er sich dem Kaiser Karl für fünf Jahre als Feldhauptmann, Rat und Kämmerer, bei einem Jahresgehalt von 3000 Gulden. Vorerst pumpte der neue Dienstherr jedoch erst einmal 20000 Gulden von Sickingen, »ohne einige Unterpfand und Verzinsung auf ihrer Majestät Treu und Glauben«. Der kaiserliche Hof ernährte sich von den Beutegeldern der Metzer und der hessischen Fehde.

Es fällt schwer, Sickingens Charakter, seine Motive, seine Bedeutung zu ergründen. Seine militärischen Erfolge blendeten die Zeitgenossen, obwohl er sich weder vor Worms noch vor Metz, weder gegen Lothringen und Württemberg noch gegen Hessen entscheidend hatte bewähren müssen. Seine Machtbasis blieben eine Handvoll Burgen, ein überdurchschnittliches ökonomisches Talent und der Ruf, ein Söldnerheer aus dem Boden stampfen zu können.

Er sah und überschätzte sich als selbständige Größe im politischen Spiel, ohne breiten territorialen Rückhalt, ohne das Imponderabile einer dynastischen Tradition. Als Bundesgenossen konnte er eigentlich nur die südwestdeutschen Reichsritter ansehen, und die saßen zerstreut, schon in vielfacher Abhängigkeit von ihren fürstlichen Lehensherren. Und gerade über sie und ihresgleichen wollte Sickingen sich erheben. Daß er ein eigenes Fürstentum auf Kosten der geistlichen Landesherren gewinnen wollte, offenbarte sein letzter Zug gegen Kurtrier. Als »Gernkönig am Rhein« haben ihn seine Gegner verhöhnt. Dies war zumindest *ein* Grund für die Schutzangebote, die er Hutten und den Reformatoren gewährte.

Sympathisch berührt seine Hilfsbereitschaft im Falle Reuchlins. Geschäftstüchtigkeit und Ehrgeiz vereinten sich bei ihm mit jovialen Wesenszügen. Als ein großer Herr konnte und wollte er sich auch großzügig geben, ob nun der Kaiser finanziell in der Klemme saß oder einem »entloffenen« Mönch die Hochzeit ausgerichtet werden sollte.

An Härte, Gerissenheit, politischem Durchblick fehlte es ihm. Den geschmeidigen Räten Karls V. war der früh schon an Gicht leidende, auch körperlich schwerfällige Pfälzer nicht gewachsen. Und als den Emporkömmling vor Trier sein Glücksstern zum erstenmal verließ, resignierte er, wie betäubt. Es war ein Glücksritter, dem sich Hutten anvertraute.

»Ist niemand, der ein Herz hat...?«

Auf der Ebernburg entwickelte Hutten in den folgenden Wochen eine fieberhaft anmutende Tätigkeit. Jetzt hatte er einen Schreiber, einen Gehilfen und Butzer als Übersetzer zur Hand. Bis zur entscheidenden Phase des Wormser Reichstags im Frühjahr 1521 gingen mehr als ein Dutzend Schriften aus seiner Feder ins Land. Eine eigene Druckerei besaß er hier freilich ebensowenig wie auf dem Steckelberg. Die meisten seiner Schriften vertraute er nun dem Straßburger Johannes Schott an.

Als Sickingen zur Krönung Karls nach Aachen fuhr, gab Hutten ihm einen offenen Brief an den Monarchen mit; zusammen mit ähnlichen Schreiben an Kurfürst Albrecht, Sebastian von Rotenhan, Friedrich von Sachsen und die »gemein Teutsche Nation« erschien er gesammelt in den »Conquestiones«, verdeutscht in den »Klagschriften«.

Rom, so hält er dem Kaiser vor, greife mit seiner Verfolgung in

BUCER

La douceur fet mon caractere
Et n'ame que la verité
Qui porte dans les cœurs un attrait qui sçait plaire,
Prenant bien mieux que la severité.

44 Martin Butzer. Kupferstich nach einer Porträtmedaille von 1543.

Karls ureigenste Rechte ein, wolle überhaupt »aller Ding allein Macht haben«. Stets habe er den geistlichen Stand bessern wollen, und Gott zu Ehren, ihm und dem Vaterland zu Diensten gegen die Anschläge der Päpste gefochten. Dafür gebühre ihm Belohnung, nicht Strafe. Ihrer beider Interessen seien gleich, so »daß du mich, du wolltest denn deiner selbst vergessen, nit magst verlassen«. Wer wolle künftig dem Kaiser frisch die Wahrheit sagen und raten, wenn er, Hutten, ohne Anhörung vergewaltigt werde? Wenn Karl ihn jetzt unter Donner und Platzregen im Stich lasse, werde er sich »schimpflicher und verächtlicher Nachred« aussetzen.

Ohne die Floskeln von ersterbender Demut und alleruntertänigster Verehrung, die später jeder absolutistische Duodezpotentat fordern konnte, las Hutten dem Kaiser hier die Leviten.

Verbindlicher gab er sich in dem Brief an Albrecht, wo er klagte, daß man ihn von den Höfen und aus den Städten, voran dem goldenen Mainz, verbannt habe. Er verlasse sich auf den Arm Gottes, wenn aber dem Treiben der Kurie nicht Einhalt geboten werde, könne die Geistlichkeit gänzlich scheitern und zugrunde gehen.

Seinem Landsmann und Nachfolger am Mainzer Hof, Rotenhan, rief Hutten zu: »Hast du nit auch ein fränkisch Gemüt und haltest noch bei unsrer alten Freiheit?« Er bat den Freund, ihn über die Vorgänge am Hof auf dem laufenden zu halten und beim Adel für ihn einzustehen.

Im Sendschreiben an den Kurfürsten Friedrich, dem wichtigsten Dokument dieser Sammlung, tituliert Hutten Rom als »die groß Stadt Babylon, ein Mutter aller Büberei, Schand und Laster der Welt« und den Papst als gekrönten »Abgott«. Mit Friedrich sprach er alle Fürsten an: »Wollt Gott, entweder der Mut wär bei euch, die ihr Macht habt, oder wir, bei denen Mut ist, hätten die Macht...« Das klingt wie ein Verzweiflungsschrei. »Wollt Gott, die Türken herrschten eher über uns! Dann die Türken sind doch redlich Leut, streng, starkmütig und der Krieg verstän-

dig… Überdies, so regieren auch die Türken milder dann die Päpst, halten besser Gerechtigkeit in ihrem Regiment. So hör ich auch, sie führten Krieg nit um des Glaubens willen, sondern darum, daß sie Ehr erwerben und ihr Gebiet erweitern.«
Nach diesem weitherzigen Sittenspiegel wandte sich Hutten wieder unmittelbar an Friedrich. Er allein habe sich bisher noch fürstlich gezeigt, indem er Luther beschirme, in ihm allein sehe man noch ein Fünklein deutscher Tugenden glühen, »von welchem ich hoffe, es werde sich ein groß heilsam Feuer anzünden«. Er erinnerte an die Freiheitsliebe der Sachsen gegen Karl den Großen und an die Westfalen, die Nachfahren der Cherusker, die unter Arminius dem Kaiser Oktavian widerstanden hätten. Er beschwor die Ottonen und Heinriche. Die Deutschen sollten entweder den Titel des Römischen Reiches fahrenlassen und einen Kaiser wählen, der einen sachlich gerechtfertigten Namen führe, oder aber die päpstliche Tyrannei stürzen, in Rom ihre Herrschaft wiederaufrichten und »ehe wir andern gebieten, uns zuvor selbst frei machen«. Ohne Blutvergießen gehe das »nit wohl« ab. Weise Ärzte trieben schwere Krankheiten mit bitterer Arznei aus. Im übrigen sei es besser, das Geld, das nach Rom fließe, gleich in die Flüsse, die zum Meer hin zögen, zu werfen, als damit noch die eigene Knechtschaft zu finanzieren.
Dann faßte Hutten sein Reformprogramm zusammen:
Die Romanisten sollen sich um die Seelsorge kümmern, nicht Land und Leute regieren.
Alle Bischöfe sollen einander gleichgestellt sein.
Von hundert Geistlichen kann einer bleiben, die Mönchsorden aber sollen ganz abgeschafft werden.
Die Kirchenschätze sollen einem stehenden Reichsheer zukommen. »Da würden«, und das zielt auf die Ritterschaft, »viel arme Gesellen, deren sonst ein Teil Armuts halben rauben und stehlen, von einer redlichen Belohnung zu leben haben. Man möcht auch sonst viel armen Leuten mit Steuer und Almos der

Gemeinde zu Hilf kommen, ein Teil möchten wir wenden zur Ernährung und Besoldung gelehrter Leut...«

Wehrstand und Lehrstand sowie die Armenkassen sollten also vom Kirchengut profitieren. Hutten weitet dann die Möglichkeiten eines romfreien Reiches, einer romfreien Kirche ins Ökumenische: Die Böhmen, die Griechen des alten byzantinischen Reiches und die Reußen, die Russen, die allein wegen der päpstlichen Gewalt die Gemeinschaft der Kirche verlassen hätten, wären wieder mit uns einig. Liebe und Einigkeit zögen in die Christenheit ein. »Sobald dann abgetrieben werden die unfruchtbaren Wespen und Hummeln, die Honig essen, aber keinen machen, werden herzu fliegen die honigmachenden Bienlein und uns die verwüsteten Bienenstöcke wieder anrichten und bauen.«

Notfalls will der Kampfhahn Hutten auf sich allein gestellt fallen: »Also weit soll von mir sein, daß ich das vielköpfige, gehörnte Tier, davon in der Apokalypse geschrieben steht, mit euch andern anbete. Dann meine Natur würd das nit mögen leiden... sterben ist mir nit so erschrecklich als ohne Freiheit leben... Und nit allein meinethalben, sondern ich mag auch nit sehen teutsch Nation ihrer Freiheit ermangeln. Aber vielleicht werde ich einmal aus dieser Höhle herfürspringen... und wo die groß Versammlung ist ausschreien: Ist niemand, der ein Herz hat, mit Hutten um gemeiner Freiheit willen zu sterben?«

Bei aller propagandistischen Eintönigkeit entlockte Hutten seinem Bekenntnis immer neue Bilder, Zwischentöne, Beispiele, Appelle. Wie der alte Friedrich auf diesen Anruf, schwankend zwischen Wahn und Wirklichkeit, reagiert hat, wissen wir nicht. Einige Vorschläge Huttens tauchten 1525 im Bauernkrieg wieder auf, in den Reichsreformplänen Friedrich Weigandts und Wendel Hiplers.

Seine Klagschrift an die Nation pochte vor allem auf den Rechtsgrundsatz, keiner dürfe ohne Anhörung verurteilt werden. Als die Bulle bekanntgeworden sei, hätten sich Kleinmütige von ihm abgewandt. »Wo fliehe ich aber hin? Oder wes Hilf bitt ich? Gnädige Herren und gute Freunde, gemeine teutsche Nation, euch such ich an!«

Beredt zählt er alle Strapazen, Schicksalsschläge und die Armut seiner besten Jahre auf: »Hab ich euere Ehr geweitet, so wollt doch jetzt mein Heil nit verlassen...« Nach altem deutschem Rechtsbrauch dürfe keiner ohne Anhörung verurteilt werden. »Verweigert mir nit, was man einem Säuhirten vergönnt...«

Weil die Romanisten seine lateinischen Mahnrufe dem ungelehrten Volk falsch ausgelegt und übersetzt hätten, werde er nun auf gut deutsch reden, »daß jedermann Wissen hab, welches die Braut sei, darum man mir zu tanzen zugemut«.

Ebenfalls noch im Herbst 1520 veröffentlichte Hutten die Bannandrohungsbulle, Punkt für Punkt mit mehr oder minder bissigen Anmerkungen versehen. Daneben schrieb er in deutschen Versen und lateinischen Distichen »Ein Klag über den Lutherischen Brand zu Mentz«. Ende November hatte Aleander die Verbrennung der lutherischen Schriften in Mainz durchgesetzt, der dafür zuständige Henker, von der Volksmenge bestärkt, sich zu dem Geschäft verweigert; ein Totengräber mußte anderntags den Scheiterhaufen mit den Büchern anzünden.

Die lateinischen Verse wandten sich nochmals in antikisierender Pose an einen jupitergleich thronenden Gott und an die humanistischen Zunftgenossen; die deutsche Klage mit ihren gereimten Versspaaren ist keine Übersetzung, sondern frei geformt, klingt christlich bewegt, gläubig bieder:

> Nimm wahr, Gott Herr, dein Wort zergeht.
> Hie brennt des frummen Luthers Gschrift,
> Drum, daß sie dein Gesetz betrifft...

Der Hirte Leo X. ist zum reißenden Löwen geworden und würgt seine Schäflein —

Gibt Ablaß aus, nimmt Pfennig ein.

Seine Schreiber betrögen das Volk im Namen Gottes –

> Als hättest das verwilligt du
> Und sei zu Rom die Kirch allein.
> Ach Gott, nun mach dich wieder gmein.

»Latein ich vor geschrieben hab...«

Als Meister der Sprache erscheint Hutten in dem ebenfalls noch
1520 gedruckten großen Reimgedicht »Klag und Vermahnung«, 1578 Verse, polternd und flehend, epigrammatisch
geschliffen und treuherzig beredt, umständlich auflistend und
temperamentvoll zustoßend, frei von der Leber weg, ohne
künstlerische Komposition, aufrüttelnd, auch ohne statistische
Erfolgszahlen:

> Latein ich vor geschriebn hab,
> das war eim jeden nit bekannt.
> Jetzt schrei ich an das Vaterland,
> teutsch Nation in ihrer Sprach,
>   zu bringen diesen Dingen Rach...
> Hört zu ihr Teutschen was ich sag,
>   aus Gottes Stiftung nimmer mag
> bewiesen werd, uns schuldig sein,
>   dem Papst zu geben Geld hinein,
> und um ihn kaufen geistlich War,
>   Pfründ, Kirchen, Pfarren und Altar.
> Gott hats gegeben alls umsunst,
>   und mag nit sein der göttlich Gunst,
> wo man die Sakrament verkauft.
>   Kein hat Gott nie ums Geld getauft.

Sarkastisch fragt er nach der Allmacht der Prälaten:

Die armen Pfaffen Arbeit han,
  die reichen sieht man müßiggahn.
Also wir Herren haben gzeugt,
  ums Geld, wer anders sagt, der leugt.
Die haben jetzt allein den Pracht,
  und ist kein Herrschen, noch kein Macht,
es müssen sein Prälaten da,
  ohn die spricht niemand nein, noch ja.
Wie könnt man auch regieren wohl,
  wenn wär das Reich nit Pfaffen voll?
Drum steht es auch so wohl im Reich,
  und gschieht eim jeden recht und gleich.

Zwanglos fügten sich ihm jetzt die biblischen Wendungen:

Hilf werter Künig, es ist not,
laß fliegen aus des Adlers Fahn,
  so wöllen wir es heben an.
Der Weingart Gottes ist nit rein,
  viel Ungewächs ist kommen drein.
Der Weiz des Herren Wicken trägt,
  wer dozu nit sein Arbeit legt
und hilft das Unkraut tilgen aus,
  der würd mit Gott nit halten haus.

Die frommen Geistlichen, die wahren Seelsorger soll man
ungeschoren lassen:

Doch halt die Frommen ich bevor,
  der greif man keinem an ein Hor.
Und die seind guter Gschrift gelehrt,
  ich bitt, daß keiner werd versehrt.

Und wer ein geistlich Leben führt,
in dieser Sach bleib unberührt.

Mit dem alten Kreuzzugsruf »Gott will es!« mahnt er Adel und
Städte auf:

Den stolzen Adel ich beruf,
  ihr frommen Städt euch werfet uff,
wir wöllents halten in gemein,
  laßt doch nit streiten mich allein.
Erbarmt euch übers Vaterland,
  ihr werten Teutschen regt die Hand.
Jetzt ist die Zeit, zu heben an
  um Freiheit kriegen, Gott wills han.

Seit dem Feuertod des tapferen Hus sei die Christenheit ängstlich
geworden und fürchte den Bann. Warum eigentlich?

Nit, daß ich Gottes Straf veracht,
  ich sprech, ihr Bannen hab kein Macht.
Dann wie kann ander strafen, der
  ist selber von den Sünden schwer,
und stoßen mich vons Himmels Thron,
  der selber ist so weit davon.
Doch habents lang die Leut betört,
  und wer von Bannen hat gehört,
der ist von Schrecken worden kalt.
  Domit sie bhielten ihren Gwalt.
Und haben oft durch Bannes Kraft
  viel Nutz und großen Frommen gschafft.
Um Geldes willen und um Gut
  den Bann man jetzo üben tut.
Das ist nit recht und wider Gott.
  Dann Bannen ist die letzte Not,

wann helfen will kein Straf noch Lehr,
   und sich der Sünder nit bekehr,
ist doch vorhin so oft vermahnt,
   als dann er rechtlich würd verbannt.
Wer aber jetzt die Wahrheit sagt,
   mit Bannen den man bald verjagt.
Das ist nit göttlich und nit recht,
   und der nit solches widerfecht,
mit Gott er übel würd bestahn,
   des will ich ihn gewarnet han.

Und wieder schlägt die öffentliche Schelte ins persönliche Bekenntnis, in packende Geste um:

Und hör nit auf, ich schrei und gilf,
   bis man der Wahrheit kommt zu Hilf,
und schicket sich zu diesem Krieg.
   Wer weiß, ob ich noch unten lieg.

Zum Pfaffenkrieg ruft er, so haßerfüllt und erbarmungslos wie später nur noch einer, Kleist, gegen die französische Fremdherrschaft, und schließt:

Wer wollt in solchem bleiben dheim?
   Ich habs gewagt, das ist mein Reim.

Luther lehnt Gewalt ab

Nach diesem »zornigen Spruch«, wie Hutten selbst ihn nannte, erschienen gegen Jahresende außer den schon erwähnten »Dialogi novi« – »Bullentöter«, »Mahner I« und »Mahner II«, »Die Räuber« – noch zwei deutsche Schriften, die historisch argumentierende »Anzoig« und die »Entschuldigung«.

Erstere verrät Form und Tendenz schon im vollen Titel: »Anzoig, wie allwegen sich die römischen Bischöf oder Päpst gegen den teutschen Kaiser gehalten haben, uff das kürzest aus Chroniken und Historien gezogen«. Von Otto I. bis Maximilian passieren Kaiser und Päpste hier kritisch Revue. Das Fazit zieht ein Spruch des Kaisers Max über Leo X., als Mahnung an den Enkel, der damals noch kaum ein Wort Deutsch verstand: »Nun ist dieser Papst auch zu einem Böswicht an mir worden. Nun mag ich sagen, daß mir kein Papst, so lang ich gelebt, je Treu oder Glauben gehalten hat; hoff, ob Gott will, dieses soll der letzte sein.«

In der »Entschuldigung« wehrt sich Hutten gegen die Nachrede, er sei der Geistlichkeit ganz allgemein feindlich gesinnt. Das wollte und konnte er nicht auf sich sitzen lassen, allein schon der reformatorisch gesinnten Priester wegen. Wenn man ihm aber den Vorwurf mache, ihn als Laien gehe der geistliche Stand doch gar nichts an, so müsse er antworten, »daß mich Gott mit dem Gemüt, fürcht ich, beschwert hat, daß mir gemeiner Schmerz weher tut und tiefer, denn vielleicht andern zu Herzen geht«.

Wo nötig, habe er sich in seinen letzten Schriften auf die Bibel berufen, »nicht mit ungewaschenen Händen«, und dies stehe jedem Christen frei. Warum solle man gegen Papst und Bischof nicht Krieg führen, wenn diese selbst zum Schwert griffen? Hier verwahrte er sich dann auch gegen das Gerücht, er habe als Fuldaer Stiftsschüler die Mönchsgelübde gebrochen.

Was das Doppeldenkmal vor der Ebernburg pathetisch vorgibt, hat Strauß als freisinniges Winteridyll mit Worten gemalt: »Stehen wir einen Augenblick vor diesem Bilde still: es ist eines der schönsten in der Geschichte unseres Volkes. Am gastlichen Tische der Ebernburg sitzen in den Winterabenden zwei deutsche Ritter, in Gesprächen über die deutscheste Angelegenheit. Der eine Flüchtling, der andere sein mächtiger Beschützer: aber der Flüchtling, der jüngere, ist der Lehrer, der ältere schämt sich des Lernens nicht, wie der ritterliche Lehrer selbst neidlos dem

Herz Ulrichs
von Hutten
anzöig

Wie allwegen sich die Röm
ischen Bischöff / oð Bäpst
gegen den teütschen Kayß/
eren gehalten haben / uff dz
kürtzst uß Chronicken und
Historien gezogen / K.ma:
iestät fürzübringen.

☞ Ich habs gewogt.

45   *Titelblatt von Huttens »Anzöig«, 1520.*

größeren Meister, dem Mönch zu Wittenberg, sich unterordnet.«

Die Wirklichkeit sah anders aus. Zwar las Hutten dem Burgherrn nach den Mahlzeiten aus Luthers Schriften vor. Aber sowenig ein Hutten sich dem Reformator unterordnete, sowenig ein Sickingen sich dem Federhelden. Eine durchgreifende Reform der Kirche wollte auch er, aber vor dem Ruch der Ketzerei scheute er zurück. Er hatte sich an Karl gebunden und hielt den ungeduldigen Freund, der schon im Spätherbst den Nuntien auflauern wollte, am kurzen Zügel. Bis zuletzt blieb Sickingen in der Reserve und vertröstete auf den guten Willen des Kaisers. Ob er sich da guten Glaubens selbst betrogen hat, bleibt eines der vielen Fragezeichen in diesem Lebenslauf.

Sein Schwager, der Domherr Philipp von Flersheim, warnte vor dem Bruch mit dem Kaiser und der Kirche, der zugleich einen Bruch mit vielen seiner ritterlichen Freunde bedeuten mußte. Sickingen und Hutten wußten nur zu gut, wie begehrt eine Pfründe in den adeligen Domkapiteln war. Adelige waren es, die einen Großteil der Kurtisanen, der faulen Prälaten stellten, die in Rom einträgliche Ämter kauften, wie ihre weltlichen Standesgenossen in den Tag hineinlebten und das Messelesen miserabel bezahlten niederen Klerikern überließen.

Wenn Hutten in seinen Briefen, Widmungen und Dialogen vor 1522 den reichlich undurchsichtigen Sickingen als bezwingenden Wortführer der evangelischen Bewegung auftreten ließ, wenn er ihn als treu und tatbereit hochlobte, so war das, verständlich, verzeihlich, ein Akt nötigender Diplomatie bei dem sonst undiplomatisch offenen Mann. Nach außen mußte gemeinsam drohende Entschlossenheit demonstriert werden. Daß ihm dies gelang, daß man während des Wormser Reichstages je nach Partei furchtsam oder hoffnungsvoll gespannt zur Ebernburg schaute, ist vielfach belegt.

Am 9. Dezember 1520 ließ Hutten den fernen Luther etwas von seinen Zweifeln und Enttäuschungen ahnen: »Gewiß, du würdest Mitleid mit mir haben, wenn du sehen könntest, wie ich hier zu kämpfen habe: so wenig kann man sich auf Menschen verlassen. Während ich neue Bundesgenossen anwerbe, fallen die alten ab. Ein jeder hat eine Menge Bedenken und Vorwände. Vor allem ist es der Aberglaube, der die Menschen schreckt, die von Kind an eingesogene Meinung, dem Papst, und wäre es auch der ungerechteste und mißratenste, zu widerstreben, sei ein unsühnbares Verbrechen.« Jetzt wolle er von Luther wissen, wiewiet man auf seinen Kurfürsten Friedrich vertrauen könne, ob dieser selbst zu den Waffen greifen oder nur Gewalttaten dulden und Zuflucht gewähren wolle.

Luthers Briefe an Hutten sind alle verlorengegangen, zufällig oder absichtsvoll. Seine Haltung läßt sich aber aus der sonstigen Korrespondenz erschließen. Noch im November war ihm der Stoßseufzer entschlüpft: »Wenn doch Hutten die Nuntien abgefangen hätte!« Aber als er den Dezember-Brief von der Ebernburg Georg Spalatin, dem Beichtvater und vertrautesten geistlichen Berater Friedrichs, mitteilte, merkte er an: »Was Hutten begehrt, siehst du. Ich will nicht, daß mit Gewalt und Mord für das Evangelium gestritten würde; in diesem Sinne habe ich an den Mann geschrieben. Durch das Wort ist die Welt überwunden, durch das Wort die Kirche erhalten worden; so wird sie auch durch das Wort wiederhergestellt werden; und auch der Antichrist, wie er ohne Gewalt angefangen hat, wird ohne Gewalt zermalmt werden durch das Wort.«

Das Jahresende ließ sich für Hutten übel an. Im November noch hatte ihm Sickingen Karls Zusage mitgeteilt, er werde ohne Gehör auf keinen Fall verurteilt werden. Nun aber einigten sich Papst und Kaiser. In Italien war der Krieg gegen Frankreich unvermeidlich geworden, in Spanien tobte der Bürgerkrieg zwischen Städten und Granden. In beiden Fällen brauchte Karl die Unterstützung der Kurie. Zu einer Reform der Kirche sagte er ja, zu einer Reformation des Glaubens entschieden nein. Was man ihm von Luthers Verwerfung der Sakramentenlehre und päpstlicher Autorität erzählt hatte, war blanke Ketzerei, die es auszurotten galt.

Mitte Dezember erfuhr man auf der Ebernburg, ein Verhör Huttens sei nun doch aussichtslos. Sickingen begann zu schwanken. Am 10. Dezember verbrannte Luther die Bulle und den »Corpus juris canonici«, das nicht minder unantastbare Gesetzeswerk der Kirche, auf dem Schindanger vorm Wittenberger Elstertor. Am 29. Dezember beschloß der Staatsrat auf Betreiben Aleanders ein kaiserliches Mandat, das bei Strafe der Acht und des Verlusts der Lehen allen Getreuen befahl, die Schriften Luthers zu verbrennen, den Ketzer zu ergreifen und nach Rom auszuliefern, seine Anhänger zu verhaften und ihre Güter einzuziehen. Publiziert wurde diese Kampfansage noch nicht, sie läßt aber auf die Stimmung Karls und seiner Kamarilla schließen.

Fast gleichzeitig, in der Neujahrsnacht, schloß Hutten sein »Gesprächbüchlein«, seine verdeutschten Dialoge, mit einer Widmung an Sickingen ab. Das gereimte Vorwort schloß:

Von Wahrheit ich will nimmer lan,
Das soll mir bitten ab kein Mann,
Auch schafft, zu stillen mich, kein Wehr,
Kein Bann, kein Acht, wie fast und sehr
Man mich damit zu schrecken meint;
Wiewohl mein fromme Mutter weint,
Da ich die Sach hätt gfangen an:
Gott wöll sie trösten, es muß gahn;
Und sollt es brechen auch vorm End,
Wills Gott, so mags nit werden gwendt,
Darum will brauchen Füß und Händ.
    Ich habs gewagt.

46 Huttens »Gespräch büchlin«, 1521.

Entscheidung in Worms

*Darin freilich unterscheidet sich unser Vorha-
ben, daß meine Sache die Menschenwelt ist,
während du, schon vollkommener, ganz von
den göttlichen Dingen abhängst.*

Hutten an Luther, 17. April 1521

Am 3. Januar 1521 kamen Luther und sein Anhang endgültig in
den Bann. Ein päpstliches Breve exkommunizierte ausdrücklich
auch Hutten. In den letzten Januartagen begann in Worms der
Reichstag. Auf dem Programm standen die Einsetzung eines
Reichsregiments, einer von den Ständen gebildeten Regierungs-
instanz neben und über der kaiserlichen Kanzlei und den
Territorialfürsten; weiter die Erneuerung des Reichskammerge-
richts, die Unterstützung Karls bei seinem Romzug und seinem
Krieg gegen Frankreich, der Landfriede und die gewohnten
Gravamina über Anmaßungen und Mißwirtschaft der Kurie.
Ob und wie Luther gehört werden solle, war noch offen.
Offenkundig war es für Hutten inzwischen, daß Sickingen ihn
zumindest zeitweise loswerden wollte. Anfang Januar fragte
dieser nämlich bei Robert von der Mark an, ob der wegen
etlicher Bücher verfolgte Publizist, falls er in eine Fehde mit den
Kurtisanen gerate, sich auf den Ardennenburgen Roberts bergen
könne. Daß über Hutten der päpstliche Bann hing, daß ihm die
Reichsacht drohte, verschwieg Sickingen. Am 13. Januar schrieb
der Herr von Sedan zurück, der Ritter sei ihm willkommen und
bringe am besten gleich ein halbes Schock gefangener Kardinäle
mit; auch den Luther solle man ihm schicken, damit beide
einander Gesellschaft leisten könnten.
Der Ton war Hutten verdächtig. Er witterte eine Falle. Ob er bei

Bekanntwerden des Bannes beim »Eber der Ardennen« noch immer sicher war, schien ihm zweifelhaft. So schickte er ein Rundschreiben an die Familie mit der Bitte, ihm ein Versteck im Hennebergischen oder in Böhmen zu suchen. Otto Brunfels, ein entsprungener Mainzer Kartäuser, Arzt und Botaniker, von Hutten unterstützt, berichtete in seiner Verteidigung des toten Freundes gegen Erasmus, der französische König habe dem Verfolgten ein Hofamt angeboten, Hutten als Patriot abgelehnt. Ob dieser Lockruf Anfang 1521 oder später kam, wissen wir nicht.

Die Kongreßstadt Worms sah zeitweilig 10000 Gäste, mit all dem Drum und Dran solcher Staatsaktionen; »man sticht, man huret, man frißt Fleisch, Schöpsen, Hühner, Tauben, Eier, Milch, Käse und ist ein solch Wesen wie in Frau Venus' Berg.« Auf dem Reichstag zeichnete sich eine stark romfeindliche Stimmung ab. Die öffentliche Meinung sekundierte. Huttens Trommelwirbel zeigten Wirkung. Als Aleander die neue Bulle »Decet Romanum Pontificem« erhielt und die Namen Hutten, Pirckheimer, Spengler las, schickte er sie nach Rom zurück mit dem Bescheid, diese Namen jetzt zu nennen, sei gefährlich. Der sächsische Herzog Georg der Bärtige, von der albertinischen Linie, seit der Leipziger Disputation ein erklärter Feind Luthers, forderte ein Konzil, um die drohende Kirchenspaltung zu verhindern.

Aleander schrieb am 8. Februar erschüttert nach Rom: »Ganz Deutschland ist in hellem Aufruhr. Neun Zehntel erheben das Feldgeschrei: Luther! Das letzte Zehntel wenigstens: Tod der römischen Kurie! Alle aber haben die Forderung eines Konzils auf ihre Fahne geschrieben und verlangen, daß es in Deutschland stattfinde.« Ein Konzil, das, wie geschehen, Päpste absetzte, Glaubensfragen erörterte oder die Konstantinische Schenkung in Frage stellte, war für Rom ein Alptraum.

Hutten sprang auch da in die Bresche. In der Bibliothek auf der Ebernburg hatte er eine Schrift aus den Tagen des Basler Konzils

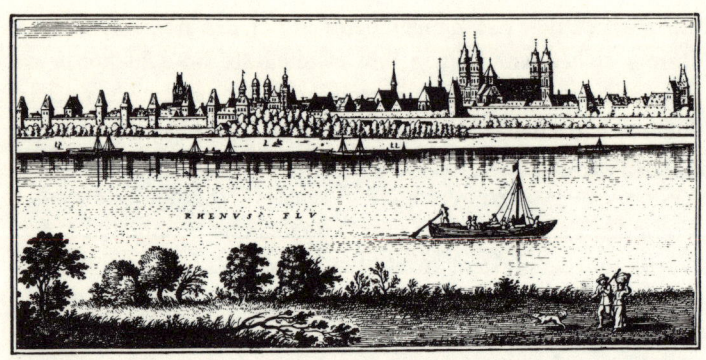

47 *Seite 210/211: Ansicht von Worms am Rhein, Kupferstich von Matthäus Merian.*

entdeckt, deren Autor den Vorrang des Kirchenparlaments vor dem Papst begründete, alle zehn Jahre ein Konzil an sicherem Ort und eine Reform der Pfründenverleihung forderte. Hutten gab das Büchlein zusammen mit einem Traktat des Bamberger Vikars Konrad Zärtlein, der römischen und lutherischen Kirchenbegriff knapp gegenüberstellte, Ende Februar unter dem Titel »Concilia wie man sie halten soll« heraus. Sein Vorspruch:

> Willt wissen in eim Knopf und Griff
> > warum doch schwankt Sankt Peters Schiff
> und wer das hat durchlöchert gar?
> > Du findst es hie ganz offenbar...
> Ein Wunderbüchlein bin ich genannt,
> > lang Zeit gelegen unbekannt.
> Nun wisch ich vor, zur rechten Zeit,
> > glaub mir, der Has im Pfeffer leit.
> > > Concilium, Concilium, Concilium.

Daß Luther über die hier skizzierten Forderungen längst hinausgestoßen war, daß inzwischen nicht nur kirchenrechtlich, son-

210

Der Rhein.

dern auch dogmatisch zwischen Rom und Wittenberg ein
Abgrund klaffte, bekümmerte Hutten wenig.

Gegenspieler voll Respekt: Aleander

Am 13. Februar begründete Aleander in dreistündiger Rede vor
dem Reichstag das schon zu Jahresende beschlossene kaiserliche
Mandat gegen Luther. Friedrich von Sachsen sprach leidenschaftlich dagegen. Man einigte sich auf einen Kompromiß.
Luther solle Geleit nach Worms erhalten und von Sachverstän-
digen gehört werden, ob er bei seiner Lehre bleiben wolle oder
nicht. Bleibe er hartnäckig, werde das Mandat exekutiert, eine
Disputation war nicht vorgesehen.
Auf der Ebernburg wußte man schon am andern Morgen von
dem fatalen Entschluß. Hutten schäumte und begann seine
»Invectivae«, seine Schmähreden gegen die Nuntien Aleander
und Caracciolo.
Aleander, ein Jugendfreund des Erasmus von Rotterdam, hatte
in Paris das Griechischstudium eingeführt, war zum Bibliothe-

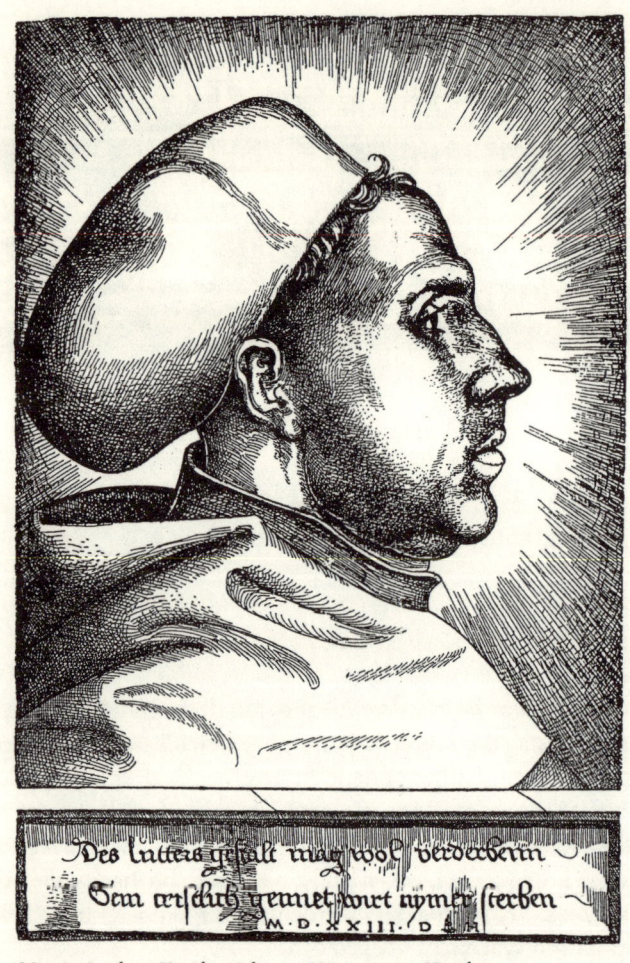

Des lutters gestalt mag wol verderben
Sein versehrt gemuet wirt nymer sterben
M · D · X X I I I · D

48 *Martin Luther. Kupferstich von Hieronymus Hopfer, 1523.*

kar des Vatikans berufen worden, galt seit Domherrntagen in Lüttich als Deutschlandexperte und war als Diplomat und Menschenkenner seinen Gegenspielern, einem Friedrich dem

Weisen wie einem Hutten, mühelos überlegen. Von ihm stammte das vielzitierte Wort, Erasmus habe das Ei gelegt, das Luther dann ausgebrütet habe.

Der humanistische Epikuräer, der Huttens Syphilis-Schrift vorsorglich in seiner Bibliothek mit sich führte, haßte die gegen Rom aufgebrachten deutschen Barbaren, die von den subtilen Glaubensfragen und Luthers Theologie gar nichts verstünden: »...nur seine Schmähreden und Huttens Satiren machen Eindruck auf sie.«

Deshalb erschien ihm der Publizist auf der Ebernburg mit seinen journalistisch griffigen, ans Nationalgefühl appellierenden Flugschriften fast noch gefährlicher als der Wittenberger. Um ein Bonmot des Erasmus umzumünzen: Hutten griff politisch handfester als Luther dem Papst nach der Krone und den Mönchen an den Bauch.

Wie genau Aleander die Schriften seines Widersachers kannte, verrät sein 1523 gegen den Reformkardinal Cajetan gerichtetes Memorandum, in dem Huttens spöttische Formulierungen wortwörtlich wiederauftauchen. Damals lieferten die geheimen Nachrichtendienste wie heute dem zu, der gut zahlte. Als man Aleander ein Blatt der Rohschrift von Huttens Invektive gegen die hohe Geistlichkeit zuspielte, notierte er betroffen, daß »die Worte bei mehr als hundert Tilgungen wohl zehnmal gewechselt waren«. Solche stilistische Sorgfalt und Energie wünschte er den Verteidigern des alten Glaubens!

Nur den Kopf schütteln konnte er über das Projekt einiger kaiserlicher Räte, die »diesen Starrkopf mit 400 Gulden jährlich, soviel hatten sie zuerst bieten wollen, zu einem Gesinnungswechsel zu bewegen hofften, der sich nicht um den zehnfachen Preis erreichen ließe«.

Halten wir fest: Der in delikaten Bestechungen erfahrene Kuriendiplomat hatte erkannt, daß ein Hutten, trotz seiner Armut, trotz seiner so oft geäußerten Sehnsucht nach gelehrter Muße nicht zu kaufen war.

Mit der Veröffentlichung seiner Invektiven gegen die Nuntien und die hohe Klerisei hielt Hutten einstweilen noch zurück. Dann kam Ende März das lange umstrittene kaiserliche Mandat heraus – ohne Gegenzeichnung der Stände –, das Luthers Schriften zwar nicht mehr zu verbrennen, aber zu beschlagnahmen befahl. Jetzt gab Hutten den Druck frei.

Die Invektive gegen Aleander knüpft an dessen Bemerkung an, wenn sich die Deutschen weiter gegen Rom auflehnten, werde man sie in einen Bürgerkrieg hetzen, in dem sie sich selbst aufreiben müßten und unter ein härteres Joch kämen als zuvor. Hutten antwortete, er werde dafür sorgen, daß Aleander nicht lebend über die Alpen zurückkehre.

Nicht weniger drastisch forderte er Caracciolo zum schleunigen Rückzug auf: »Bequeme dich, der Feder zu gehorchen, damit du dich nicht genötigt siehst, dem Schwert zu weichen.«

Den versammelten antilutherischen Kardinälen, Bischöfen, Äbten aber rief er zu: »Hebt euch hinweg von den reinen Quellen, ihr schmutzigen Schweine! Hinaus mit euch aus dem Heiligtum, ihr verruchten Krämer! Berührt nicht länger mit euren so oft entweihten Händen die Altäre! Was habt ihr mit dem Almosen unserer Vorfahren zu schaffen, das diese für die Armen und die Kirchen gestiftet und darum uns, ihren Kindern, entzogen haben? Wie kommt ihr dazu, das zu frommen Zwecken Gespendete zu Völlerei, Unzucht und Prachtgepränge zu mißbrauchen, während viele rechtschaffene und fromme Menschen hungern...?«

»Ich werde stacheln, spornen, reizen und drängen zur Freiheit...« Solange sie Luther und seinesgleichen verfolgten, erkläre er sich zu ihrem abgesagten Feind. Und er prophezeit: »Was im Gang ist, mögt ihr vielleicht zum Stillstand bringen, was geschehen sollte, verhindern; was aber getan ist, könnt ihr nicht mehr ungeschehen machen; denn unmöglich ist es, mit den Ideen zugleich auch das Andenken des Lebens zu vernichten. Nein! So ungewiß ich über den Ausgang bin, so sicher bin ich, daß die

Nachwelt mein redliches Streiten anerkennen wird. Das soll die schönste Frucht meines Lebens sein...«

Ihn und Luther könnten sie umbringen, um so größer werde die Gefahr für sie selbst, denn dann verbänden sich mit den Verfechtern der Freiheit auch noch die Rächer der verfolgten Unschuld.

Dem Kurfürsten und Kardinal Albrecht, der sich von dieser Philippika betroffen fühlen mußte, sprach er in einem Brief vom 25. März seine Liebe und Verehrung aus. Um der Wahrheit und Freiheit willen könne er jetzt aber keine persönlichen Rücksichten mehr nehmen.

Eindringlich appelliert Hutten nochmals an den Kaiser, Luther solle nicht nur zum Widerruf aufgefordert, sondern ausführlich angehört werden. Wenn er, Karl, seine Würde schon nicht selbst wahren wolle, solle er wenigstens das Vaterland nicht mit ins Verderben ziehen. »Ein so großer Kaiser, der König so vieler Völker, so willig zur Knechtschaft, daß er nicht einmal wartet, bis er dazu gezwungen wird!«

In diesem Ton hatte noch keiner zu Karl gesprochen. Aleander übersetzte die lateinisch geschriebenen Invektiven eilfertig dem Kaiser ins Französische und klagte, mit Huttens Worten könne man das Weltmeer vergiften.

Vom Beichtvater überlistet

Um so erstaunlicher mutet nun der Versuch an, die scheinbar so geschlossene Front der Ebernburg-Partei aufzubrechen, Sickingen, der ja gar nicht losschlagen wollte, zum Stillhalten und Hutten zum Schweigen zu bringen. Der Krieg mit Frankreich und die Geldnöte des Kaisers, das Gerangel um die Kompetenzen des Reichsregiments und die Gravamina der Landesfürsten gegen die Kurie, die antirömische Propaganda Huttens und die Furcht vor einem Bundschuh, einer religiös motivierten, sozial-

revolutionären Massenerhebung, mengten sich auf dem Reichstag zu einem scheinbar unentwirrbaren Knäuel. Die lutherfeind-
lichen Räte Karls konnten nur hoffen, den rebellischen Mönch
als Ketzer zu isolieren und zu vernichten. Erst wollten sie einmal
Hutten mundtot machen.

Am 6. April erschienen der kaiserliche Kämmerer Paul von
Armstorff und Karls Beichtvater Jean Glapion, ein französischer
Franziskaner, auf der Ebernburg. Butzer wurde zu den Beratun-
gen hinzugezogen. Armstorff war als habsburgischer Wahlagent
beiden Rittern vertraut und für seine Verdienste mit der Hoh-
königsburg über Schlettstadt belehnt worden.

Glapion gab sich betont reformfreundlich. Er und der Kaiser, so
deutete er an, seien in vielem mit Luther einig. Leider enthielten
dessen Schriften aber auch anstößige Stellen, die der kirchlichen
Lehre widersprächen. Sickingen meinte, einige der von Glapion
zitierten Lutherworte habe ihm Hutten anders gedeutet. Auch
Hutten distanzierte sich: Nicht in allen Glaubensfragen könne er
dem Wittenberger folgen. Auf seine Frage, was Luther denn
eigentlich verbrochen habe, wenn er, wie eben zugegeben, das
Verständnis der Heiligen Schrift vertieft habe, erwiderte Glapion: Das wisse er auch nicht.

Am folgenden Tag blieb Hutten, vielleicht erkrankt, den Verhandlungen fern. Butzer diskutierte mit Glapion stundenlang
Theologisches. Die beiden wurden sich nahezu einig. Der Beichtvater des Kaisers versicherte, wenn Luther in Worms erscheine,
werde er keinesfalls unverhört und unüberwunden verdammt.
Noch besser sei freilich, der Reformator bleibe dem Reichstag
fern und verhandle von der Ebernburg aus mit dem Kaiser. Eine
gütliche Beilegung des Handels sei möglich. Sickingen atmete
auf. Daß es der päpstlichen Partei nur darum ging, Luther von
einem vielbeachteten öffentlichen Auftritt fernzuhalten, und
daß sie dann mit dem Argument hantieren konnte, das Geleit
habe nur für Worms, nicht aber für die Ebernburg gegolten, hat
er nicht bedacht oder beiseite geschoben.

Man kam überein, Hutten mit 400 Gulden Jahresgehalt in kaiserlichen Dienst zu übernehmen. Damit war den Nachstellungen des geistlichen Gerichts ein Riegel vorgeschoben. Allerdings erwarte Karl, so Glapion, daß sich Hutten für seine jüngste grobe Ermahnung entschuldige und seine Polemik einstelle.

Am 8. April ritten die beiden Unterhändler davon. Aleander berichtete nach Rom, Hutten habe Schweigen gelobt, »wenn er es vermöchte«. Kurzfristig war es Glapion gelungen, Hutten in Sicherheit zu wiegen. Daß der Kaiser mit ihm verhandelte, mußte dem Ehrgeiz des Ritters schmeicheln. Stets hatte er dem Herrscher seine Anhänglichkeit erklärt, ihn vor falschen Beratern gewarnt. Sollte er sich versagen, wenn er einen Fuß in die Tür zum Vorzimmer der Macht setzen konnte?

Lange hielten ihn solche Illusionen nicht gefangen. Als Luther auf seinem Rollwagen, umbraust vom Jubel der Menge, geleitet vom Reichsherold Kaspar Sturm, in Oppenheim ankam, erschien Butzer mit einem Reitergefolge Sickingens und lud ihn auf die Ebernburg ein. Luther lehnte ab. Er wollte die Entscheidung. Hutten hat das sofort akzeptiert. In seiner »Expostulatio« gegen Erasmus zeichnete er hinterher Glapion als den verworfensten Gleisner: ein giftig, überaus verlogenes Maul, hurerische Augen, eine unverschämt ehrgeizige Sprache, heuchlerischer Gang. Hutten fühlte sich übertölpelt, und das zu Recht.

Vorerst entschuldigte er sich noch am 8. April beim Kaiser, allerdings auf seine Art, nur für den Ton, nicht für den Inhalt seiner Ermahnung. Was die völkerrechtliche Unverletzlichkeit der Nuntien betreffe, so erinnere er an die Zeit des Staufers Friedrich I. Damals habe man den Legaten, der behauptete, der Papst stehe über dem Kaiser, sogar in Gegenwart des Monarchen mit dem Schwert bedroht. Wenn er, Hutten, gedroht und gefehlt habe, so im Zorn über noch schmählichere Reden. Und wenn Karl ihm dies nicht verzeihen könne, wolle er lieber taub sein, als dergleichen stumm hinunterschlucken.

Am 17. April schrieb er Luther: »An mir brauchst du niemals zu zweifeln, solange du selbst treu bleibst, werde ich bis zum letzten Atemzug zu dir halten.« Klar sprach der politisch bewegte Humanist aber auch aus, was ihn von dem religiösen Reformator trennte: »Darin freilich unterscheidet sich unser Vorhaben, daß meine Sache die Menschenwelt ist, während du, schon vollkommener, ganz von den göttlichen Dingen abhängst.«

Luther verfällt der Acht

An diesem 17. April stand Luther erstmals vor der Reichsversammlung und bat, obwohl schon entschlossen, um Bedenkzeit. Tags darauf lehnte er, ohne ordentliches Gehör gefunden zu haben, zum baren Widerruf gedrängt, ab: »Wenn ich nicht durch Schriftzeugnisse oder einen klaren Grund widerlegt werde – denn allein dem Papst oder den Konzilien glaube ich nicht, da es feststeht, daß sie häufig geirrt und sich auch selbst widersprochen haben –, so bin ich durch die von mir angeführten Schriftworte bezwungen. Und solange mein Gewissen durch die Worte Gottes gefangen ist, kann und will ich nichts widerrufen, weil es unsicher ist und die Seligkeit gefährdet, etwas gegen das Gewissen zu tun. Gott helfe mir. Amen.«
Karl ließ sich aus der lateinischen Erklärung übersetzen und fragte, schon unter allgemeinem Tumult, noch einmal nach, ob er wirklich meine, auch Konzilien könnten irren. Als Luther dies bejahte, wandte er sich unwillig ab und sagte, von diesem Mann lasse er sich nicht zum Ketzer machen. Vor der Tür schrien seine Spanier: »Al fuego! Al fuego!«, Aufs Feuer, aufs Feuer mit ihm! Luthers Anhänger führten ihren Helden, der noch immer die schwarze Mönchskutte der Augustinereremiten trug, im Triumph zur Herberge.
Hutten fühlte sich betrogen, als er hörte, daß man Luther kein Verhör zugebilligt, sondern nur den Widerruf verlangt hatte. Am 20. April schrieb er ihm, andere hätten an seiner Standhaf-

tigkeit gezweifelt, er nie. Die Vorsicht seiner Freunde zwinge ihn einstweilen noch zur Zurückhaltung, sonst hätte er unter den Mauern von Worms den Bischofsmützen ein Spiel angerichtet. Aber bald werde er hervorbrechen, und dann solle Luther sehen, daß auch er den Geist nicht verleugnen werde, den Gott in ihm erweckt habe. Er brenne vor Verlangen, ihn endlich zu sehen.

Karl forderte, der Ketzer müsse in die Reichsacht erklärt und der Inquisition ausgeliefert werden. Kein Geringerer als der Primas der Kirche in Deutschland, Albrecht, drängte statt dessen auf einen Vermittlungsausschuß, der Luther in ein paar Fragen zum Einlenken bewegen solle. Luther weigerte sich, vor dem Ausschuß zu erscheinen. Darauf erwirkte Albrecht wenigstens einen Aufschub der Verfolgung. Er und die meisten anderen Fürsten scheuten einen zweiten Fall Hus.

Luther reiste am 26. April mit dreiwöchigem Geleit aus Worms ab und teilte vorher Hutten noch mit, der Kaiser habe ihm einen ungnädigen Abschied gegeben und verboten, unterwegs zu predigen.

Unter Tränen habe er diesen Brief gelesen, bekannte Hutten am 1. Mai Pirckheimer. In Worms seien Zettel angeschlagen worden, 400 vom Adel hätten sich für Luther verschworen, mit dem drohenden Zusatz: »Bundschuh! Bundschuh! Bundschuh!« In den Augen der Fürsten sei das eine gefährliche Sache, gefährlich auch für Luther, so daß man fast vermuten könne, die Romanisten hätten für den Plakatanschlag gesorgt. Sickingen sei für die gute Sache jetzt »gänzlich hitzig und entzündet. Er hat den Luther ganz in sich getrunken«.

Von seinen Freunden, die ja die Geheimverhandlungen auf der Ebernburg nicht kannten, mußte sich Hutten jetzt vorhalten lassen, er schweige und verharre tatenlos. Der feurige Humanist Hermann von dem Busche, dem man die Plakataktion nachsagte, gab am 5. Mai ein offenes Sendschreiben an ihn aus. Die Römlinge am Hofe lachten und sprächen von Hunden, die bellten, aber nicht bissen. Wenn ihnen keine schlimmere Gefahr

Ich habs gewagt.
Ulrich von
Hutten.

49   *Titelblatt von Huttens »Eyn Klag über den Lutherischen Brand zu Mentz«,*
um 1520/21.

drohe als von Hutten, so seien sie geborgen. Selbst Hesse raffte
sich zu einer poetischen Epistel auf, mit Versen sei es jetzt nicht
mehr getan, der Freund solle das Schwert ziehen.
Luther wußte bei seiner Abreise, daß er anderen Beistand hatte.
In Friedberg schon entließ er den Reichsherold. Vom 3. auf den
4. Mai inszenierte sein Kurfürst Friedrich bei Altenstein im
Thüringischen einen Scheinüberfall auf das Rollwäglein und ließ
Luther auf die Wartburg führen. Bald schwirrten die Gerüchte,
der Gottesmann sei verschwunden, gefangen, ermordet.

Als Schutzherr Luthers geriet Friedrich angesichts der unausweichlichen Reichsacht selbst in Gefahr. Am 23. Mai verließ er Worms wie zuvor schon die meisten weltlichen Fürsten und reichsstädtischen Gesandten. Kaiser und Papst hatten inzwischen ihr Bündnis gegen Frankreich geschlossen. Am 25. Mai erließ Karl das lang schon vorbereitete Wormser Edikt. Luther wurde für vogelfrei erklärt, Lektüre und Vertrieb seiner Schriften verboten, eine allgemeine geistliche Bücherzensur angeordnet.

Zwei Tage vorher sah Aleander im Vorzimmer des Kaisers einen Reiter mit dem Huttenschen Wappen. Er übergab den Brief, in dem Hutten dem Kaiser den Dienst aufsagte, weil beider Willen gänzlich unvereinbar seien. Sickingen wird ihn noch immer beschwichtigt haben: Eine kaiserliche Achterklärung, das wisse er am besten, gelte wenig, solange sie nicht vollstreckt werde. Dann ließ er die Werbung gegen Frankreich anlaufen und ging nach Wildbad in die Kur, um sein Podagra zu pflegen.

Hutten scheint ihn ein Stück begleitet zu haben. In seinem letzten Brief von der Ebernburg, am 27. Mai, erwähnte er einen Aufenthalt in Pforzheim. Dann verliert sich seine Spur bis Anfang September. Er wollte nicht mehr stillhalten. Er ging in den Untergrund.

Pfaffenkrieg und Sickingens Ende

Was er erlebte, war im Grunde der Bankrott der individuellen, der geistigen, der literarischen Politik. Wer Politik treibt, muß Exponent sein, nicht selbstgesetzte Norm. Diktieren kann nur der Diktator.

Otto Flake, »Ulrich von Hutten«, 1929

Im Juni 1521 warnte Albrechts Kanzler Capito die in die Niederlande abgereisten Nuntien, Hutten erteile seinen Anhängern gedruckte Vollmacht mit Unterschrift und Siegel zur Plünderung der Kurtisanen. Die Unsicherheit sei allgemein.

Daß Hutten damals Aleander und Caracciolo vergeblich aufgelauert hat, geht aus seinem 150 Verse starken »Responsorium«, seiner Antwort auf Hesses Epistel, hervor. Er habe nichts versäumt, die Straßen überwacht und Hinterhalte gelegt, kaiserliche Mannschaft aber die Nuntien geschützt. Vielleicht flögen sie ihm ein andermal ins Netz. Denn ausgerottet gehöre die böse Brut mit der Wurzel:

> Und so brech ich hindurch! durch brech ich, oder ich falle
> Kämpfend, nachdem ich einmal also geworfen das Los.

Ernüchternd realistisch liest sich dagegen die Bemerkung Aleanders, er zögere, durch Deutschland nach Rom zurückzukehren, da er einen Anschlag des »ladroncello«, des Räuberleins Hutten, befürchte.

In einem Brief vom 4. September an Butzer klagte Hutten, wie immer wohlinformiert, Capito habe seine Anschläge verraten. Natürlich hatte dieser nur seine Beamtenpflicht erfüllt. Huttens Versteck bis hinein in den Spätherbst war Burg Diemerstein, ein wenig östlich von Kaiserslautern gelegen, ein Ganerbensitz, an dem Sickingen Anteil besaß. Im vorigen Jahrhundert hat der Besitzer der Burgruine, Paul von Denis, der 1835 den Bau der ersten deutschen Eisenbahnlinie Nürnberg–Fürth leitete, »den Schloßberg in einen schönen Park umgeschaffen, in das Tal an den Hügel einen Landsitz gebaut, die Ruinenmauern ... wiederhergestellt und die Burg selbst durch eine Felsentreppe zugänglich gemacht«. So August Becker 1857.

Aus dem September-Brief geht hervor, daß der morbus gallicus Hutten wieder quälte und daß er nach einer Kur vielleicht doch noch zum Heer stoßen werde. Zum Heer? Sickingen hatte noch im Wildbad den Befehl erhalten, sich mit dem Grafen von Nassau an der Maas gegen Frankreich zu vereinen. Auf die Vorschlagsliste für Offiziersstellen im Heer setzte der kaiserliche Feldhauptmann neben zwei Dutzend adeligen Namen auch den Huttens. Die Kanzlei Karls beließ es stillschweigend dabei. Sickingen hatte den Freund einfach dienstverpflichtet, auf drei Jahre. Allzu lästig schien sich der lauthals verkündete Pfaffenkrieg bisher nicht ausgewirkt zu haben. Ob Hutten an dem Feldzug noch teilgenommen hat, ist mehr als fraglich.

»Ich habs gewagt mit Sinnen«

Auf Burg Diemerstein schrieb er gegen Ende Juni sein berühmtes Lied »Ich habs gewagt mit Sinnen«. Es kam als Einblattdruck heraus und geriet nach Friedrich Gundolfs Urteil zu »unserem mächtigsten weltlichen Lied« zwischen Walther von der Vogelweide und Klopstock. Fugenlos knappe Verse, straffer Aufbau, konzentrierte Aussage beweisen, wie rasch sich Hutten seine deutsche Literatursprache geschaffen hat. Die gute Sache und seine Person sind eins, trotzig und keck stilisiert er sich zum Fahnenträger der Nation, um den sich Reiter und Landsknecht scharen sollen:

Ich habs gewagt mit Sinnen
Und trag des noch kein Reu:
Mag ich nit drangewinnen,
Noch muß man spüren Treu.
Darmit ich mein:
Nit eim allein,
Wenn man es wollt erkennen,
Dem Land zu gut,
Wiewohl man tut
Ein Pfaffenfeind mich nennen.

Da laß ich jeden liegen
Und reden, was er will.
Hätt Wahrheit ich verschwiegen,
Mir wären Hulder viel.
Nun hab ichs gesagt,
Bin drum verjagt,
Das klag ich allen Frummen.
Wiewohl noch ich
Nit weiter flich,
Vielleicht werd wiederkummen.

Umb Gnad will ich nit bitten,
Dieweil ich bin ohn Schuld.
Ich hätt das Recht erlitten,
So hindert Ungeduld,
Daß man mich nit
Nach altem Sitt
Zu Gehör hat kummen lassen.
Vielleicht wills Gott,
Und zwingt sie Not,
Zu handlen dieser maßen.

Nun ist oft dieser gleichen
Geschehen auch hievor,
Daß einer von den Reichen
Ein gutes Spiel verlor.
Oft große Flamm
Von Fünklin kam;
Wer weiß, ob ichs werd rächen!
Staht schon im Lauf,
So setz ich drauf:
Muß gahn oder brechen!

Darneben mich zu trösten
Mit gutem Gewissen hab,
Daß keiner von den Bösten
Mir Ehr mag brechen ab,
Noch sagen, daß
Uff einig Maß
Ich anders sei gegangen
Dann Ehren nach,
Hab diese Sach
In gutem angefangen.

Will nun ihr selbs nit raten
Dies frumme Nation,
Ihrs Schadens sich ergatten,
Als ich vermahnet han,
So ist mir leid.
Hiemit ich scheid,
Will mengen baß die Karten.
Bin unverzagt,
Ich habs gewagt
Und will des Ends erwarten.

Ob dann mir nach tut denken
Der Kurtisanen List:
Ein Herz last sich nit kränken,
Das rechter Meinung ist!
Ich weiß noch viel,
Wölln auch ins Spiel,
Und solltens drüber sterben:
Auf, Landsknecht gut
Und Reuters Mut,
Laßt Hutten nit verderben!

Der gereimte Widerhall blieb nicht aus. Ein Kunz Löffel, hinter
dem man den Ulmer Franziskaner Eberlin von Günzburg vermu-
tet hat, antwortete mit zwei Liedern. Das eine, im Ton einer
bekannten Marienweise, beginnt:

Ach, edler Hutt aus Franken,
Nun sieh dich weislich für.
Gott sollst du loben und danken,
Der wird noch helfen dir...

Das andere Stücklein variiert etwas einfältig ein schon bekann-
tes Lied mit dem Anfang: »Franz Sickinger, das edel Blut / Das
hat gar viel der Landsknecht gut...« Das klang dann so:

Ulrich von Hutten, das edel Blut,
Macht so köstliche Bücher gut...

und schließt:

Ich bitt, daß Gott dich halt in Hut
Jetzt und zu allen Zeiten;
Gott bhüt all christlich Lehrer gut,
Wo sie gehn oder reiten.
        Ja reiten.

Ein drittes Lied »Frisch uf mit reichem Schalle«, nur handschriftlich bekannt, stammt angeblich von einem Hans Breuning, könnte aber von Hutten selbst verfaßt worden sein. Man habe ihn schon totgesagt, heißt es da, aber wie lebendig der Hutten aus dem Busch noch sei, habe seine Fehde mit den Kartäusern gezeigt:

> Sie wollten ihn verachten,
> Die Gugelbuben frech,
> Ein Arschwisch aus ihm machen,
> Seht nun, was ihn gebrech...

Mit den Gugelbuben sind die Straßburger Kartäuser gemeint – Gugel heißt Kapuze.

Ende Oktober erhielt der Prior der Kartause einen Fehdebrief Huttens. Ihm sei zu Ohren gekommen, daß er sein gedrucktes Porträt »zur Säuberung unreiniger seines Leibs Orten« gebraucht. Das habe er bisher mit Verachtung übergangen. Weil seine Mönche ihn jetzt aber auch noch schmähten, er habe mit Hilfe des Buchdruckers Schott zwei ihrer Ordensbrüder aus dem Kloster entführt, fordere er für Schimpf und üble Nachrede 10000 Goldgulden. Gleichzeitig entschuldigte er sich beim Rat der freien Stadt, die Beleidigung könne nicht ungesühnt bleiben.

Daß der Prior Hutten herausgefordert hatte, überzeugte auch die Straßburger Ratsherren. Auf Vermittlung der Stadt einigte man sich im November auf Ehrenerklärung, Abbitte und 2000 Gulden Schmerzensgeld. Was den Rat zum Einlenken, die Kartäuser zu rascher Zahlung zwang, war aber auch die Tatsache, daß gerade Sickingens entlassene Landsknechte und Reiter vom Feldzug zurückkehrten, bereit, auf Kosten der Reichsstädter Beute für ein üppiges Winterquartier zu machen.

An der Festungslinie der Maas, genauer, an dem überaus starken Mézièrs, hatten sich Sickingen und der Graf von Nassau die

Zähne ausgebissen. Beide vertrugen sich eh nicht. Beim Gegner kommandierte Seigneur de Bayard, seit Marignano, wo König Franz die Schweizer geschlagen hatte, bekannt als »der Ritter ohne Furcht und Tadel«. Die Zitadelle von Mézièrs hat übrigens noch 1815 nach Napoleons Sturz wochenlang den preußischen Belagerern widerstanden.

Zur erfolglosen Kanonade kam der Regen, kam die Ruhr. Robert von der Mark fing den Nachschub fürs Reichsheer ab. Die beiden zerstrittenen Feldherren zogen grollend ab. Am 1. November rechnete Sickingen über die Kosten der Kampagne in Brüssel ab. Zusätzlich zu den schon geliehenen 20 000 Gulden blieb ihm der Kaiser auch noch die 76 000 Gulden Kriegskosten zum größten Teil schuldig. Der Hof entließ den glücklosen, finanziell ausgepreßten Kondottiere betont kühl. Man brauchte ihn nicht mehr. Von seinem Geld hat Sickingen nichts wiedergesehen. Moralisch war er mit Karl quitt.

Hutten hat sich dann von Mitte November bis Anfang Mai 1522 auf den Wartenberg, eine nordöstlich von Kaiserslautern gelegene Ganerbenburg, zurückgezogen, von der die Kolbe von Wartenberg stammten. In der Sickinger Fehde wurde Wartenberg von Kurpfalz zerstört und blieb bis heute Ruine.

Im Frühjahr 1522 starb Huttens Vater. An sein Erbe kam der Erstgeborene nicht heran, dafür blieben ihm die 2000 Gulden der Kartäuser. Damit hätte er für lange Zeit ausgesorgt. Statt dessen verpulverte Hutten das Geld für seine fixe Idee, den Pfaffenkrieg. Die Ergebnisse blieben kläglich. Offensichtlich konzentrierte er seine Aktivitäten zum Jahresbeginn 1522 auf das vertraute Rhein-Main-Gebiet. Offene Unterstützung erhielt er anscheinend nur von Hartmut von Kronberg, der nach dem Wormser Edikt dem Kaiser ebenfalls den Dienst aufgesagt hatte.

Der Frankfurter Pfarrer Dr. Peter Meyer, seit den Tagen Reuchlins als Dunkelmann verhaßt, denunzierte den ehemaligen Mainzer Kartäuser Otto Brunfels, inzwischen Pfarrer in Stein-

50 *Otto Brunfels. Holzschnitt von Hans Baldung Grien, 1535.*

heim am Main, als Lutheraner. Brunfels flüchtete auf den
Wartenberg. Im März erhielt Meyer Huttens Fehdebrief, der
Frankfurter Rat die Aufforderung, den Kurtisanen als »ein
heimlich Gift und verletzliche Pestilenz« auszuweisen. Der Rat

verwies Hutten mit seiner Klage an die geistliche Behörde; Gewalt gegen einen Angehörigen der Stadt werde im übrigen nicht geduldet. Drei Jahre später, im Bauernkrieg, jagten die Frankfurter Meyer auf eigene Faust davon.

Von den Dominikanern und den drei Chorherrenstiften Jung St. Peter, Alt St. Peter und St. Thomas in Straßburg forderte Hutten die Entlassung der Pfründenkäufer sowie 4000 Gulden Buße. Diesmal stellte sich der Rat vor die Geistlichen. Sickingen ließ gerade auf Kredit Geschütze in Straßburg gießen. Von Hutten allein befürchtete man nichts.

Strauß verharmlost diese sinnlosen Anschläge als »Ritterstreiche« und zitiert den Vorwurf des Erasmus, Hutten habe in dieser Zeit auf Pfälzer Gebiet drei Äbte überfallen und zwei Predigermönchen die Ohren abschneiden lassen. Tatsache ist, daß Kurfürst Ludwig einen Knecht Huttens wegen Straußenraub hinrichten ließ. Die Mär von den abgeschnittenen Ohren geht auf einen derben Scherz der »Dunkelmännerbriefe« zurück. Der neue Papst Hadrian VI. verwahrte sich in einem von Cajetan aufgesetzten Brief an das Reichsregiment in Nürnberg gegen die »muhamedanischen« Anschläge Huttens.

Werben um die Reichsstädte

Seit Mai lebte Hutten wieder unter offenem Schutz Sickingens auf der Ebernburg und auf dem Nannstein über Landstuhl. Nach dem sprichwörtlichen Dank des Hauses Habsburg wandte sich Sickingen jetzt entschieden der Reformation zu und rüstete zu einem Pfaffenkrieg im Großen. Der Schwiegervater seines ältesten Sohnes, Dietrich von Handschuhsheim, hatte ihn ermahnt, beim alten Glauben zu bleiben. Sickingen antwortete, Luther wolle nichts anderes, als die ursprüngliche Reinheit des Christentums wiederherstellen. Das gelte auch fürs Abendmahl in beiderlei Gestalt, Brot und Wein, sowie für die deutsche

Messe, da ja auch Christus mit den Jüngern in ihrer Landessprache gesprochen habe. Der Zölibat sei biblisch nicht begründbar, auch die Kirche betone die Heiligkeit der Ehe. Die löbliche Verehrung der Heiligen aber sei zur Abgötterei verkommen, nirgendwo habe er in den alten Legenden gelesen, ein Heiliger hätte einen seinesgleichen als Fürbitter angerufen. Diejenigen, die sich auf den Papst statt auf Gottes Wort verließen, erwachten erst, »bis sie kommen in Klepperlins Haus, da schlägt das höllisch Feuer zum Fenster hinaus«.

In dem 1520 erschienenen Gesprächsbüchlein »Neu Karsthans«, das man lange Hutten zugeschrieben hat, wahrscheinlich aber von Butzer verfaßt wurde, fordert Karsthans, der Bauer mit der Weinberghacke, den edlen Sickingen auf, sich als Hauptmann an die Spitze eines Volkskrieges gegen die Pfaffen zu stellen. Der Sickingen des Dialogs wiegelt ab, allzuleicht wüte der große Haufen auch gegen Unschuldige. Falls aber Gott ihn rufe, werde er zu einer Waffentat bereit sein. Wiederholt beruft er sich dabei auf Hutten als sein vielwissendes Orakel.

Nicht um den Bauern, um den gemeinen Mann, nicht um einen Bundschuh warben jetzt die beiden Ritter, sondern um die freien Städte. In den reichsritterschaftlichen Gebieten wie in den Reichsstädten machte die neue Lehre, institutionell noch nicht verfestigt, am raschesten Fortschritte. Die untergründig schwelende Abneigung Huttens gegen den geschlossenen fürstlichen Territorialstaat flammte wieder auf. Nach den scholastischen Dunkelmännern, nach Venezianern und Romanisten nahm er jetzt die Fürsten aufs Korn. Nicht mehr am entarteten Einzelfall des Tyrannen von Württemberg, an der Tyrannis der Fürsten selbst entzündete sich sein militantes Naturell.

Im Juli erließ Hutten vom Nannstein aus eine »demütige Ermahnung« ausgerechnet an Worms. Die peinliche Erinnerung an Sickingens Überfall wird nicht einmal gestreift, statt dessen die gemeinsame Interessenlage von Adel und Reichsstadt beschworen: Selbständigkeit und Evangelium. Einem weltlichen

Herrn, so erklärt er, sei man nur in weltlichen Dingen Gehorsam schuldig; verlange er mehr, sei Widerstand geradezu Pflicht. Was aber die geistlichen Herren angehe, so gebühre den Städten das Aufsichtsrecht, und besser die Bürger wählten den Bischof als trunkene Domherren. Das spielte natürlich auf den generationenlangen Kampf zwischen Worms und seinem bischöflichen Zwingherrn an. Falls es zum Krieg komme, hätten Städte und Adel auch den gemeinen Mann auf ihrer Seite.

Fast gleichzeitig schickte er seine gereimte »Vermahnung an die freien und Reichsstädte« hinaus:

> Ihr frommen Städt, nun habt in Acht
> Des gmeinen deutschen Adels Macht,
> Zieht den zu euch, vertraut ihm wohl:
> Ich sterb, wo's euch gereuen soll...

Natürlich gebe es da und dort auch wohlmeinende Fürsten, typisch aber sei in diesem Stand der Tyrann:

> Den armen Adel fressen sie,
> Und suchen täglich Weg und Rat,
> Daß je bei Freiheit bleib kein Stadt...
> Und ist allein ihr Mut und Sinn
> Zu nehmen deutsche Freiheit hin.

Der einzige Ausweg aus dieser Bedrängnis sei die Allianz von Ritterschaft und Stadtrepubliken. Den Kaiser als Schutzherrn städtischer und adeliger Libertät hätten die Landesfürsten immer mehr geschwächt. Gegen ihre Justiz finde man kaum noch sein Recht. Jetzt, da Kaiser Karl in Spanien weile, hätten sie mit dem Reichsregiment die Macht allein in Händen. Das Evangelium habe von dort nichts Gutes zu erwarten.

Zu tief hatten sich Mißtrauen und Erbitterung gegen die adeligen Heckenreiter bei den Städten eingefressen, als daß bloße

51   *Nürnberg um 1530, aus dem Wappenbuch von Konrad Haller.*

Appelle da kurzfristig hätten etwas bewegen können. Gerade in den reichsritterschaftlich dicht gesprenkelten Fehdelandschaften Frankens, Schwabens und am Rhein war um 1520 die Stimmung der Reichsstädte gegen Götz von Berlichingen, die Rosenberger, Selbitz und andere ihres Schlags bis zur Weißglut erhitzt. Und Sickingen hatte nicht nur Worms gepeinigt und der Stadt Landau das Vieh weggetrieben, er hatte auch Frankfurt einmal gezwungen, sich mit 4000 Gulden von einer Fehde loszukaufen. Jeden auch nur möglichen Ansatz eines Bündnisses verspielte er dann mit seinem kopflos überstürzten Überfall auf Kurtrier.

Das Ende auf dem Nannstein

Im August berief Sickingen eine Tagung der rheinischen Ritterschaft in Landau ein. Etwa 600 Herren kamen, vom Westrich bis

233

zum Kraichgau, von der Wetterau bis zur Ortenau. Karl war in Spanien. Im Reichsregiment hatte jeder der sieben Kurfürsten einen Sitz; der Kaiser, Herzöge, Fürsten, Bischöfe, Grafen teilten sich in zusammen 13 Sitze; die steuerstarken Reichsstädte hatte man mit zwei Sitzen abgefunden; die Reichsritter waren überhaupt nicht repräsentiert.

Obwohl Huttens Freunde Schwarzenberg, Rotenhan, der Frankfurter Patrizier Philipp von Fürstenberg, als Räte ihrer Herrschaften in das Nürnberger Kollegium delegiert, die Exekution des Wormser Edikts zu hintertreiben versuchten, mißtrauten Sickingen und er dem fürstlich dominierten Reichsregiment und hätten es samt dem Reichskammergericht am liebsten hinweggefegt. Aus ihrer Sicht mochte das konsequent sein, das Ergebnis wäre Anarchie gewesen.

Auf dem Landauer Tag hagelte es denn auch Klagen über parteiische Entscheidungen des Regiments wie des Kammergerichts. Am 13. August unterzeichneten die Versammelten ein »brüderliches Verständnis«. Danach sollte der niedere Adel, wie schon vom Kaiser Max geplant, nur vor ein eigens zu schaffendes Rittergericht gezogen werden. Untereinander versprach man sich Beistand. Falls lehensrechtliche Verpflichtungen trotzdem zu einer kriegerischen Konfrontation führen sollten, wollte man einander möglichst schonen. Sickingen wurde zum Hauptmann der Vereinigung gewählt. Ob Hutten in Landau mit dabei war, wissen wir nicht.

Da Sickingen nominell noch immer als kaiserlicher Feldhauptmann galt, glaubte man, seine Rüstungen seien gegen Frankreich gerichtet. Aber diesmal warb er wieder auf eigene Faust. Am 27. August sagte er dem Kurfürsten und Erzbischof von Trier, Richard von Greiffenklau, Fehde an. Aufhänger war wieder mal der Privathandel eines Dritten. Es ging um zwei überfallene Schultheißen aus dem Trierischen, die Sickingen ausgelöst und freigelassen hatte. Als er von Greiffenklau sein Geld zurückforderte, verwies ihn der Kurfürst ans Reichsregiment. Im übrigen sprach Sickingens Fehdebrief vage von Greiffenklaus Vergehen wider Gott, Kaiser und Reich; gemeint waren seine antilutherische Haltung und seine Parteinahme für König Franz von Frankreich bei der Kaiserwahl.

Wenn Sickingen als Sturmvogel einer religiös inspirierten und legitimierten Erhebung gegen die Pfaffenherrschaft erscheinen, wenn er nach dem Wort Hartmuts von Kronberg »dem Worte Gottes die Tür öffnen« wollte, so verrät seine Kriegserklärung nichts davon. Daß hier aber mehr als eine der üblichen Fehden auf dem Spiel stand, daß es um die Niederwerfung eines geistlichen Fürstentums und, so Heinrich Grimm, um eine Art Staatsstreich ging, war den politischen Köpfen klar.

Mancher hoffte, mancher fürchtete, was der altgläubige bairische Staatskanzler Leonhard von Eck, nicht zu verwechseln mit dem gleichnamigen Theologen Johann, hellsichtig so formulierte: »Sickingen wird einen Pöbelaufstand erheben. Täglich kommen Kundschaften, daß es einem Bundschuh gleichsieht. Sollte dann ein Bundschuh erstehen und der gemeine Mann überhand nehmen, so würden die rheinischen Fürsten das Morgenmahl, die anderen Fürsten das Nachtmahl und der gemeine Adel den Schlaftrunk bezahlen.«

Wie Hutten die Chancen einschätzte, läßt sich nur indirekt aus seinem Schweigen deuten. Balthasar Schlör, seit der Wormser Fehde mit Sickingen befreundet, warnte in einer ausführlichen Denkschrift. Selbst wenn dem Ritter die Eroberung des Erzstiftes gelänge, käme das Reich über ihn wie seinerzeit über Ulrich von Württemberg. Bei Karl setze er Gnade und Guthaben aufs Spiel. Auf alle Fälle solle Sickingen das Ringen zwischen Habsburg und der französischen Krone abwarten. Außerdem habe ihm der Heidelberger Astrologe Virdung für die Jahre 1522/23 ein bedenkliches Prognostikon gestellt.

Sickingen schlug alle Bedenken in den Wind und mit 6000 Mann los. Auf die Neutralität seines Lehensherrn Ludwig von der Pfalz glaubte er vertrauen zu können. Ein Großteil des kurmainzi-

52   *Landgraf Philipp von Hessen. Holzschnitt von Hans Brosamer.*

schen Adels, voran Frowin von Hutten, war mit ihm in geheimem Einverständnis. Der geistliche Kurfürst von Köln galt als
friedfertig. Daß Philipp von Hessen seit dem demütigenden
Darmstädter Vertrag sein Todfeind war, wußte Sickingen. Aber
bis der seinen Lehensadel aufgeboten und Mannschaft angewor-
ben hatte, wäre Kurtrier längst überrannt.
Selbst wenn diese kurzsichtige Rechnung aufgegangen wäre,
hätte Sickingen der Reichsacht und einer Fürstenkoalition erlie-
gen müssen. Zu massiv und aufreizend war dieser Schlag gegen
die Solidarität der Herrschenden. Von den Reichsstädten war
keine Unterstützung zu erwarten, der kleine Adel gespalten

zwischen ständischer Selbstbehauptung und fürstlicher Abhängigkeit. Als militärischer Machtfaktor hatte er im Zeichen spießestarrender Landsknechtshaufen und perfektionierter Artillerie längst abgedankt. Wie sträflich Sickingen das Geschütz unterschätzte, bewies sein Scheitern vor Worms, Mézières und Trier ebenso wie der rasche Fall des Nannsteins.

Statt sich der Hauptstadt in raschem Zugriff zu bemächtigen, belagerte er das kleine St. Wendel und stand erst am 8. September vor Trier. Greiffenklau hatte Zeit, sich auf eine Belagerung einzurichten, inspizierte im Elenkoller selbst Mauern und Mannschaften und war bereit, jedes Aufbegehren der Bürgerschaft im Keim zu ersticken. Strauß hat den hübschen Vergleich gezogen: Wenn der Mainzer Humanistenfreund und Mäzen Albrecht ein kleiner Leo X. gewesen sei, so der Trierer Richard ein kleiner Julius II.

Mit seinem starken Reiteraufgebot, seiner Trumpfkarte, konnte Sickingen vor dem festen Trier wenig ausrichten. Er hoffte auf Zuzug. Der Söldnerführer Nickel von Minkwitz sollte mit 1500 Landsknechten und Geschütz aus dem Braunschweigischen zu ihm stoßen. Aber der Landgraf Philipp von Hessen fing den Voraustrab des kleinen Heeres ab. Im Gepäck von Minkwitz fand man die Geheimkorrespondenz Sickingens samt dem Chiffrierschlüssel. Der Haupttrupp wurde auf der nun bekannten Marschroute umstellt und ergab sich. Zudem waren auf einen

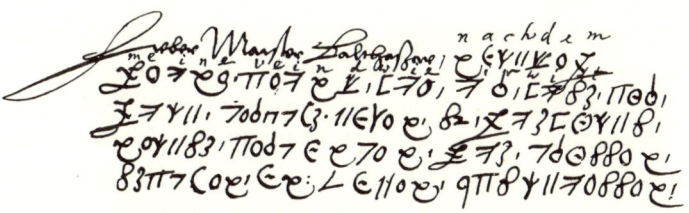

53   *Chiffrierter Brief Sickingens an Balthasar Schlör vom 2. Mai 1523.*

237

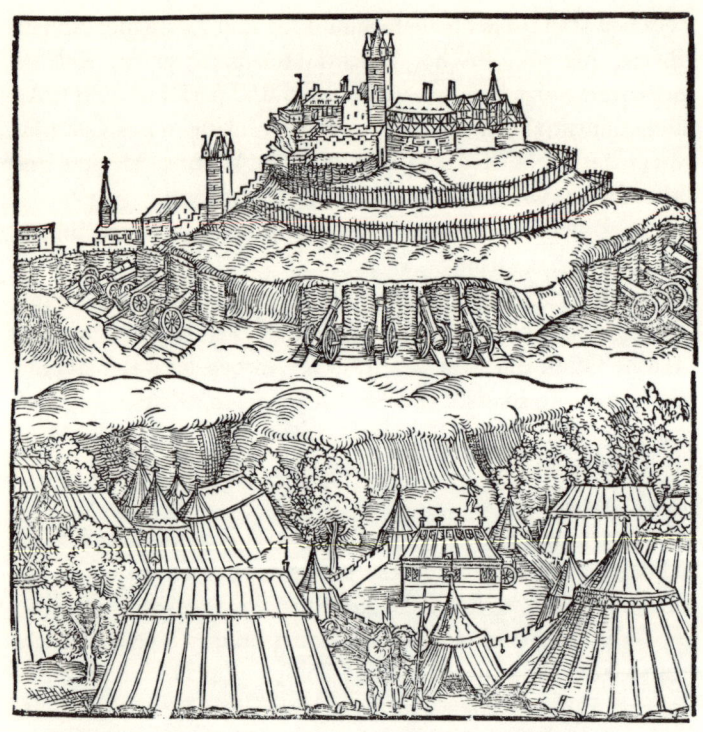

54 Die Belagerung der Sickingen-Feste Nannstein 1523.

Schlag Sickingens heimliche Anhänger im Land und am Mainzer Hof enttarnt.

Vor Trier hatte Sickingen sein Pulver im wahrsten Sinn des Wortes bald verschossen. Der erhoffte Zuzug war ausgeblieben. Am 14. September entließ er sein Heer. Von Nürnberg erging die Reichsacht gegen ihn. Kurtrier, Kurpfalz und Hessen einigten sich auf den Vollzug. Den Herbst und Winter über richteten sie ihre Strafaktionen gegen Sickingens adelige Anhänger, verstärkten die Reiterstreifen um seine Festungen und rüsteten fürs

Frühjahr. Der von Sickingen erträumte Kreuzzug des Adels gegen die Fürstenmacht fand nicht statt.

Ende April 1523 schlossen ihn die drei Verbündeten auf dem Nannstein über Landstuhl ein und eröffneten das Feuer. Der neue Batterieturm und die frisch errichteten Bollwerke stürzten wider Erwarten rasch zusammen. Am dritten Tag der Kanonade warf eine Kugel Sickingen rücklings auf zugespitzte Verhaulatten, die ihm die linke Seite derart aufrissen, daß Herz und Lunge bloßlagen. Am 7. Mai kapitulierte er mit seinen 80 Mann Besatzung. In einem noch heute erhaltenen Sandsteingewölbe empfing der Sterbende die drei Fürsten. Als Greiffenklau ihn fragte, warum er das Erzstift überfallen habe, erwiderte er: »Nichts ohne Ursach«, und: Er habe jetzt mit einem größeren Herrn zu reden. Eines seiner letzten Worte war: »Um mich ist es ein Geringes, ich bin nicht der Hahn, um den man tanzt.« In der Mittagsstunde starb er, ohne Beichte und Kommunion. Der Burgkaplan sollte ihm nur die Absolution erteilen und das Altarsakrament zeigen. Bis der Geistliche kam, war Sickingen schon tot.

Seine drei Söhne erhielten die väterlichen Burgen erst 1542 zurück. Der wiederaufgebaute Nannstein wurde 1689 von den Franzosen zerstört. Die barocke Pfarrkirche in Landstuhl bewahrt in der Südwestecke des Langhauses das Grabdenkmal Sickingens. Franz steht in Überlebensgröße betend auf einem Löwen. In den französischen Revolutionskriegen wurde das Bildnis verstümmelt, Mitte des vorigen Jahrhunderts von Cauer restauriert.

Letzte Tage

Ich weiß, ich werd noch Lands verjagt...

Hutten, »Vermahnung an die freien und
Reichsstädte«, 1522

Mit seinem Heer hatte Sickingen im Herbst 1522 auch seine
Freunde entlassen. Butzer und Oekolampadius verließen ihn
Anfang November. Um diese Zeit wird auch der kranke Hutten
Abschied genommen haben. Seine Kleider, seine Bücher, seine
Korrespondenz mit Fürsten und Gelehrten, geistlichen und
weltlichen Gesinnungsgenossen, zusammen mit den Kopien
seiner eigenen Briefe an die zweitausend Episteln, sollten »etli-
che Wagenleute« in die Schweiz bringen. Die Fuhre wurde von
einer kurpfälzischen Streife abgefangen und in Heidelberg verkauft. Viele der kompromittierenden Briefe hat man zuvor wohl
vernichtet.

Das Reichsregiment lud neben anderen Adeligen auch ihn nach
Nürnberg vor. Er wählte das Exil. Im elsässischen Humanisten-
nest Schlettstadt traf er sich mit Beatus Rhenanus, dem frühen
Erforscher deutscher Geschichte. Rhenanus und andere Freunde
besorgten dem völlig mittellosen Ritter, der wieder auf den
Status eines Fahrenden zurückgesunken war, ein Darlehen. Um
den 25. November traf Hutten in Basel ein. Die Herberge »Zur
Blume« nahm ihn auf. Der Rat schickte ihm, wie anderen
prominenten Gästen, einen Willkommenstrunk. Aus dem
strenggläubigen Löwen war auch Erasmus in die Stadt seines
Freundes und Verlegers Johann Froben geflüchtet.

Unter die zahlreichen Freunde, Bekannten, Emigranten und
Neugierigen, die bei Hutten in der Herberge Besuche machten,
drängte sich auch ein Heinrich von Eppendorf. Er studierte in

Basel auf Kosten des Herzogs Georg von Sachsen, spielte bald schon eine mehr als zweifelhafte Mittlerrolle zwischen Hutten und Erasmus und soll sich seinen Adelstitel nur geborgt haben. Erasmus hat ihn später in einem bissigen Dialog »Der Ritter ohne Roß oder der erlogene Adel« konterfeit. Dieser Eppendorf nun richtete Hutten aus, der Meister bitte, von einem Besuch abzusehen, seiner Gesundheit wegen, und um üblen Gerüchten keinen Vorschub zu leisten.

Hutten wird bitter gelacht haben. Ja, ja, der große Geistesheld, ängstlich konnte der sich gebärden wie ein Weib. Schon nach der Begegnung in Löwen hatte er an Erasmus zu zweifeln begonnen und ihm vorgehalten, er könne seine reformatorische Gesinnung durch Taktieren gar nicht mehr verleugnen, zuviel sei publik geworden. Wenn er schon nicht öffentlich gegen Rom auftreten wolle, so möge er ihn, Hutten, wenigstens in seinem Kampf nicht behindern. Und nun verweigerte der einst so glühend Verehrte ihm ein Wiedersehen!

Am 25. Dezember schrieb Erasmus dem Konstanzer Domherrn Johann von Botzheim, er wünsche Hutten »in dieser Zeit nicht zu sehen. Ich will sein bestes, wenn er es selbst will«. Im übrigen liege ihm anderes am Herzen. Am 6. Januar 1523 berichtete Basilius Amerbach, aus der bekannten Basler Gelehrtenfamilie: »Seit einem Monat wohnt hier Hutten in der Herberge zur Blume. Am Wirtstisch erzählt er, Erasmus habe ihn gebeten, aus Rücksicht auf die mißtrauische Geistlichkeit von Besuchen abzusehen.«

Huldreich Zwingli, der damals gerade in Basel zu tun hatte, äußerte sich am 20. Januar verständnisvoll über die Sphinx Erasmus: »Er ist ein Greis, der seine Ruhe haben will. Jede Partei sucht ihn auf ihre Seite zu ziehen, er sich frei zu halten – wer wollte ihn dafür schelten...? Furchtsam ist er, ein Zauderer, Lutherfreund will er nicht sein, Luthergegner auch nicht...«

Hutten schrieb in diesen Tagen eine nicht erhaltene Invektive gegen einen Basler Arzt, der ihn anscheinend falsch behandelt hatte, außerdem eine heftige »Gegenred wider Pfalzgraf Ludwigen«, der seinen Knecht trotz ehrlich angesagter Fehde habe hinrichten und all sein Hab und Gut rauben lassen. Einen Drucker fand er für beide Klagschriften nicht.

Dafür entzog ihm der Basler Rat, nicht ohne inneren und äußeren Druck, die Aufenthaltserlaubnis. Am 18. Januar reiste Hutten, begleitet von Eppendorf, nach dem elsässischen Mülhausen, das sich der Eidgenossenschaft zugewandt hatte. Der Stadtschreiber Oswald Gamsharst besorgte ihm ein ruhiges Quartier – im Kloster der Augustiner, Luthers Orden. An Hutten fraß die Syphilis; er fieberte, seine Gelenke schmerzten, zeitweise entglitt ihm die Handschrift.

Bruch mit Erasmus

Ende Februar, Anfang März erschien Eppendorf aus Basel und schwenkte einen von Erasmus im Druck veröffentlichten Brief an den Dekan Marcus Laurinus in Brügge.

Hier verwahrte er sich gegen das Gerücht, er sei ein Freund Luthers. Das werde nur ausgesprengt, um ihn mit der Kirche zu überwerfen. Dabei stehe er zur Zeit mit dem Papst glänzend. Es heiße, die Lutheraner strömten in Basel zusammen, um sich bei ihm Rat zu holen. Wollte Gott, es folgten alle Lutheraner und Antilutheraner seinem Rat, es stände dann besser um die Welt. Auch Hutten, so heißt es scheinbar beiläufig, sei »wenige Tage« hier gewesen. Wenn er gekommen wäre, hätte er dem alten Freund, dessen Talent er noch immer lieben müsse, eine Unterredung nicht versagt. Denn was dieser sonst noch treibe, gehe ihn nichts an. Leider aber brauche Hutten wegen seiner Krankheit die Ofenwärme, die er, Erasmus, nicht vertrage. So sei es gekommen, daß man einander nicht gesehen habe.

Über Luther selbst wisse er gar nicht so genau Bescheid. Aber wenn dieser alle Autoritäten verwerfe, könne man wohl auch

55 *Erasmus und Hutten. Titelblatt zu Huttens* »Expostulatio cum Erasmo«, *1523.*

ihm selbst widersprechen. Er halte sich aus Bescheidenheit zurück und ziehe evangelische Eintracht allem Tumult vor. Die Lutheraner beriefen sich auf den Heiligen Geist. »So mögen sie denn mit gutem Glück unter den Propheten tanzen, wenn der Geist des Herrn sie angeweht hat. Mich hat dieser Geist noch nicht ergriffen...«

Als Hutten das las, geriet er außer sich. Nicht nur der »ironischen Kaltsinnigkeit« wegen, mit der Erasmus den Glaubenskampf abtat, sondern vor allem wegen der Unwahrheiten über ihn selbst. Und hatte Erasmus hinter der Maske des unbeteiligten Zuschauers nicht doch seine geheime Parteinahme für Rom erklärt?

Eppendorf brachte nach Basel die Nachricht mit, Hutten arbeite an einer Vergeltungsschrift. Aufgeschreckt wandte sich Erasmus am 25. März an Hutten. Seine freundschaftlichen Gefühle seien unverändert. Nachträglich habe er ihm damals in Basel durch Eppendorf ausrichten lassen, wenn ein Besuch dringend nötig sei, werde er für Hutten gegen seine Gewohnheiten einheizen lassen. Er habe den Eindruck, man hetze den Freund grundlos gegen ihn auf.

So weit, so gut, auch wenn Hutten, wie Erasmus später zugab, die nachträglich verklausulierte Einladung nicht erhalten, Eppendorf sie also unterschlagen hatte. Der Briefwechsel, der sich nun zwischen Mülhausen und Basel entspann, ist bis auf ein paar von Erasmus mitgeteilte Fragmente nicht erhalten. Aber Hutten mußte bis aufs Blut gereizt werden, wenn er weiter las, man könne meinen, er habe es bei seinem Streit mit dem Meister »nur auf Beute abgesehen«, auf gut deutsch: Erpressung. Er, Hutten, sei doch »ein Landflüchtiger, Verschuldeter, aufs Äußerste Heruntergekommener: Dir ist nicht unbekannt, welche Gerüchte über dich umgehen; auch weißt du wohl, warum der Pfalzgraf dir zürnt und was er dir droht...« Falls Hutten Händel suche, werde er an ihm keinen Stummen finden.

Die »Expostulatio cum Erasmo«, die Herausforderung an Erasmus, zirkulierte schon Ende April, Anfang Mai in Abschriften, als Eppendorf dem erasmischen Freundeskreis anbot, den Druck gegen Bezahlung zu unterdrücken. Erasmus entgegnete zu Recht, dafür sei es schon zu spät.

In diesen Tagen erhielt Hutten die Nachricht vom Tod seiner Mutter und vom grausamen Ende Sickingens. In Mülhausen drohten aufgehetzte Bürger mit einem Sturm auf das Kloster, das solch einen Ketzer und Rebellen beherberge. Ende Mai mußte Hutten wieder einmal fliehen, bei Nacht. Zwingli nahm den Verfemten in Zürich auf. Die Stadt war eben als eine der ersten dabei, sich eine reformatorische Kirchenordnung zu geben. Eppendorf übergab, ohne Wissen Huttens, eine Kopie der »Expostulatio« dem Straßburger Drucker Schott und kassierte dafür Honorar. Das Buch kam im Juni heraus. Wenig später erschien eine anonyme Übersetzung, vermutlich in Halberstadt, mit dem Untertitel »allermeist die Lutherische Sach betreffend«. Huttens Anklagen im Humanistenlatein wurden hier wirkungsvoll grobianisch verdeutscht.

Hutten ging den Erasmus wegen der Basler Besuchsaffäre gleich direkt an. Wie könne er so lügen, da doch allgemein bekannt sei, daß er mehr als fünfzig Tage in der Stadt verweilt und kräftig genug gewesen sei, mit Freunden auf dem Markt zwei, drei Stunden zu plaudern? In der Hoffnung, Erasmus werde seine abweisende Haltung ändern, sei er oft genug müßig an dessen Haus vorbeispaziert. Umsonst.

Diesen persönlichen Affront könne er ja noch hinunterschlukken, nicht aber seinen Abfall von der Sache des Evangeliums, wie er sich im Brief an Laurinus offenbare. Entweder habe Erasmus seine Haltung grundsätzlich geändert, oder er heuchle aus Menschenfurcht. Warum? Aus jenem Kleinmut heraus, der ihm schon lange an dem Meister mißfallen habe.

Erasmus halte ihm vor, er sei ja selbst kein Lutheraner. Wohl wahr, schon vor Luther sei er gegen Rom aufgestanden, nie sei er Luthers Schüler gewesen, jeder führe seinen Kampf für sich. Aber weil nun mal zur Zeit jeder Freund des Evangeliums, jeder Feind des Papstes ein Lutheraner heiße, wolle er sich lieber so nennen lassen als den Anschein erwecken, die gute Sache zu verleugnen. In diesem Sinne sei auch Erasmus ein Lutheraner, sein Werk spreche deutlich genug.

»Was gehen mich die vielen Rücksichten an, durch welche du dich der Kurie verbunden glaubst? Ich werde ebenso standhaft um des gemeinen Nutzens willen jene Zwangsherrschaft bekämpfen, wie du sie eigenen Vorteils willen hartnäckig verteidigen wirst. Das wird für mich leichtere Arbeit und freieres Gewissen bedeuten, da ich nur offen und klar die Wahrheit zu sagen brauche, während du in der üblen Lage bist, erdichten, erfinden, haarspalten, lügen und trügen zu müssen...«

»Sage mir auf dein Gewissen, ist auch in diesen achthundert Jahren ein Papst zu Rom gewesen, der nach dem Evangelio regiert hat?« Bisher habe Erasmus auf zwei Schultern getragen. Aber er täusche sich, wenn er glaube, die Romanisten könnten ihm je verzeihen, daß er ihnen mit seinen Studien die ersten Wunden geschlagen habe. Bei den Antipapisten werde er mehr Dank und Achtung verlieren, als er auf der Gegenseite je gewinnen könne. Seinen früheren Ruhm verspiele er, ohne neuen zu erringen.

Trotz harter Worte, auch harter Wahrheiten, blieb Hutten bei der Sache, rückte er den vermeintlichen Abfall des vermeintlichen Lutheraners mit schroffem Entweder-Oder ins Zentrum seiner Herausforderung. Die Anfang September erschienene Entgegnung »Spongia adversus aspergines Hutteni« – Ein Schwamm gegen Huttens Anspritzungen – zielte niedriger, machte die Assoziation des Anspeiens möglich, traf aber nur noch einen Toten.

Weder sei er früher ein Anhänger des Wittenbergers gewesen, noch jetzt ein Feind des Evangeliums, entgegnet Erasmus. Wichtiger als Parteinahme sei ihm Unabhängigkeit. Wer sich an die Untaten der Päpste halte, der meine es nicht gut mit dem Papsttum selbst. Der ganze Glaubensstreit bewege sich doch nur um ein paar Paradoxa. Über die sollten die Gelehrten im stillen sich einigen und ihr Ergebnis in geheimen Briefen Papst und Kaiser mitteilen.

Nach diesem Rezept einer theologischen Geheimdiplomatie entwirft Erasmus eine Typenlehre der Lutheraner, die unzweideutig auf Hutten zielt: Sogenannte Lutheraner gebe es, denen das Evangelium nur ein Vorwand zum Beutemachen und Plündern sei. Sie glaubten, ihr Adelstitel berechtige sie, Reisende auf offener Straße anzufallen. Wenn sie ihr Geld bei Wein, Dirnen und Spiel durchgebracht hätten, wollten sie es durch Fehde wieder hereinholen, oder sie verschafften sich scheinheilig wohlhabende Gönner.

Nicht ohne spitze Zwischentöne widmete Erasmus seine Schrift ausgerechnet jenem Zwingli, bei dem Hutten Schutz gesucht hatte.

Das Ganze erregte einen ungeheuren Wirbel von Für und Wider und blieb doch nur eine große Peinlichkeit. Weder konnte Hutten dem vieldeutig um Ausgleich bemühten Humanisten, noch Erasmus dem ehrlich radikalen Freisinnsmann gerecht werden. Der verhinderte Täter Hutten sah als politischer Kopf die Welt schwarz und weiß; Erasmus glaubte weder an die unteilbare Wahrheit der einen noch der anderen Seite, er setzte auf die dritte Kraft der Vernunft, eine edle Illusion, geboren aus Einsicht und Ängstlichkeit, gebrochen durch die gehässigen Verdächtigungen der Person Huttens.

Luther hat über die Angelegenheit das Urteil gesprochen: »Ich wollte, daß Hutten keine Beschwerde geführt, noch weniger freilich, daß Erasmus sie abgewischt hätte. Wenn das mit dem Schwamm abwischen heißt, was ist dann Schmähen und Lästern?«

Vom Wildbad auf die Ufnau

Mitte Juni schickte Zwingli seinen Flüchtling mit einem Empfehlungsbrief an Jakob Russinger, den Abt des Benediktinerklosters Pfäfers bei Ragaz im heutigen Kanton St. Gallen. Hutten sollte dort in den 37 Grad heißen Quellen der Taminaschlucht baden. Die Klamm mit dem Wildbad war damals noch unzugänglich, die Kranken mußten sich mit einem Proviantsack abseilen und wieder hochziehen lassen. Der Sommer 1523 war kalt und verregnet. Wassereinbrüche machten die Wirkung der Therme zunichte. Aber mit Badekuren war dem Unglücklichen eh nicht mehr zu helfen. Der Abt lud Hutten zu einer neuen Kur ins Wildbad ein und versah ihn für die Rückkehr nach Zürich mit Pferd und Geld.

Aus Zürich schickte Hutten am 21. Juli dem Freund Hesse das Manuskript seines »Tractatus in tyrannos«, von dem später nur die Abschrift eines Fragments aufgefunden wurde. Hesse sollte die geharnischte Abrechnung mit den Landesfürsten in Druck geben, hat den gefährlichen Text aber unterschlagen. In dem Begleitbrief las er: »Wird die ungerechte Fortuna, die uns so bitter verfolgt, endlich einmal Maß und Ziel finden, Eoban? Ich

M. HULDRICUS ZUINGLIUS,
REFORMATOR ET PASTOR
ECCLESIAE TIGURINAE. Aᵒ 1518. die 11 Decemb
Obiit aᵒ 1531. die 11 octob. Aetatis 48.

56   Ulrich Zwingli. Kupferstich von Th. de Bry 1597 nach einem Bildnis von Hans Asper.

glaub ihr das nicht, aber wir, so denk ich, haben Mut genug, ihren Widrigkeiten standzuhalten... Mich hat die Flucht zu den Schweizern geführt, und ich sehe noch weitere Verbannung vor mir... Aus dem Kampfgetümmel habe ich mich zu tätiger Muße zurückgezogen und widme mich ganz dem Schreiben. In diesem Sinne hat es Fortuna gut mit mir gemeint, daß sie mich aus so großen und wilden Stürmen zur Stille der Studien zurückführt... Lange habe ich nicht mehr in die Heimat schreiben können, da die Tyrannen alles besetzt halten und neulich zu meinem großen Schaden Briefe aufgefangen worden sind.«

Acht Tage darauf meldete Hutten Nikolaus Prugner, einem ehemaligen Augustiner aus Mülhausen, der sich gerade in Basel aufhielt, er habe beschlossen, »drei Meilen von hier bei einem Arzt einige Tage mich verborgen zu halten. Wie immer Fortuna es fügen mag, ich werde deiner Wohltätigkeit und Gastfreundschaft eingedenk bleiben... Wenn ich wieder gesund werde, so ist keine Ursache, das Schicksal anzuklagen. Und einmal hoffe ich«, und da zitiert er aus Vergils »Aeneis«, »›macht ein Gott auch diesem ein Ende‹.«

Die deutsche Nachschrift bittet, das »Büchlein vom Feuerwerkmachen« für ihn abschreiben zu lassen. Ein Feuerkopf, hoffnungsvoll, zäh, geistig gespannt bis zuletzt.

Die letzte Zuflucht war die Ufnau, die Insel des Klosters Einsiedeln. Zwingli war einst bei den Benediktinern Prediger gewesen. Mit Billigung des Klosterpflegers Diebold von Geroldseck verschaffte er dem Todkranken das letzte Asyl, eine Isolierstation in Wasserblau und Wiesengrün. Es berührt wohl, zu wissen, daß es zwei Klöster waren, Pfäfers und Einsiedeln, die dem Pfaffenfeind Hutten letzte Nächstenliebe erwiesen. Sein Arzt auf der Ufnau war der als Kräuterdoktor bekannte Leutpriester der Inselkirche Hans Klarer, genannt Schnegg, selbst Mönch von Einsiedeln.

Ein Mißklang störte Huttens letzte Tage, als Erasmus den Zürcher Rat warnte, der Asylant könne von dort aus wieder in

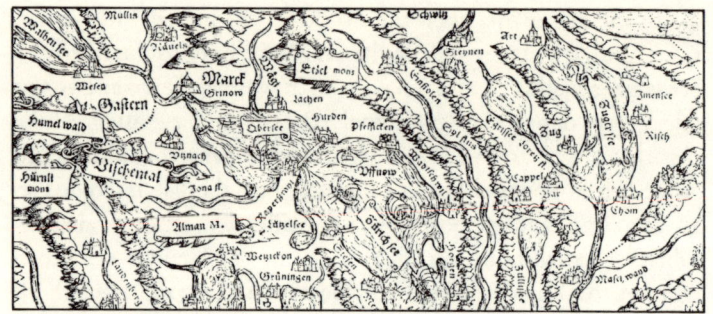

57 *Der Zürichgau in der Chronik von Stumpf 1548, Ausschnitt.*

sein »geiles und mutwilliges Schreiben verfallen, das da trefflich
schadet dem Evangelischen Handel«. Auf einmal war er wieder
besorgt um die Reformation. In Huttens Lage kam das einer
Denunziation gleich. Am 15. August raffte sich der Todkranke
noch einmal auf und bat den Rat um Aufklärung über die
Vorwürfe des Erasmus; von dessen Brief habe man ihn aus Basel
unterrichtet. Hutten versichert, allzeit habe er als ein Frommer
vom Adel nach Gebühr gehandelt und gewandelt.

Dieses Bekenntnis zum ritterlichen Ehrenkodex ist auch das
letzte Lebensdokument des Fünfunddreißigjährigen. Basilius
Amerbach: »Ulrich von Hutten wurde der Herbst verhängnis-
voll. Als ihn die alte gallische Krankheit aufs Lager warf, wollte
er etwas für seine Gesundheit tun und ließ Ärzte kommen. Sie
erreichten fast nichts mit ihren Mitteln und kehrten nach seinem
Tod am 1. September zurück.« Nach dem Bericht des Beatus
Rhenanus starb Hutten am 29. August 1523.

Zwingli schrieb den Epilog: »Er hinterließ nichts von Wert.
Bücher hatte er keine, Hausrat auch nicht, außer einer Feder.«

Vlrichus Huttenus

Nachrede und Nachruhm

Tritt auf, Mann und Jüngling, der bereit ist,
Huttens Gebeine zu wecken...

Johann Gottfried Herder, 1776

Aus Huttens nach Heidelberg verschlepptem Nachlaß erwarb
der Arzt Johann Locher Bücher und Handschriften. Moritz von
Hutten aus der Birkenfelder Linie, ein Theologiestudent, der es
noch zum Bischof von Eichstätt brachte, wollte von der Bibliothek des Vetters möglichst viel für die Familie retten. Die
Verleger spitzten auf noch unveröffentlichte Manuskripte. Camerarius vermittelte anscheinend zwischen Locher und dem
jungen Moritz. 1529 veröffentlichte Setzer in Hagenau den
nachgelassenen Dialog »Arminius«. Hesse gab in einem Ein-
gangsgedicht den Dank des Lesers an Moritz von Hutten und
Camerarius weiter. Das Büchlein erlebte bis 1574 fünf Neuauf-
lagen.
Arminius, dessen deutschen Namen wir nicht kennen, war
Hutten seit seiner Tacitus-Lektüre vertraut. Als sich sein Frei-
heitsbegriff, Libertät der Reichsstände und personale Freiheit
gegen fürstliche Willkür, nach den italienischen Erfahrungen zu
nationaler Unabhängigkeit von Rom ausweitete, wandelte sich
auch sein Arminius-Bild. In den Reden gegen Ulrich von Württemberg hatte die Ermordung des Cheruskers noch als Beleg für
germanische Stammesfreiheit herhalten müssen, die nicht einmal den Retter Deutschlands als Selbstherrscher dulden wollte.
Nun stilisierte er den Sieger im Teutoburger Wald zur Kultfigur
nationaler Freiheit und Einheit hoch. Mit nachhaltigem Erfolg.
Daß er zu Lebzeiten den Dialog nicht veröffentlichte, mag daran
gelegen haben, daß er weit und breit keinen vergleichbaren

58   Ulrich von Hutten. Holzschnittporträt aus »Invectivae«, 1521.

Gegenwartshelden sah, dem er sein Opus hätte widmen
können.
Lukian hatte Minos, den Richter des antiken Totenreiches, mit
dem Spruch zitiert, die drei größten Heerführer der Geschichte
seien Alexander, Scipio der Ältere und Hannibal. Dagegen
protestiert nun Arminius, der im Jahre neun nach Christi Geburt
in der Varusschlacht drei römische Legionen vernichtet und so
die Lande zwischen Rhein und Elbe vor der Fremdherrschaft

gerettet hatte. Die drei prestigebedrohten Feldherren widersprechen, der Historiker Tacitus, als Sachverständiger geladen,
erkennt dem Germanen den Vorrang zu.

Wenn Arminius erzählt, es sei ihm ein Greuel gewesen, in seiner
Heimat Toga und römische Gerichtszeichen zu sehen, ergab sich
für Huttens Zeitgenossen der Vergleich mit geistlicher Tracht
und Inquisition von selbst, und der römische Statthalter Varus
gibt in dem Dialog an Habgier und Übermut päpstlichen
Legaten nichts nach. »Nicht um Ruhm, Reichtum oder Herrschaft kämpfte ich, Ziel meines ganzen Strebens war allein dem
Vaterlande die gewaltsam entrissene Freiheit zurückzugeben«,
erklärt Arminius.

Minos gesteht ihm den Rang des berühmtesten Feldherrn zu.
Weil er aber seinen früheren Spruch nicht umstoßen kann,
verleiht er Arminius den Ehrentitel des bedeutendsten Vater-
landbefreiers.

Ganz war er nie vergessen

Nach Sickingens gescheitertem Zug gegen Trier hatte man
Hutten schon totgesagt. Am 8. Oktober 1522 schrieb Veit
Werler, Kommilitone aus Leipziger Tagen, verfrüht den Nach-
ruf: »Man machte ihm zum Vorwurf, daß er oft allzu bitter
geschrieben, daß er Schmähungen auf Schmähungen gehäuft,
daß er viele mit mehr als tragischem Hasse verfolgt habe. Es sei
so. Aber er war gereizt worden, war jung... Wenn das ein
Makel ist, so hat er diesen mit vielen gemein. Wir können nicht
alle unserem Herrn und Meister Christo ähnlich sein, der nicht
lästerte, wenn er gelästert ward... ich wünsche Huttens Schatten eine leichte und nicht lastende Erde, und duftenden Krokus
auf sein Grab.«

Eoban Hesse schrieb ein Streitgespräch zwischen dem Sensen-
mann und dem toten Hutten, das den unvergänglichen Nach-

ruhm des Freundes verkündete, der »mit Feder und Schwert« für sein Land gefochten habe. 1538 gab Hesse auch Huttens »Opera poetica« heraus.

Eine 1524 gedruckte Flugschrift mit mehr als 2000 Versen, »Triumphus Veritatis« – Der Triumph der Wahrheit – betitelt, schildert in einem figurenreichen Holzschnitt den Siegeszug Christi. Patriarchen, Propheten, Apostel tragen das als gotischen Schrein geformte Grab der Heiligen Schrift, das der Papst, der römische Türke, den Gläubigen gestohlen hatte. Luther und Karlstadt begleiten den Wagen Christi, der von den vier Evangelistensymbolen gezogen wird. Dazwischen reitet Hutten im Harnisch und führt, an den Schwanz seines Pferdes gebunden, Papst, Kardinal und zahlreiche mit Tiermasken bezeichnete Kleriker in Ketten.

Johann Goldschmidt, genannt Aurifaber, Famulus Luthers, Hofprediger in Weimar, hat in seinen populären Lutherbüchern, Cyriakus Spangenberg in seinem 1594 gedruckten »Adelsspiegel« unter dem Druck der Gegenreformation die Legende vom ritterlichen Vorkämpfer des Protestantismus fixiert. Wie Hutten auf Luthers Streit mit Erasmus über die Willensfreiheit, wie er auf die wittenbergische Verdammung des Bauernkriegs, auf die fürstlichen Landeskirchen reagiert hätte, läßt sich nur ahnen. Als der Schwedenkönig Gustav Adolf die deutschen Protestanten zum Widerstand gegen Habsburg sammelte, druckte man 1632 Huttens »Klag und Vermahnung« unter dem Titel »Auferwecker deutscher Nation« wieder ab. Ganz vergessen war er also nie, und sei es nur als neulateinischer Stilist und Autor der »Ars versificatoria«.

Als nationalen Helden und Kämpfer für Geistesfreiheit hat ihn jedoch erst Johann Gottfried Herder 1776 in Wielands Zeitschrift »Teutscher Merkur« auferstehen lassen: »Huttens und Sickingens Werk ging unter. Es war damals ein Zeitpunkt, daß Deutschland andere Gestalt gewinnen konnte; mehrere Gute strebten; es sollte nicht sein.« Von den »Dunkelmännerbriefen«

meint Herder: »Es ist eine Nationalsatire ... dieses Buch hat viel gebessert! Warum? Es war ganz wahr! Es lebte, wie Alles, was Hutten schrieb.«

1793 nahm er den Aufsatz, leicht abgemildert im Ton, in seine »Zerstreuten Blätter« auf und rückte das »Denkmal Ulrichs von Hutten« in »der deutschen Nation Heldenssaal«.

Für Hutten war Rom der Erbfeind gewesen; den Deutschen des 19. Jahrhunderts erschien nach den Raubkriegen der Bourbonen und Napoleons Fremdherrschaft Frankreich als der Erbfeind. Als 1809 Österreich unter Erzherzog Karl gegen den Korsen marschierte, beschwor Heinrich von Kleist in dem Aufsatz »Was gilt es in diesem Kriege?« die Manen Huttens und Sickingens und schrieb sein noch in Haß und Hetze großartiges Drama »Die Hermannsschlacht«.

Goethe hat sich diesem patriotischen Sturm und Drang versagt. Im 17. Buch von »Dichtung und Wahrheit« stellt er Hutten als Repräsentanten der Bildungsgeschichte vor: »Die Werke Ulrichs von Hutten kamen mir in die Hände, und es schien wundersam genug, daß in unsern neuern Tagen sich das Ähnliche, was dort hervorgetreten, hier gleichfalls wieder zu manifestieren schien.« Dazu zitiert er ausführlich den berühmten Lebensbrief an Pirckheimer und meint, auch unter seinen vornehmeren Freunden sei es »zum Credo geworden, man müsse sich einen persönlichen Adel erwerben«, den der Bildung nämlich. Und wenn Goethe sich im »West-Östlichen Divan« seiner Hasser und Neider erwehrt, reimt er Kutten auf Hutten, worin ihm noch manch anderer, nicht nur Heine und Platen, nachfolgen sollte:

Hafis auch und Ulrich Hutten
Mußten ganz bestimmt sich rüsten
Gegen braun und blaue Kutten;
Meine gehn wie andre Christen.

Hoffmann von Fallersleben, Dichter des Deutschlandliedes, als politisch Verdächtiger seiner Germanistikprofessur enthoben, kommentierte:

Der Goethe lobte Hutten sehr,
Bewies ihm eine große Ehr,
Und meint, es stünd um Deutschland fein,
Wenn jeder wollt ein Hutten sein.

Angeregt von Herder, wagte Jakob Wagenseil eine Ausgabe der Gesammelten Werke Huttens, blieb aber mangels Subskribenten 1783 schon beim ersten Band stecken. Zwei Jahre darauf schrieb er das erste Hutten-Gedicht der jüngeren deutschen Literatur – »Du Deutschland, ach! Du hörtest nicht / Gekränkter Menschheit Stimme« – und gab 1823 ein Lebensbild seines Helden heraus. Ludwig Schubart, Sohn des auf dem Hohenasperg inhaftierten Dichters, Musikers und Publizisten Christian Friedrich Daniel Schubart, war ihm 1791 als Biograph vorausgegangen.

Hutten fand keinen Hutten

Freiheitskriege, Burschenschaftsbewegung, Demagogenverfolgung machten Hutten endgültig zu einer nationalen Figur, zu einem literarischen Thema. 1825 schloß Ernst Münch, Burschenschafter und politischer Emigrant, die erste Gesamtausgabe der Werke ab: »Darum aber führe ich euch zu dem Grabe des Kraftmenschen Ulrich von Hutten hin, weil ich das Bild seiner Zeit und die Anstrengungen deutscher Patrioten für Volksruhm und Germanenliebe, verbunden mit den Bemühungen frommer Glaubensverbesserer, nirgends so klar und kräftig ausgesprochen finde, wie in dem Geiste, der durch seine Schriften weht.« Die literarische Hutten-Rezeption spiegelte die politischen Tendenzen des vorigen Jahrhunderts wider. Künstlerisch blieb sie im Ganzen belanglos. Hutten fand keinen Hutten. Neben zahllosen Gedichten, Liedern, Dramen, Weihespielen, Romanen kam 1849 sogar eine Oper von Alexander Fesca auf die Bühne, deren erstes Bild Hutten im Kreis der Burschenschaft Germania in Erfurt zeigte...

Elisabeth Frenzel deutet das Hutten-Fiasko in ihrem Handbuch »Stoffe der Weltliteratur«: »Die zahlreichen dramatischen Bearbeitungen entstanden aus einer verfehlten Einschätzung des Kämpferischen in Huttens Charakter. Das Kämpferische liegt hier nicht in der Tat, sondern in Wort und Schrift, kann also auf der Bühne nicht sichtbar gemacht werden und erschöpft sich in Zitaten aus seinen Werken.«

Hutten hatte die Historie bis hin zu Arminius für die moralische Aufrüstung seiner Landsleute mobilisiert. Nun wurde sein Name selbst Banner und Parole. Die Deutschtümler reklamierten den Patrioten, die Demokraten den Tyrannenhasser, die Freigeister den verkappten Heiden, die Protestanten den Herold Luthers, die Emigranten den politischen Märtyrer für sich. Die in Zürich versammelten deutschen Exulanten sprachen vom Hutten-Weg, den sie jetzt gingen. Die Berliner Zeitschrift »Der Freimütige«, für die auch Heine schrieb, trug Huttens Porträt im Titel. In der Ära der Sozialistenverfolgungen unter Bismarck feierten die Arbeiter den Ritter in Weihespielen. Im Dritten Reich schrieb Kurt Eggers, Untersturmführer der SS, einen Hutten-Roman, ein Hutten-Drama und eine Gedichtsammlung »Ich habs gewagt«. Eine Propagandakompanie der Wehrmacht hieß »Ulrich von Hutten«. In der DDR hat man wohlmeinend Schweinemastbetriebe nach ihm benannt.

Mit dem Bombenerfolg seiner »Gedichte eines Lebendigen« gab Georg Herwegh seit 1841 in der politischen Lyrik des Vormärz den Ton an. Zwei Gedichte gelten Hutten, »Jacta alea est!« sowie »Ufnau und St. Helena«, mehr aufgeregte, gelegentlich unfreiwillig komische Rhetorik als Poesie.

Der Freimüthige,
oder:
Berliner Conversations = Blatt.

Dreißigster Jahrgang.

Donnerstag, den 26. September.

59   Ulrich von Hutten. Titelvignette der Berliner Zeitschrift »Der Freimüthige«.

Als Musterstück, zur Abschreckung, folgt hier das Ufnau-Gedicht. Eben hat man Napoleons Leichnam von St. Helena nach Paris überführt. Einsam, unbeachtet schläft auf seiner Insel Hutten. Ein paar Begriffserklärungen vorweg: Emeuten meint Aufstand; Carbonari, Köhler, nannten sich die Mitglieder eines auch in Frankreich verzweigten Geheimbundes zur Einigung Italiens; Albion meint England, Franken die Franzosen; das griechische Hippokrene, wörtlich Roßquelle, bedeutet übertragen den Pegasusborn, der zum Dichten begeistert.

Ufnau und St. Helena.
1841.

I.

Laut mit dem Schwall der Wogen ringend,
Durchzieht den See der stolze Dämpfer,
Und braust, das Schweizerbanner schwingend,
Dahin, ein zornentbrannter Kämpfer.

»Wenn wir an Ulrich Huttens Grabe,
Dort bei des Sees größter Breitung,
Dann rufe mich, mein Schifferknabe!«
Und weiter träumt' ich in der Zeitung.

Die Zeit, wie sich gebührt, in Ehren,
Kann mich die Zeitung nie erfreuen;
Doch mag der Teufel sie entbehren,
Der Mensch will nun einmal vom Neuen!

Frankreich! Ha – Was wird dort verhandelt?
Gift? Dolch? Emeuten? Karbonaris?
Die Szene wiederum verwandelt?
Das Stück heißt Helena und Paris!

Sie haben ihren Unvergeßnen
Geraubt dem Schoß kristallner Wogen,
Den Helden aus dem Unermeßnen
In ihres Babels Kot gezogen.

Sie kamen über ihn im Schlafe,
Wie über Simson die Philister;
Es triumphiert der große Sklave,
Und pfiffig lächelt sein Minister.

Was Albion heilig, wird man lesen,
Das hat der Franken Volk vernichtet;
England ließ ruhig ihn verwesen,
Wo ihn der Weltgeist hingedichtet;

Wo ihn des Meeres Flut umschäumte,
Wo mit dem All er im Vereine
Wohl oft von jenem Goten träumte,
Des Grab doch sichrer als das seine.

O Spott! es schleppt in ihre Mauern
Ein Hänfling dieses Adlers Leiche;
Nicht Jubelschall, nur banges Trauern
Sollt' herrschen in der Franken Reiche.

Das eigne Volk saß zu Gerichte,
Des Kaisers Zauber ist geschieden;
Es schläft die fränkische Geschichte
Mit ihm im Dom der Invaliden!

II.

Ufnau! Hier modert *unser* Heiland,
Fürs deutsche Volk ans Kreuz geschlagen;
Ein deutsches Mekka wär' dies Eiland,
Hätt' ihn kein deutsches Weib getragen.

Der Hutten ist's und *ihn* erkür' ich
Zu meines Herzens erstem Helden;
Mein Weltmeer sei dein See, o Zürich!
Von seinen Mären laßt mich melden.

Der Hutten ist's, ob den Despoten
Verachtet ihr des Volkes Festen;
Ihr buhlet täglich mit den Toten,
Ach! und vergesset eure Besten.

Ihr weintet jener Hieroglyphe
Im Ozean manch verlorne Träne,
Und ahntet nicht die Wundertiefe
Der reinen deutschen Hippokrene.

Der *Hutten* ist's, ihr Männer tretet
Heran zum Hügel des Verbannten!
Der *Hutten* ist's, ihr Männer betet,
Und lernt ihn kennen, den Verkannten.

Die Freiheit schwanket zwischen Klippen
Umher auf steuerlosem Boote,
Schon nahn sich ihr mit ekeln Lippen
Zum Kusse die Ischariote.

Wir brauchen einen großen Schatten,
Des Geist um unsre Waffen schwebe,
Der, wenn im Kampfe wir ermatten,
Uns Blut von seinem Blute gebe.

O glaubet nicht, daß ihr ihn fändet
Auf jenem Fels im fernen Meere;
Hier ist ein Grab, noch ungeschändet
Hier ist der Stein der deutschen Ehre!

Wie zitterte manch stolzer Giebel,
Als donnernd einst in böser Stunde,
Gleich Schwerterklang zu Luthers Bibel,
Das Wort erscholl aus *Huttens* Munde!

Das Wort, das, als die Welt geknechtet,
Als finstrer Wahn sie unterjochte,
So kühn für alle Welt gerechtet,
So einsam an den Himmel pochte.

Ließ er sich von den Kutten meucheln,
Und hat er darum sterben müssen,
Daß nun die Enkel sonder Heucheln
Den Mantel von Marengo küssen?

Wie lang mit Lorbeern überschütten
Wollt ihr die korsische Standarte?
*Wann hängt einmal in deutschen Hütten
Der Hutten statt des Bonaparte?*

Kaum weniger lang geraten, aber etwas frischer zu lesen ist
Ferdinand Freiligraths Gedicht »Ein Denkmal« aus dem Mai
1842. Eine Zeitungsmeldung, wonach auf der Ebernburg eine
Spielbank eingerichtet werden solle, hatte Freiligrath zu seinem
Trompetenstoß veranlaßt. Huttens Wahlspruch und das Treiben der Glücksspieler wird grimmig kontrastiert; das Projekt
kam danach nicht zustande. Die letzten drei Strophen lauten:

Auf Ebernburg, der Trümmer,
Da wird das Denkmal stehn;
Da wird es bald den Schimmer
Erlauchter Gäste sehn.
Den efeugrünen Stufen
Des Burgtors nahn sie frank;
Dann hört man oft wohl rufen
Zu Huttens Preis: »*Va banque!*
    Jacta est alea! Ich hab's gewagt!«

Dann wirst du wieder schallen,
O Wort voll Mut und Trutz,
Dort in der Herberg' Hallen,
Die der Gerechten Schutz!
Wirst bis zum Eiland dringen,
Wo matt sein Auge brach;
Wirst am Gestad' verklingen,
Wo sterbend noch er sprach:
    »*Jacta est alea!* Ich hab's gewagt!«

Was gilt's, das wird ihn wecken!
Aufblickt er, wer ihn stört.
Ihr Herrn, wollt nicht erschrecken,
Wenn ihr ein Echo hört!
Steht fest und ohne Scheuen,
Spielt weiter keck und kalt,
Wenn es wie Wetterdräuen
Zurück von Ufnau schallt:
    »*Jacta est alea!* Ihr habt's gewagt?!«

Der anscheinend gänzlich vergessene Würzburger Demokrat
Georg Lommel, dessen Name auch im Briefwechsel zwischen
Marx und Engels auftaucht, schrieb nach einem Besuch der
väterlichen Burg Huttens sein Gedicht »Auf dem Steckelberg«:

Was Du gewesen und wir sollten sein,
Hast dauernd Du ins Buch der Zeit gemeißelt;
Da steht Dein Werk, ein grauer Heldenstein,
Der mit Verachtungsblick die Halbheit geißelt.

O Hutten! unerreichtes Vorbild mein!
Wie nenn ich Dich nur? glaube, Bürgerritter!
Wärst Du noch hier und ich bei Dir – doch nein!
Du säßest dann auch hinter Stab und Gitter.

Und sähest nächtlich jenes Wunderbild,
Das Freiheit heißt, aufführn den Elfenreigen,
Das Männer liebt, in ihren Locken spielt,
Doch nie als Braut sich ihnen gibt zu eigen.

Für die traditionelle Maifahrt der Zürcher Studenten auf die
Ufnau schrieb Gottfried Keller 1858 das Lied »Ufenau«, das von
Wilhelm Baumgartner vertont wurde. Hier seien nur die erste
und die letzte Strophe mitgeteilt:

Hier unter diesem Rasengrün,
Wo wir in Jugend stehn,
Da liegt ein Ritter frei und kühn,
Wie keiner mehr zu sehn!
Er floh herein vom röm'schen Reich,
Trug einen Lorbeerkranz,
Das Antlitz zorn- und kummerbleich,
Das Aug voll Sonnenglanz!

. . .

Du lichter Schatten, habe Dank!
Gut sprach dein kühner Mund!
Und wem der Sinn von Zweifel krank,
Der wird an dir gesund!
Wie diese lustige Silberflut
Dein Grab so hell umfließt,
So uns dein nie geschwundner Mut
Das frohe Herz erschließt!

Krönung und Abschluß der politisch befeuerten Hutten-Rezeption stellt die liebevoll monumentale Biographie von David Friedrich Strauß aus dem Jahr 1858 dar. Mit seinem »Leben Jesu« hatte Strauß erstmals eine historisch-kritische Entmythologisierung des Neuen Testaments gewagt und mit dem lebenslangen Verzicht auf eine akademische Karriere bezahlt. Das Thema Hutten war ihm wahlverwandt. Am 10. März 1856 schrieb er dem Jugendfreund Christian Käferle über die Wende vom Mittelalter zur Neuzeit:

»Die Zeit arbeitete an einer großen Aufgabe, die sich von verschiedenen Seiten fassen ließ... Die Aufgabe ließ sich *culturgeschichtlich* fassen: Vertreibung der mittelalterlichen Barbarei an der Hand des Studiums der Alten: so faßte und förderte sie Erasmus. Das neue Leben, meinte er, sollte sich ausbreiten wie ein Duft, lind und sachte, wie eine wärmere Temperatur, die kampflos das Eis schmelzt und die Knospen schwellt. Aber woher am Ende diese Wärme, als von der Sonne? Sonne aber, oder belebender Mittelpunkt einer Zeitcultur ist die Religion; die culturgeschichtliche Aufgabe war also, in ihrer Tiefe aufgefaßt, eine *religiöse*. So hat sie Luther gefaßt: Vertreibung der hierarchischen Mißbräuche, die sich wie eine Wolkenschicht zwischen jene Sonne und die verkümmernde Menschheit gelagert hatten. Aber die Träger der Mißbräuche sind Menschen, sind fest und stark gewordene Einrichtungen, politische Mächte: werden sie sich von jenem Dufte der Cultur, dieser Sonne der Religion nur so widerstandslos auflösen lassen? Ihnen wird vielmehr auf dem festen Boden der Wirklichkeit, mit den harten Waffen materiellen Widerstands, entgegengetreten werden müssen: die Aufgabe ist in letzter Instanz eine *politische*, und da der hierarchische Druck von auswärts kam, eine *nationale*. So hat Hutten die Aufgabe jener Zeit gefaßt, und wenn wir zugestehen müssen, daß die Erasmus'sche Auffassung die feinste, die Lu-

60   David Friedrich Strauß. Stahlstich von Martin Esslinger, 1837.

ther'sche die tiefste oder doch innigste war, so war Huttens seine die lebendigste und concreteste... Dennoch ist nicht Hutten, sondern Luther mit seiner Auffassung durchgedrungen... Zum Beweise, daß bei einer Idee weniger auf ihre innere Fülle, als auf die Zeitgemäßheit ankommt, um sie wirksam zu machen. Jene Zeit war eher auf der religiösen als auf der politisch-nationalen Seite zu fassen: in einer Zeit, wie die unserige, hätte eher ein Hutten als ein Luther Aussicht auf Wirksamkeit.«

Der Bonner Rechtsgelehrte Eduard Böcking, der eben die mustergültige Werkausgabe Huttens vorbereitete, die dann zwischen 1859 und 1870 unter Einschluß aller erreichbaren biographischen Dokumente herauskam, gewährte Strauß großzügig Einblick in das druckfertige Material.

In der 1871 vorgelegten Neuausgabe hat Strauß die Entstehungsgeschichte seiner Biographie skizziert: »Es war die Zeit der Concordate, jener Knechtungsverträge mit Rom, von denen, nachdem Österreich vorangegangen, auch die übrigen Staaten des südlichen Deutschlands sich bedroht sahen. Damals rief ich: ist denn kein Hutten da? und weil unter den Lebenden keiner war, unternahm ich es, das Bild des Verstorbenen zu erneuern...«

Jetzt, nach der Säkularisierung des Kirchenstaates, nach der Niederlage Frankreichs, nach der Einigung Deutschlands und dem Wiedererstehen der Kaiserwürde, scheine Huttens Ausruf, es sei eine Lust zu leben, noch einmal gerechtfertigt. Aber Strauß fragt auch: »Wenn wir Eins geworden sind, sind wir darum auch einig? Wenn wir stark sind, sind wir auch frei?« Nach der Unfehlbarkeitserklärung des Papstes sah er den Kulturkampf voraus, ein Begriff, der zuvor schon bei Lassalle auftauchte.

Ferdinand Lassalle, der spätere Gründer des Allgemeinen Deutschen Arbeitervereins, aus dem die heutige Sozialdemokratische Partei hervorging, hat seine historische Tragödie »Franz von Sickingen« 1857/58 verfaßt. Im Vorwort unterschied er zwischen Luthers Reformation und dem reformatorischen Bewußtsein des frühen 16. Jahrhunderts: »Dies der Reformation präexistente Bewußtsein war größer, weiter, befreiter und humaner als sein eigener Niederschlag: die Reformation.« Die Beweise dafür lägen vor allem in Huttens Schriften zutage. Der »gewaltige Kulturkampf« jener Tage beherrsche noch die Gegenwart. Denn losgerissen von nationaler Einheit, abgetrennt von frei wissenschaftlicher Tätigkeit, eingeengt in theologisch-dogmatische Bahnen, sei die damals proklamierte geistige Freiheit allzu rasch wieder verkümmert.

Die Straußsche Biographie ist immer wieder aufgelegt worden, so 1927 von Otto Clemen mit Anmerkungen zum gegenwärtigen Stand der Forschung. Nicht von katholischer Seite, sondern im protestantischen Lager begann nach dem Ersten Weltkrieg die Verschrottung des nationalliberalen Hutten-Denkmals. Der Breslauer Reformationshistoriker Paul Kalkoff legte seine Studien 1920 unter dem Titel »Ulrich von Hutten und die Reformation« vor, denen 1925 »Huttens Vagantenzeit und Untergang« folgte.

Kalkoff versuchte Hutten vor allem moralisch zu erledigen. Er warf ihm, allein aufgrund der Syphilisinfektion, lasterhaften Lebenswandel im »Sumpf des Vagantentums« ohne »die Zucht einer geregelten Berufstätigkeit« vor. Mit seinen satirischen Gelegenheitsschriften gegen die Geistlichen sei diese »katilinarische Existenz« allenfalls ein Mitläufer Luthers gewesen, völlig ahnungslos für das religiöse Genie des Wittenbergers, nicht einmal als Gewährsmann brauchbar: »Bei seinem Hang zur Prahlerei, seiner Unwahrhaftigkeit, seinem Standeshochmut ist er selbst der unzuverlässigste Zeuge...« Luther, so Kalkoff, habe den adeligen Habenichts mit den Worten verworfen: »Ein stolzer, frecher, frevler Mensch...«, und er schloß sein historisches Abbruchunternehmen mit der Genugtuung: »Die Zeit für eine Hutten-Biographie ist jedenfalls endgültig vorbei.«

Nun wandten sich die eben zitierten Worte Luthers von Ende 1521 ganz allgemein gegen die Bilderstürmer und Tumultema-

cher in Erfurt, Wittenberg und Zwickau. Kalkoffs wilhelmini-
scher Moralkomplex, der gegen Hutten in schieren Haß umschlug, zog auch sonst aus fragwürdigen Andeutungen oder
blanker Spekulation unanfechtbare Schlüsse. Nicht umsonst
wandte sich die Historikerzunft selten einmütig gegen das
»System Kalkoff«. Aber seine besessene Detailarbeit hat das
Straußsche Hutten-Bild doch wesentlich korrigiert, bisher unbekannte Querbezüge hergestellt und vor allem das politisch-
gesellschaftliche Umfeld des ritterlichen Publizisten aufgehellt.
Paradoxerweise hat er so erst den Blick für Huttens eigene
Größe in diesem Spiel freigemacht.

Die Weltlust der Renaissance, europäischer Humanismus und
erwachender Nationalismus, all die Ideen und Tendenzen der
Aufbruchgeneration von 1500 kreuzten sich in Hutten. Er war
eben mehr als der Moraltrompeter von Sickingen, mehr als
Luthers Trommler. Wilhelm Dilthey, Interpret abendländischer
Geistesgeschichte, sah in Hutten gar den ersten modernen
Deutschen. Man könnte ihn auch den ersten großen Individuali-
sten unserer Literatur nennen.

Laeta libertas

Der Romancier Otto Flake, einer der lange skandalös Vergessenen und Verschwiegenen, hat in seiner Biographie »Ulrich von
Hutten« 1929 psychologisch überzeugend die Summe aus
Strauß und Kalkoff gezogen. Der Meinecke-Schüler und Emigrant Hajo Holborn kam 1968, Heinrich Grimm in seinem
schmalen, aber faktenreichen Porträt 1971 zum gleichen Ergebnis. Auch wenn beide den Nur-Schriftsteller Flake großzügig
unterschlugen.
Flake, der bis zum Ende der Weimarer Republik selbst Stim-
mungsbilder und Analysen der Nation schrieb, bis er zwischen
den Extremen von Rechts und Links verstummte, hat dem

scheiternden Hutten nachgerufen: »Was bedeutet uns diese verschollene Zeit, wenn sie keine zeitlosen Einsichten gewährt? Aber sie gewährt sie, und auch die Gestalt Hutten ist ein Typus. Er durchdrang die Lage mit einer großartigen Klarheit, sah die einfachen, starken Linien, die gezogen werden mußten, appellierte an einfache Leidenschaften, das Nationalgefühl, den Stolz, die Tatkraft – und doch war über ihm nicht die Gnade, die über den Erwählten schwebt. Er stand abseits von den Zentren der Gnade, die sich damals über Wittenberg, über Zürich, über Genf bildeten... Wenn es einen Sinn des Lebens gibt, kann er nur darin bestehn, daß wir am Ende etwas anderes, mehr, geworden sind als am Beginn... Hutten... verwandelt sich innerhalb seiner Lebensspanne, ungebrochen an Temperament, vom ersten Tag bis zum letzten: Laeta libertas. Das ist bei deutschen Menschen etwas ganz Seltenes – es ist so ungewöhnlich, daß man zu der Frage gedrängt wird, woher dieses Naturell stammen mag. Sie läßt sich nicht beantworten. Aber sinngebend deuten: der deutschen Welt tun solche Temperamente not.«

Atmosphärisch, sinnlich, gefühlvoll hat Conrad Ferdinand Meyer mit seiner Versdichtung »Huttens letzte Tage« im protestantisch-deutschen Sprachbereich noch nachhaltiger als der Biograph Strauß gewirkt. Der Schweizer, lange fast ausschließlich der französischen Kultur verpflichtet, war in den Kreis des ehemaligen Hamburger Journalisten François Wille geraten, der auf seinem Gut Mariafeld am Zürichsee die bedeutendsten Männer der deutschen Kolonie versammelte: Herwegh, Richard Wagner, Friedrich Theodor Vischer, Gottfried Kinkel. Wille vereinte Demokratentum mit leidenschaftlicher Bismarck-Verehrung. Er besaß gute Beziehungen zum deutschen Literaturbetrieb und wollte, ebenso wie der schwäbische Liberale Gustav Pfizer, den ehrgeizig schüchternen Meyer voranbringen.

Als im Juli 1870 der Deutsch-Französische Krieg ausbrach, als mit der päpstlichen Unfehlbarkeitserklärung die ultramontanen Leidenschaften sich erhitzten, hätten ihm die Ereignisse die

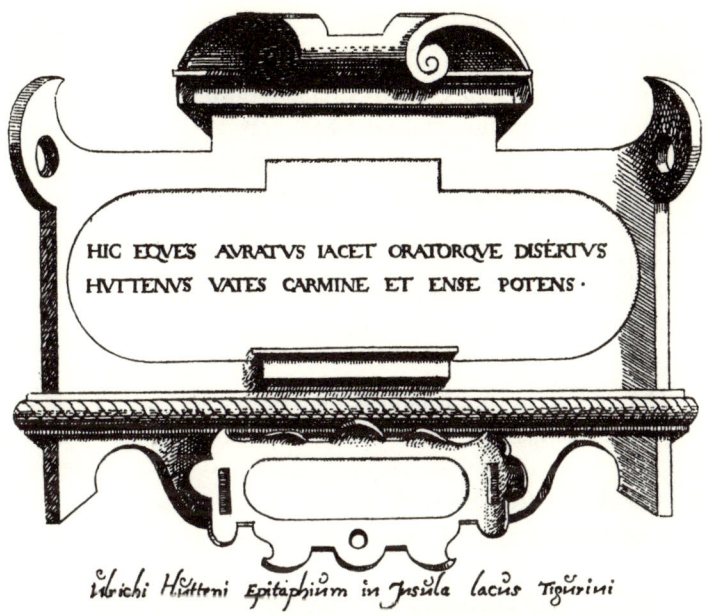

HIC EQVES AVRATVS IACET ORATORQVE DISERTVS
HVTTENVS VATES CARMINE ET ENSE POTENS ·

Ulrichi Hutteni Epitaphium in Jnsula lacus Tigurini

61   *Huttens erstes Grabmal auf der Ufnau. Radierung von Tobias Fendt nach einer Zeichnung des kaiserlichen Rats Siegfried Rybisch, vor 1574.*

Gestalt Huttens »vor die Seele zitiert«, gestand Meyer. Von Wille gedrängt, wollte er jetzt die Konjunktur nutzen, »da voraussichtlich der deutsch-französische Gegensatz Jahrzehnte beherrschen und literarisch jede Mittelstellung völlig unhaltbar machen wird«.

Trotz dieses Opportunismus blieb Meyers Hutten Dichtung. Allzu deutliche Anspielungen auf die Reichsgründung unterm Donner der Pariser Belagerungsgeschütze hat er in späteren Auflagen getilgt, die Komposition weiter gestrafft, bis 1891 der Gedichtzyklus endgültig Form gewonnen hatte. Huttens fiktives Selbstbekenntnis rafft noch einmal die scheinbaren Widersprüche eines leidenschaftlich gelebten Lebens:

HOMO SUM

Ich halte Leib und Geist in strenger Zucht
Und werde doch vom Teufel hart versucht.

Ich wünsche meiner Seele Seligkeit
Und bin mit Petri Schlüsselamt im Streit.

Am Tisch der Fugger speist ich dort und hie
Und schimpfe weidlich Pfeffersäcke sie.

Den Städterhochmut haßt ich allezeit
Und hätte gern ein städtisch Kind gefreit.

Auf ehrenfeste Sitten geb ich viel
Und fröne dem verdammten Würfelspiel.

Ich bin des Kaisers treuster Untertan
Und riet dem Sickingen Empörung an.

Das plumpe Recht der Faust ist mir verhaßt
Und selber hab ich wohl am Weg gepaßt.

Ich bete christlich, daß es Friede sei,
Und mich ergötzen Krieg und Kriegsgeschrei.

Der Heiland weidet alle Völker gleich –
Nur meinen Deutschen gönn ich Ruhm und Reich!

Das heißt: ich bin kein ausgeklügelt Buch,
Ich bin ein Mensch mit seinem Widerspruch.

Zeittafel

1488	21. April Geburt auf dem Steckelberg
1499	Der Vater übergibt den Erstgeborenen der Fuldaer Stifts-schule
1503/05	Studium in Erfurt?
1505	Sommersemester in Mainz. Absage an die geistliche Karriere und Bruch mit dem Vater
1505/06	Wintersemester in Köln
1506/08	Studium in Frankfurt an der Oder. Erste Veröffentlichungen
1508/09	Studium in Leipzig. Syphilisinfektion
1509	Wanderung an die Ostsee. Zerwürfnis mit Vater und Sohn Lötze in Greifswald
1510	Sommersemester Vorlesungen in Rostock. *Ur-Nemo. Quere-lae.* Aufenthalt in Frankfurt an der Oder und Wittenberg
1511	*De arte versificandi.* Wanderung nach Wien. Entschluß zum Jurastudium und Ausgleich mit dem Vater
1512	*Exhortatio* an Kaiser Maximilian mit *Heroicum* und Wien-Gedicht. Studium in Pavia, nach der Eroberung der Stadt durch die Eidgenossen Anfang Juli in Bologna. *Panegyrikus* auf den Kardinal Lang
1513	Hutten mittellos beim kaiserlichen Heer in Italien. *Vir bonus*
1514	Rückkehr in die Heimat. Eitelwolf vom Stein zieht Hutten an den Hof Albrechts von Brandenburg. *Exclamatio* gegen Pfefferkorn. Bekanntschaft mit Reuchlin und Erasmus von Rotterdam
1515	*Panegyrikus* auf Albrecht. Kur in Bad Ems. Herzog Ulrich von Württemberg ermordet Hans von Hutten. *Consolatoria* an Ludwig von Hutten. Zweite Reise nach Italien. *Epistolae obscurorum virorum I*, größtenteils von Crotus verfaßt
1516	Januar: Ankunft in Rom. Im April ersticht Hutten einen Franzosen in Viterbo. Studium in Bologna. *Epistola Italiae* an Maximilian. Wahl zum Syndikus der deutschen Studen-tenschaft
1517	*Phalarismus. Epistolae obscurorum virorum II.* Nach Stu-dentenunruhen in Ferrara. Besuch Venedigs. 12. Juli: Maxi-milian krönt Hutten in Augsburg mit dem Poetenlorbeer. Besuch in Bamberg und Nürnberg, Bekanntschaft mit Pirck-

heimer. Anfang September wird Hutten zum kurmainzischen Hofrat ernannt. In diplomatischer Mission nach Frankreich, Bekanntschaft mit Budaeus in Paris

1518   *Triumphus Dr. Reuchlini. Nemo.* 3. April: Erste Erwähnung von Luthers Ablaßstreit. *Ad Principes Germanos ut bellum Turcis inferant exhortatoria;* mit *Ad Germanos suos* und Briefen an Peutinger und Bannisis. Auf dem Reichstag in Augsburg. Gujak-Kur. *Aula* mit *Prognostikon* auf 1516. *Epistola vitae suae rationem exponens* vom 25. Oktober an Pirckheimer. Rückkehr auf den Steckelberg

1519   Tod Kaiser Maximilians. Augsburger Sammlung der auf Italien bezogenen Schriften: *Exhortatio* an Maximilian; *Epigrammata* an Maximilian; *De piscatura Venetorum; Marcus*; umgearbeitetes *Heroicum; Epistola Italiae; Pro ara Coriciana; Ad columnenses Romanos; Epigrammata* an Crotus; *Ad Maximilianum accepta laurea; Ad Cardinalem Hadrianum. Febris I. Fieber*, deutsch; *Phalarismus*, deutsch; *Praefatio* zur Mainzer Livius-Ausgabe; *De Guaiaci Medicina et morbo gallico*. Hutten nimmt am Frühjahrsfeldzug des Schwäbischen Bundes gegen Württemberg teil. Kur in Wildbad. Heiratspläne. Juni: Kaiserwahl Karls V. Juli: Luther disputiert mit Eck in Leipzig. August: Hutten scheidet aus dem Hofdienst. Steckelberger Sammlung der auf Hans von Hutten bezogenen Schriften: *Distichen* an den Leser, Briefe an Hattstein, Fuchs, Seinsheim; *Deploratio; Consolatoria; In Ulrichum Wirtenpergensem orationes quinque; Phalarismus; Apologia* an Aufseß; Briefe an Franz I., Erenbergk, Glauberg, Salensis, Fischer; Distichen an den Leser

1520   20. Januar: Hutten bietet Luther im Namen Sickingens Schutz auf der Ebernburg an. *De donatione Constantini; De unitate ecclesiae conservanda; Dialogi (Fortuna; Febris I* und *II; Vadiscus sive Trias Romana; Inspicientes;* Distichen); *De schismate extinguendo.* Anfang April: Aufenthalt in Bamberg. 4. Juni: Abfahrt in die Niederlande. Treffen mit Agrippa von Nettesheim in Köln und Erasmus in Löwen. Ende Juli: Flucht vom Brüsseler Hof, Bannandrohungsbulle Leos X. gegen Luther und dessen Anhänger. Hutten lehnt Arrangement und Unterwerfung ab. Anfang September: Flucht auf die Ebernburg. Wendung zur deutschen Publizistik
Conquestiones an Karl V., Albrecht, Rotenhan, Friedrich von Sachsen, an Fürsten, Adel und Volk, deutsch: *Klagschrif-*

ten; *Clag und Vormanung; Bulla Decimi Leonis; In incendium lutherianum,* deutsch: *Eyn Klag über den Lutherischen Brandt zu Mentz; Anzöig; Entschüldigung*

1521   3. Januar: Luther und seine Anhänger kommen endgültig in Bann. Wormser Reichstag. *Gespräch büchlin* (mit *Fieber I und II; Die Römische dreyfaltigkeit*; Brief an Rotenhan; *Die Anschauenden); Dialogi novi (Bulla vel bullicida; Monitor I und II; Praedones); Concilia, wie man sie halten soll; Invectivae I (In Aleandrum et Caracciolum; In Cardinales, Episcopos et sacerdotes; Exhortatoria ad Carolum).* 6. bis 8. April: Glapion und Armstorff auf der Ebernburg. 17. und 18. April: Luther vor dem Reichstag. *Invectivae II* (Briefe an Albrecht, Karl V., Pirckheimer); *Due ad Martinum Lutherum Epistolae.* 25. Mai: Wormser Edikt gegen Luther. *Responsorium; Ich habs gewagt mit Sinnen...* Hutten geht in den Untergrund, lebt auf den Burgen Diemerstein und Wartenberg. Fehde mit den Straßburger Kartäusern

1522   Tod des Vaters. Fehdebriefe an Peter Meyer und die Straßburger Kurtisanen. Ab Mai lebt Hutten wieder bei Sickingen auf der Ebernburg und dem Nannstein. *Ein demütige ermanung* an Worms; *Vormanung an die freien und Reichsstädte.* September: Sickingen scheitert vor Trier. November: Hutten flieht über Schlettstadt nach Basel

1523   Januar: Hutten wird aus Basel ausgewiesen. Aufenthalt im Augustinerkloster Mülhausen. Tod der Mutter. Ende Mai: Flucht aus Mülhausen nach Zürich. *Expostulatio cum Erasmo.* Juni: Kur im Wildbad Pfäfers. Anfang August: Asyl auf der Ufnau. Hutten stirbt dort am 29. August

Hinweise zur Literatur

Ulrichi Hutteni Opera. Ed. Eduardus Böcking, Leipzig 1859–1870. Nachdruck: Aalen 1963

Szamatólski, Siegfried: Ulrichs von Hutten deutsche Schriften, Straßburg 1891

Hutten, Ulrich von: Deutsche Schriften, hrsg. von Peter Ukena, Nachwort von Dietrich Kurze, München 1970

Almquist, Paula: Eine Klasse für sich. Adel in Deutschland, Hamburg 1979

Becker, August: Die Pfalz und die Pfälzer, bearbeitet von Oskar Bischoff, Neustadt/Weinstraße und Landau/Pfalz 1978

Benzing, Josef: Ulrich von Hutten und seine Drucker, Wiesbaden 1956

Böcher, Otto: Die Gräber des Ulrich von Hutten, in: Blätter für Pfälzische Kirchengeschichte, Bd. 38, 1971

Flake, Otto: Ulrich von Hutten, Berlin 1929

Freiligrath, Ferdinand: Werke, hrsg. von Julius Schwering, Berlin–Leipzig o. J.

Frenzel, Elisabeth: Stoffe der Weltliteratur, Stuttgart 1963

Grimm, Heinrich: Ulrichs von Hutten Universitätsjahre und Jugenddichtungen, Frankfurt an der Oder 1938

–: Ulrich von Hutten, Göttingen 1971

Gruber, Carl: Ein Wasgauherbst, Straßburg 1909

Gundolf, Friedrich: Ulrich von Hutten, in: Dem lebendigen Geist, Heidelberg–Darmstadt 1962

Gut, Ulrich, und Peter Ziegler (Hrsg): Ufnau, die Klosterinsel im Zürichsee, Stäfa am Zürichsee 1983[4]

Harnack, Otto: Ulrich von Hutten, in: Im Morgenrot der Reformation, hrsg. von Julius von Pflugk-Harttung, St. Louis/Elsaß 1924[5]

Herwegh, Georg: Werke. Erster Teil, hrsg. von Hermann Tardel, Berlin–Leipzig o. J.

Heyd, Ludwig Friedrich: Ulrich, Herzog zu Württemberg, Tübingen 1841 und 1844

Hinderer, Walter: Sickingen-Debatte, Darmstadt–Neuwied 1974

Holborn, Hajo: Ulrich von Hutten, Göttingen 1968

Hutten, Katrine von: Im Luftschloß meines Vaters, Zürich 1983

Jackson, David A.: Conrad Ferdinand Meyer in Selbstzeugnissen und Bilddokumenten, Reinbek bei Hamburg 1975

Kalkoff, Paul: Ulrich von Hutten und die Reformation, Leipzig 1920

–: Huttens Vagantenzeit und Untergang, Weimar 1925

Keller, Gottfried: Sämtliche Werke, hrsg. von Jonas Fränkel, Bd. I., Bern–Leipzig 1931

Keller, Hans Gustav: Ulrich von Huttens Tod auf der Ufnau, in: Jahrbuch des Verbandes zum Schutz des Landschaftsbildes am Zürichsee, Stäfa 1948

Kilb, Ernst: Franz von Sickingen, Mainz o. J.

Landau, G.: Die hessischen Ritterburgen und ihre Besitzer, Cassel 1836

Lassalle, Ferdinand: Franz von Sickingen. Eine historische Tragödie, hrsg. von Rüdiger Kaun, Stuttgart 1974

Leinweber, Josef: Das Hochstift Fulda vor der Reformation, Diss. Theol. München, Fulda 1972

–: Ulrich von Hutten – ein Fuldaer Mönch?, in: Würzburger Diözeseangeschichtsblätter, Bd. 37/38, Würzburg 1975

Lommel, Georg: Lieder, Würzburg 1843[3]

Meyer, Conrad Ferdinand: Sämtliche Werke, München 1951

Oppermann, Hans (Hrsg.): Humanismus. Wege der Forschung, Bd. XVII, Darmstadt 1970

Rueb, Franz: Ulrich von Hutten, Berlin 1981

Roesgen, Manfred von: Kardinal Albrecht von Brandenburg, Moers 1980

Schubert, Ernst: Ulrich von Hutten, in: Fränkische Lebensbilder, Bd. 9, Neustadt/Aisch 1980

Seidlmayer, Michael: Wege und Wandlungen des Humanismus, Göttingen 1965

Smikalla, Karl: Am Grabe des Ritters Ulrich von Hutten, Main-Post, Würzburg, 24. Juni 1959

Strauß, David Friedrich: Ulrich von Hutten, Leipzig 1871[2]. Neu hrsg. von Otto Clemen, Leipzig 1927

–: Ausgewählte Briefe, hrsg. von Eduard Zeller, Bonn 1895

Summa Poetica. Griechische und lateinische Lyrik von der christlichen Antike bis zum Humanismus, hrsg. von Carl Fischer, Nachwort von Bernhard Kytzler, München o. J.

Voigt, Georg: Ulrich von Hutten in der deutschen Literatur, Phil. Diss. Leipzig 1905

Den Stadtarchiven Greifswald und Rostock ist für lokalgeschichtliche Hinweise zu Huttens Aufenthalt an der Ostsee zu danken.

Personenregister

Bildnachweis

Carlheinz Gräter
Götz von Berlichingen
Auf den Spuren eines abenteuerlichen Lebens. 198 Seiten mit 24 Tafeln
und 20 Abb. im Text. Kunstleinen.
Geschichte einmal anders – eine Tatortserie auf den Spuren des Ritters
mit der eisernen Faust. Angesichts der Schauplätze seines abenteuerli-
chen Lebens im Land zwischen Main und Neckar wird in dieser
Biographie Geschichte wieder lebendig, anschaulich und faßbar.

Carlheinz Gräter
Das Elsaß
Landschaft und Geschichte. 320 Seiten mit 16 Tafeln und zahlreichen
Abb. im Text. Leinen.
Zum erstenmal seit Jahrzehnten wird von Carlheinz Gräter eine
unbefangen-kritische Darstellung der elsässischen Geschichte von den
Anfängen bis in die Gegenwart vorgelegt, die aus dem Irrgarten
historischer Vorurteile und Ressentiments herausführt.

Carlheinz Gräter/Peter Fuchs
Hohenlohe
Bilder eines alten Landes. 196 Seiten mit 106 Tafeln, davon 39 in Farbe.
Großformat 25×25,5 cm. Kunstleinen.
Ein großer Bildband, der auf über 100 Abbildungen nicht nur die
hohenlohische Landschaft, sondern auch die Zeugnisse ihrer Geschich-
te und Kultur vorstellt.

Otto Borst
Die heimlichen Rebellen
Schwabenköpfe aus fünf Jahrhunderten. 452 Seiten mit 28 Tafeln.
Leinen.
Otto Borst löst den »Schwäbischen Geist« aus seinen Klischees und
zeigt das andere Württemberg, das bislang vergessene oder mit Fleiß
retuschierte, das Geburtsland der heimlichen Rebellen, die sich, jeder
auf seine Art, um eine bessere Heimstatt des Menschen in dieser Welt
bemühten.

Konrad Theiss Verlag

Karl Weller/Arnold Weller
Württembergische Geschichte im südwestdeutschen Raum
464 Seiten mit 56 Tafeln, 19 Karten, Zeittafel, Register. Leinen.
Beginnend mit der Vor- und Frühgeschichte bis hin zur regionalen
Neuordnung des Bundeslandes Baden-Württemberg spannt sich der
Bogen dieser umfassenden Darstellung der Geschichte Südwestdeutsch-
lands.

Badische Geschichte

Vom Großherzogtum bis zur Gegenwart. Hrsg. von der Landeszentrale
für politische Bildung Baden-Württemberg. 392 Seiten mit 148 Abb.
und zahlreichen Kartenskizzen. Leinen.
Das Sachbuch über 170 Jahre badische Geschichte, erstmals umfassend
und in allgemeinverständlicher Weise behandelt.

Die Geschichte Baden-Württembergs

Hrsg. von Reiner Rinker und Wilfried Setzler. 458 Seiten mit 203 Abb.
auf 104 Tafeln und zahlreichen Abb. im Text. Kunstleinen.
26 Historiker verfolgen die geschichtliche Entwicklung auf dem Boden
des heutigen Bundeslandes: Vor- und Frühgeschichte, die wichtigsten
Stationen und Besonderheiten der badischen, württembergischen, pfäl-
zischen und hohenzollerischen Geschichte, Herrschergeschlechter, in-
dustrielle Entwicklung, neuere Geschichte bis zur Gegenwart.

Die Geschichte Hessens

Hrsg. von Uwe Schultz. 400 Seiten mit 144 Abb. auf 80 Tafeln. Leinen.
Beiträge von 20 Historikern fügen sich zu einer vielseitigen Chronik des
Hessenlandes zusammen, in dessen Schicksal sich deutsche und euro-
päische Geschichte seit über 2000 Jahren spiegelt.

Konrad Theiss Verlag